现代商品学教程

XIANDAI SHANGPINXUE JIAOCHENG

(修订本)

刘爱珍 包国华
钟志平 刘文清 编著

立信会计出版社

现代商品学教程

XIANDAI SHANGPINXUE JIAOCHENG

(修订本)

前　　言

　　商品学是研究商品价值与使用价值及其实现规律的一门科学。现代社会作为"商品化社会"，人们对商品概念的解释多种多样，并有被扩大化的趋向，这就为商品学研究提出了许多新课题，拓宽了更广阔的探索空间。

　　市场经济迅速发展，商品竞争日趋激烈，用户对商品质量的要求也越来越高。按国际惯例，评价商品质量，不仅要按技术标准，更需要从企业的质量体系和环境管理体系等进行全面而又综合的评审。我国已恢复关贸总协定缔约国地位，"入世"意味着我国企业面对全球竞争者挑战，其产品与服务必然参与国际市场平等竞争，这就要求企业必须提高整体素质，加强对商品的质量管理，尽快完善质量保证体系。

　　商品生产和使用的全过程，涉及原材料使用、工艺流程设计、产品成型、包装、流通、使用及废弃物处理等，每个环节都应考虑资源的合理开发与利用，应遵循生态学原理，增强环保意识，保持人类社会与经济的可持续发展。

　　随着科学技术和商品经济的快速发展，为适应目前历史时期的社会实践需要，商品学理论体系应不断发展与完善，所研究的内容应不断充实与更新，从而为推动国民经济不断向前发展发挥更重要作用。现代商品学以整体商品为研究主体，系统、全面而又综合地研究伴随商品交换所涉及的各相关领域问题，以商品质量为研究主线，正确处理好"人"-环境-商品三者关系。我国改革开放已20多年，所确立的社会主义市场经济体制，为商品学研究与发展创造了极其良好的外部环境,新课题内容赋予商品学更艰巨的研究任务。鉴于此,结合作者长期教学与科研经验,由上海财经大学、湖南商学院及内蒙古商学院三校合作共同编著本书,希望能为推动国家经济建设作出各自微薄的贡献。

目前,我国相关高等院校均开设了商品学课程,本书主要以《现代商品学基础与应用》一书为基础作适当补充与修订,以便使其更适合于现代环境需要。补充或增加的内容主要是商品品种、商品信息与预测、新产品开发与应用等有关章节;此外,对有关章节内容作了部分调整和修订。《现代商品学基础与应用》于1998年由上海立信会计出版社出版,并获得1999年上海市高等院校优秀教材奖,从而出现了供不应求状况,本次修订又得到了立信会计出版社鼎力支持与相助,借此机会向立信会计出版社全体员工表示最衷心的感谢!

本书可作为财经类大中专院校、成人教育相关专业的教材,也可作为相关专业研究生阅读资料和企业经营管理人员、相关行业在职人员及教师参考读物。

参加本书编写的人员有:上海财经大学刘爱珍(第一章、第十章、第十一章、第十二章);湖南商学院钟志平(第四章、第五章、第六章);内蒙古商学院包国华(第二章、第三章、第七章、第八章);内蒙古商学院刘文清(第九章)。全书由刘爱珍负责总纂。

由于编者水平有限,在编写内容与深度上难免有不足之处,敬请广大读者、商品学教师和专家不吝赐教,以便再版时予以纠正。

编著者

目 录

第一章　绪论 ·· 1
第一节　商品学形成与发展 ·· 1
第二节　商品学研究的对象和内容 ····································· 4
第三节　商品学研究的任务及其重要性 ···························· 9

第二章　商品与商品品种 ··· 12
第一节　商品整体概念 ·· 12
第二节　商品品种概述 ·· 17
第三节　商品品种分类与结构 ·· 19

第三章　商品分类 ··· 24
第一节　商品分类及其意义 ·· 24
第二节　商品分类原则与要求 ·· 27
第三节　商品分类方法与标志 ·· 28
第四节　商品编码 ·· 33
第五节　商品分类体系 ·· 41

第四章　商品质量与管理 ··· 49
第一节　商品质量及有关术语 ·· 49
第二节　商品质量管理发展概况 ·· 56
第三节　影响商品质量的因素 ·· 60
第四节　商品质量基本要求 ·· 66

  第五节 商品质量管理的策略和方法 …………… 69

第五章 商品标准与商品标准化 ……………………… 83
  第一节 商品标准及种类 …………………………… 83
  第二节 质量体系标准 ……………………………… 91
  第三节 标准化及标准化原理 ……………………… 98

第六章 商品检验与质量认证 ………………………… 113
  第一节 商品检验的目的与任务 ………………… 113
  第二节 商品检验的基本要求及方式 …………… 117
  第三节 商品检验的步骤与方法 ………………… 124
  第四节 质量认证 ………………………………… 139

第七章 商品组成与性能 ……………………………… 155
  第一节 商品生产原料 …………………………… 155
  第二节 食品成分与食品卫生 …………………… 158
  第三节 纺织品组成与性能 ……………………… 180
  第四节 日用工业品组成与性能 ………………… 193

第八章 商品包装与装潢 ……………………………… 206
  第一节 商品包装概述 …………………………… 206
  第二节 商品包装要求 …………………………… 214
  第三节 商品包装技法 …………………………… 229
  第四节 商品包装标志与商标 …………………… 236
  第五节 销售包装视觉设计 ……………………… 254
  第六节 商品包装有关法规 ……………………… 260

第九章 商品储运与养护 ……………………………… 264

  第一节 商品储运管理的重要意义………………………… 264
  第二节 商品储存的基本要求……………………………… 266
  第三节 商品的运输管理…………………………………… 279
  第四节 仓储商品的养护技术与方法……………………… 285

第十章 商品、资源与环境………………………………………… 312
  第一节 概述………………………………………………… 312
  第二节 资源的综合开发、利用 ………………………… 317
  第三节 环境、环境标志及环境标志商品 ……………… 324
  第四节 环境管理体系标准………………………………… 330

第十一章 商品信息与预测…………………………………………… 335
  第一节 商品信息及其分类………………………………… 335
  第二节 商品信息研究及其主要程序……………………… 342
  第三节 商品信息收集与处理……………………………… 345
  第四节 互联网系统及其作用……………………………… 352
  第五节 商品预测…………………………………………… 357

第十二章 新产品开发与应用………………………………………… 368
  第一节 新产品及其主要特征……………………………… 368
  第二节 新产品开发原理与要求…………………………… 372
  第三节 新产品开发模式…………………………………… 375
  第四节 新产品开发程序与要求…………………………… 379
  第五节 国际市场新产品开发研究………………………… 386

主要参考资料………………………………………………………………… 394

第一章 绪 论

第一节 商品学形成与发展

一、商品学产生与发展

商品学产生与商品经济的发展密切相关,商品经济是商品学诞生与发展的基础。

商品是一个历史范畴,是人类社会发展到一定历史阶段的产物。有了商品生产,便产生了对商品经济的研究。因此,商品学是随着商品的发展、商品交换的扩大、商人经商的需要,逐渐产生和发展起来的一门独立学科。

商品学从其诞生到现在为期不长,约有二百多年的历史。早期的商品学仅为满足商人经商的需要,介绍一般的商品知识。随着工业生产和科学技术的发展,仅仅介绍商品知识已不能满足商业实践的需要,商品学逐渐由知识汇集而发展成一门独立学科。商品学著名奠基人、德国经济学教授、自然历史学家约翰·贝克曼(John Beckman,1739～1811)于18世纪末撰写了《商品学导论》一书,创立了以自然科学和技术学知识为主的技术学体系商品学。该书共分两册,内容以技术学和工艺学为主。19世纪初,商品学从德国相继传入意大利、奥地利、俄罗斯以及东欧的一些国家,以后又传入日本和我国。

随着世界经济发展,国际贸易日趋活跃,商业开始繁荣,客观上对商品学的发展起到了促进作用。19世纪中叶,由于经济活动重点转向生产部门,物理、化学、医学、药物学等自然科学的兴起,从而能通过运用理化等自然科学的理论来研究商品性能,如能用显微镜观察商品结构等,形成了"自然科学技术学体系"的商品学。进入20世纪后,从事商品学教学与研究的学者越来越多,他们重点研究商品质量及其变化规律。与此同时,有些商品学学者分道扬镳,他们致力于把商品学归属于经济科学的范畴。如果追根寻源,最早提出这个问题的是德国的劳克斯教授,他在19世纪初就认为要从商品的用途、效果、经济目的出发研究商品学。第二次世界大战后,珀斯尔教授创立了"目的论商品学"。50年代末期,奥地利的格伦斯泰特尔教授从分析商品与人,商品与环境,商品与时代,商品与商品之间等关系出发,提出了"商品经济学"的概念。60年代初,联邦德国的考皮尔曼在此基础上,把商品学进一步发展为产品市场学和商品销售学,即从市场、销售和消费角度来研究商品;美国、英国、法国等则发展为市场学,主要研究市场情报、商品营销策略与价格、需求变化规律与生产等,一般不单独设立商品学学科,市场学也可归属于考皮尔曼一派。从教学上来看,各国的商品学基础课内容基本相同,大多有数学、物理学、化学、生物学、工艺学等自然科学课程。专业课内容侧重点有差异,如:东欧一些国家专业商品学课多为食品商品学和工业品商品学(包括纺织品商品学和日用工业品商品学),其中,中等商业学校一般讲授普通商品学(或商品学概论),而高等经济和商业院校中,大多讲授专业商品学;在日本及西欧一些国家,中等商业学校主要讲授综合性的商品知识,高等财经和商业、贸易类院校中,大多讲授商品经济理论。造成这些差异的主要原因,是由于培养目标不同,前者主要培养商品流通领域内和质量管理部门中所需的实际工作者,而后者则是给学习商业、贸易经济和经济科学的学生讲授商品理论知识和必要的商品知识,使他们成为名副其实的经济学家,更好地胜任未来的各种经济工作。

二、商品学理论在我国的发展

隋唐是我国封建社会的成熟时期,生产力的发展,使得当时社会商品生产与交换具有了一定的规模,相当部分人"弃农经商争朝夕之利"。茶叶作为交换的重要商品之一,人们需要了解和掌握茶叶的有关栽培、加工及饮用等方面的知识。唐朝时期湖北复州(今天门县)的陆羽(公元733～804)撰写了《茶经》一书,较为详细地介绍了茶的起源、品种、种植方法、产茶区域、采制技术、烹法、饮法以及用于制、烹、饮的各种器具等方面的专门知识。据查证,《茶经》一书曾先后传到40多个国家和地区,为世界上茶叶的产销作出了巨大贡献。虽然《茶经》已具有商品学的雏形,但由于我国商品经济的发展极为缓慢,故从唐朝至清末,我国商品学还只处于萌芽阶段。

据记载,我国商品学教育与研究的开展,起始于20世纪30年代前后。此时出现不少有关商品学的译著和论著。例如,1908年出版的《新译商品学》;1914年由盛在坰编写的《商品学》;1928年由潘吟阁编著的《分业商品学》;1934年由刘冠英编著的《现代商品学》等。其中的代表作,首推刘冠英所著《现代商品学》一书。全书共七章,有总论、农产品、矿产品、林产品、畜产品、水产品、工业品等内容,内容既涉及商品学的研究对象、学派观点,又叙述了商品的分类、鉴定、包装、运输等问题,内容较为全面。同时,在东南沿海和京津等地区某些高等院校中还开设了商品学课程,有力地推动了这门学科在我国的发展。

全国解放后,为适应国民经济恢复和发展的需要,建立了不少高等财经院校、中等财经或财贸学校。其中凡设有商业经济、对外贸易、供销合作等专业的学校,均先后开设了商品学课程,有的还设有商品学系或专业。东北商业专科学校,首先开设了商品学课。以后,中国人民大学也讲授商品学,并开办了商品学教师研究生班,翻译并出版了相关的商品学书籍。1954年以后,我国商业部所属中等商业学校有关专业均开设了商品学课程。随着社会主义商业的发展,商品学教学及科研得到不断深化,并多次进行学术交流,如,1962年《大公报》组织关于"商品学研究对象和任务"的专题讨论;1963年在黑龙江商学院召开了我国第一届商品学学术会议,对"商品学研究对象与内容"又进行了充分讨论,并在《商业研究》杂志上发表了十几篇论文等。随着我国改革开放和社会主义商业经济的发展,从事商品学教学与科研的专家、学者,致力于商品学的研究及相关问题的探讨,并加强同国外同行的联系与合作,编著了不少专著,发表了大量的论文。1995年9月在中国人民大学举办了第十届商品学国际学术研讨会,来自20多个国家的100多位专家、学者聚集一堂,共同探讨当代商品学教学与科研所面临的新问题,取得了前所未有的成果,为推动我国商品学教学研究和促进我国国民经济发展产生了积极影响。

第二节 商品学研究的对象和内容

一、商品学研究的对象

毛主席曾精辟指出:"科学研究的区分,就是根据科学对象所具有的特殊的矛盾性。因此,对于某一现象的领域所特有的某一种矛盾的研究,就构成某一门科学的对象。"[①]

商品学研究的主体是商品。商品是用来交换,并能满足人们的某种需要。马克思曾经指出:"商品首先是一个外界的对象,一个靠自己的属性来满足人的某种需要的物。"[②] 商品具有价值与使用价值统一的属性。商品的使用价值是商品价值的物质承担者,"商品的使用价值为商品学这门学科提供材料。使用价值只是在使用或消费中得到实现"。[③] 使用价值是指商品的效用,由商品的自然属

[①] 《毛泽东选集》第一卷,人民出版社1991年版,第309页。
[②] 马克思:《资本论》第一卷,人民出版社1975年版,第47页。
[③] 马克思:《资本论》第一卷,人民出版社1975年版,第48页。

性决定。商品的价值是人类一般劳动的凝结,为商品的社会属性。

由于社会体制的差异,各国对于"商品学研究对象"这一问题各持己见。东欧一些国家商品学学者认为:商品的价值属于政治经济学研究的范畴,而商品的使用价值则是商品学研究的对象;商品学是自然科学和应用技术的学科,并把商品分类、商品养护、商品检验作为商品学研究和教学的三个专门领域,近年来,又增加了质量管理与保护、新产品开发与标准化等内容,此学派被称为技术学派。然而,西欧一些国家的商品学学者则认为:在商品研究中,只把使用价值、质量作为研究对象,而不考虑市场竞争、提高企业经济效益和竞争能力、促进经济发展,不考虑经营、政策、价格、市场实际情况等因素是片面的。他们认为应从社会科学和经济科学的角度研究商品学,为了推销商品,应侧重于商品经营管理、商品销售、广告、产品设计、商品包装、消费者情报、商品流通合理化等内容。此学派被称为经济学派。随着商品经济的发展和国际间商品学学术之间的广泛交流,商品学的上述两大学派相互渗透、相互融合,后又逐渐形成第三派,即经济技术派(亦称综合学派)。日本水野良象教授是其代表之一。他在1976年出版的《商品学读本》中指出:"商品学既不只是研究物质的自然科学,也不只是研究经济的社会科学,而是这两者融合起来的一门科学。"其研究范围,不仅是商品流通领域,而且也包括商品计划、设计、生产、经济管理、质量管理等领域;认为:应该用技术、经济、社会的观点全面地考察、研究和评价商品的质量及使用价值。

国外商品学研究中先后出现的技术学派、经济学派及综合学派,对我国商品学界产生了一定的影响。鉴于目前我国实际情况,一方面,经济体制发生了根本性变化,由完全的计划经济逐步过渡到市场经济,商品种类增多,商品概念扩延;另一方面,各院校中不同专业开设商品学,讲授上各有侧重点,深浅也不一。因此,对商品的价值和使用价值亦有着不同的理解,对商品学研究对象同样持有不同观点。

然而,商品学作为一门独立学科,应有其独立的、与众不同的研究对象。马克思关于商品学的论述,是我们探索、实践和发展商品学的有力思想武器。我们认为:商品学研究对象主要是商品使用价值及其实现的规律,具体地说,它的研究对象是商品从生产到整个流通过程中,如何保证其质量完好,并有效地转移到消费者或用户手中的全过程。其基本立足点就是商品的质量以及质量控制与保证。社会在发展,情况会变化,但是,一门学科的研究对象是不可任意改变的,否则就会同其他学科发生冲突,就会失去其本色。

商品学自18世纪形成独立科学体系以来,先后出现过很多商品学流派,这是一件好事,进一步拓展与深化了商品学的内容。科学总是在探索中发展的,相信商品学必将在探索中不断完善,在实践中不断地发展与提高。

二、商品学研究的内容

商品学研究的内容是由商品学研究对象所决定的。据不完全统计,当前世界上有30多个国家开展了商品学的研究和教学工作。由于各国的政治制度和经济体制的不同,商品学的研究内容和教学内容有着明显差异,各有特征。但随着相互间的学术交流活动频繁开展,尤其是商品学情报资料的交流,商品学学者一致认为:商品学在商业和现代商品经济工作中具有不可忽视的重要作用。

科学技术的提高,现代商品经济的发展,使商品学面临许多新问题和新任务,其研究内容更加丰富,涉及的范围更加广泛,需要运用技术、经济、社会的观点全面地考察、研究和评价商品的质量和使用价值。例如:技术科学方面涉及原料、能源、资源;产品开发与研究;普通工艺与技术;环境技术和环境保护;使用价值和价值分析等。销售经济方面涉及企业经济学;产品设计;商品销售学;服务商品学;市场学;商品检验;质量鉴定;商品养护;包装学;消费者情报;产品说明和广告;销售技术;销售服务等。社会经济方面涉及商品分类;分类体系和信息系统;商务电子化;商品法律;资源开发与利用;生态学;废物再利用;质量管理;质量控制;质量保证;标准与标准化等。

目前,商品学研究内容归纳起来主要包含三方面内容:

(1) 商品学基本概念、基础理论以及商品史和商品学历史方面的研究。

(2) 涉及商品学某些领域的专题研究,例如:商品分类(商品信息化);商品质量的综合评价和鉴定及其方法;商品检验;商品的保管、储藏与养护;商品包装与运输;商品损耗;商品与健康;商品与环境保护;商品与能源;商务电子化等。

近年来,各国从事商品学研究工作的专家、学者都极为重视上述两方面的研究工作,力求使商品学的基本概念达到统一,形成完整的、科学的和系统的商品学基础理论。如研究商品质量、使用价值、有用性、性能等基本概念以及这些概念之间的关系,探讨商品科学的规律性、商品在流通领域内的质量及其变化规律;如何运用自然科学、技术科学、社会科学和经济科学的观点全面评价商品的质量和使用价值等问题;全面而详尽地研究商品学的发展史,通过研究商品学的形成与发展,考察商品学在每一阶段、不同的历史时期、不同社会所起的作用;探讨商品科学在现代商品经济中应起到哪些作用,如何在本国的国民经济发展中发挥商品学应有的作用等问题。

(3) 要在商品从生产到整个流通过程保证其质量完好,并有效地转移到消费者或用户手中,涉及一系列研究课题,例如:商品分类,需要探讨科学的商品分类方法和统一的分类体系,改变目前的混乱状况,如图1-1所示。科学的商品分类是商品流通合理化,特别是商品包装、储藏保管、运输合理化和标准化的基础,也是利用电子计算机数据处理鉴定商品品种,说明商品质量,进行商品管

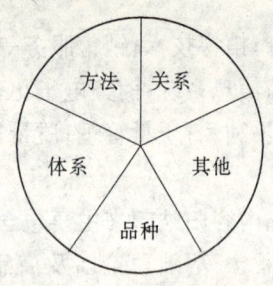

图 1-1　商品分类领域内的研究重点

理,促进现代商品经济发展的先决条件。目前,美国、德国等国已有了对产品鉴定、说明和分类编目的信息化系统。由于商品种类和品种的不断增加,商品分类问题应与系统工程联系起来,要引进合理的组织形式以及科学技术管理和组织管理的方法。近年来,在商品分类的科学研究工作中,又提出了有关分类时要注意的标准方面的新问题,这是由于对新产品和初始原料的分类而造成的。在研究废品和废物时,有必要考察对其再利用,特别是对由初始原料制成的产品起不良作用的因素等进行考察。又如:商品检验是确定商品质量、探讨商品使用价值的重要工作,同时对改进生产和提高质量及促进商品标准化也有相当重要的作用。商品检验领域内的研究重点详见图 1-2。再如:商品养护领域内的研究工作涉及到商品包装、储存、保管、运输等方面的问题,这些都是商品流通中的重要

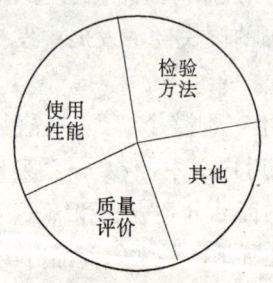

图 1-2　商品检验领域内的研究重点

环节,对于保护商品质量和降低商品损耗起着相当重要的作用。近年来,商品损耗研究在商品养护的科学研究中居于主导地位,商品养护研究是用自然科学和技术的观点考察和研究商品的质量变化和数量变化,详见图 1-3。

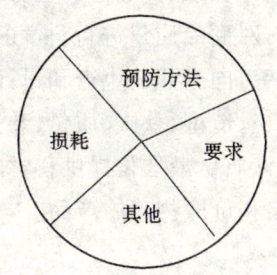

图 1-3　商品养护领域内的研究重点

第三节　商品学研究的任务及其重要性

一、商品学研究的任务

自 19 世纪末质量管理诞生以来,世界各国都十分重视质量管理和质量保证工作,要求在产品设计和生产领域力求不断改进和提高产品的质量,在流通领域尽可能把商品质量维护好,这不仅能满足人们日益增长的物质文化生活的需求,而且能保证商品在激烈的竞争中获胜,企业能获取更大利润。20 世纪 70 年代,质量管理又有了进一步的发展,形成了全面质量管理或质量保证体系,从产品研制、设计、试制、生产、检验、流通、销售,到使用、维护等整个产品的寿命期进行"一条龙"式的质量管理,这个过程一般简化为产品设计、制造和流通使用三个阶段。前两个阶段是形成商品质量和使用价值的过程,商品的流通使用阶段则是维护商品质量和保证商品使用价值实现的过程。下面结合这三个阶段论述商品学研究的任务。

（一）产品设计阶段

产品设计是商品质量形成的起点，商品质量的好坏在很大程度上取决于设计质量。在此阶段应根据科技发展的新成果、消费者（或用户）以及社会的需求规定出最佳质量特征和相应的质量标准，并应用于产品的设计实践。商品学的任务就是通过研究商品的质量特征和质量标准，对商品质量进行科学的分析和全面的评价；通过对市场的调查研究，向企业的生产和设计部门反映消费者（或用户）对商品品种、规格、造型、款式、质量、装潢、包装等要求，为制定产品质量标准和设计质量最佳化提供科学的依据和可靠的市场信息，以生产适销对路和价廉物美的产品。

（二）产品制造阶段

产品制造阶段是形成实际质量最关键的环节。选择适宜的原材料，确定最佳的工艺路线以及控制生产工序中影响质量的各种因素，是产品制造阶段质量控制与质量保证的最基本的任务。商品学的任务就是通过对自然资源和对生产中影响产品质量的诸因素进行分析研究，在开发资源、合理利用原材料和掌握最适宜的生产条件等方面，尽可能为产品制造阶段中实际质量的形成提供多方面的参考，以便有效地保证质量。

（三）产品流通使用阶段

产品流通使用阶段是全面质量管理的归宿点。流通领域的质量保证在整个质量管理体系中占着重要的地位，是一个不可忽视的环节。商品学研究的任务之一，就是要研究流通使用阶段的质量管理和质量控制，保证已经形成的商品质量在流通过程中完好无缺，尽量减低损耗，最终实现商品的使用价值。通过研究商品在流通过程可能出现的质量变化及其变化的规律，以及维护商品质量的各种条件，为确定最适宜的包装、运输、储存、养护条件和方法提供依据，并力求提出科学的、合理化的建议。

二、研究商品学的重要性

近年来,世界各国对于商品学在国民经济中的作用认识逐渐加深。如:奥地利维也纳经济大学 G. Vogeyl 教授曾指出:"只有受过商品学和工业技术学教育的经济专家,才能从事现代化的经济工作";匈牙利布达佩斯贸易学院 A. Eimeyi 教授认为:"在商品流通范围内的工作人员,要经常与商品打交道,需要学习商品学,在商业企业中担任销售、计划、统计工作的领导,也需要学习商品学,运用有关理论与技术,解决实际问题,只有这样才能管理好企业"。随着经济体制改革的深入发展,我国国内经济界的有些人士把经营管理和商品学比喻为商业工作的两个轮子,或者两翼。商品经济要发展,要起飞,没有轮子和两翼是不可想象的。综上所述,商品学研究在现代经济发展过程中的地位与作用越来越重要,同样,现代经济的发展要求商品学研究涉及的面要更广,内容要求更深入。当今从事商品学研究的工作者面临着一些新现象。由于质量要求的不断提高,新商品源源不断地涌向市场,商品种类和品种日益增加,商品供给不断扩大;标准化、质量保证、质量管理以及商品流通合理化领域内国际协作的不断发展;标准化、质量控制与保证,环境保护以及健康保护方面的特殊要求等。由于新现象存在,产生了一些新问题,如:商品的性能和特征间的关系,使用性能的系统化,如何用系统论观点进行商品学的考察等问题。新形势下出现的新问题需要我们再接再厉,不断探索,以寻找解决问题的有效办法,显示出商品学在现代经济发展过程中不可取代的重要作用。

第二章　商品与商品品种

第一节　商品整体概念

一、商品概念

所谓商品,是指能够满足人们某种需要的进行交换的劳动产品。根据此定义,商品具有以下特征。

1. 商品是劳动产品

有些天然物品如河水、阳光、空气、石头等,虽然有使用价值,但不是劳动产品,因而不是商品。只有经过人类劳动后,包含有人类劳动的产品,如自来水厂生产的自来水,制氧厂生产的氧气,石料厂采集、加工后的石料等,才有可能成为商品。

2. 产品只有通过交换,才能转化为商品

商品是为了交换,供其他人和社会消费的产品。产品只有通过交换,才能转化为商品。马克思指出:谁用自己的产品来满足自己的需要,他生产的就只是使用价值,而不是商品。要生产商品,他不仅要生产使用价值,而且要为别人生产使用价值,即生产社会的使用价值。列宁又说:商品是这样一种物,一方面,它能满足人们某种需要,另一方面,它能用来交换别种物。如,农民生产的粮食,若供自己消费就不是商品。若无偿送给他人也不是商品;若为了交换但销售不出去时,也不是商品;只有实现交换,其使用价值和价值才能得以实现。产品只有在交换过程中才构成商品;在交换完成以后,商品进入消费领域成为一个有用的物品,也不是商品。

3. 商品要满足人们某种欲望和需要

在买方市场中,企业打算生产什么产品并无现实意义,顾客希望买到的商品才具有决定性的意义。企业只有把握顾客目前的和未来的需求,向市场提供能够满足甚至超过顾客欲望和需要的产品,才会被顾客认可而付款,才能使产品转化为商品。否则将导致产品积压,造成资源浪费。

4. 商品的范畴涵盖了进行交换的所有事物

商品是指进行交换的任何产物。它即可以是有形的实物产品,如服装、书籍、食物、汽车等,也可以是无形的非实物产品,如理发、音乐、金融、知识、咨询等,甚至非营利团体,如警察、教会、博物馆、大学等,也将"安全"、"宗教和经验"、"文化环境"、"教育"等作为商品提供给普通民众和教会会员。

二、商品整体概念

有形商品的整体概念,包括核心商品、形式商品和附加商品三个层次。

(一)核心商品

核心商品是指顾客购买商品时所追求的利益,是顾客真正要买的东西。因而在商品整体概念中也是最基本、最主要的部分。顾客购买某种商品,并不是为了占有或获得商品本身,而是为了获得能够满足某种需要的效用或利益。例如,人们购买食品,并不是为了占有它,而是要获得营养和感官满足。购买照相机,并非需要照相机本身,而是要购买记录场景的能力,即摄取画面的功能。购买轿车,是为了以车代步,节省时间和体力的消耗,解决交通不便。"大众"等实用性轿车就是以此为标准并以低廉的价格提供给市场的;而"梅塞迪斯"轿车则是提供显示身份与地位这种非功能性的利益。可见,顾客追求的利益大致包括功能性和非功能性两种,对前者的要求是出于实际使用的需要,而对后者的要求则往往出于社会心理动机。通常，这两种需求往往交织在一起，并且非功能需求所占的比重越来越大。企业必须把目标顾客所期望的基本利益包含的一切功能和非功能的要求转化为商品特征，否则，再好的产品对目标顾客来说都是无用的。

（二）形式商品

形式商品，也称有形商品，是指具体形态的商品体本身，是核心商品的物质载体。如果有形商品是有形的实物商品，通常表现为商品质量水平、外观特色、品牌和包装等。商品的功能必须通过具体的形式才能得以实现。企业应首先着眼于顾客购买产品时所追求的利益，以求最大限度地满足顾客需求，并从这一点出发再去寻求利益得以实现的形式，进行商品设计。

（三）附加商品

附加商品又叫无形商品、延伸商品，是指顾客购买有形商品时所获得的附加利益和服务。如提供信贷、免费送货、安装调试、信息咨询、售后服务、质量保证以及顾客所重视的其他价值的形式。因为购买者的目的是为了满足某种需要，因而他希望得到与满足该项需要有关的一切。附加商品是商品差别化和竞争的主要内容。善用附加商品，既可以提高商品的市场竞争力，又可以提高顾客的满意度。

美国西北大学的菲利普·科特勒（Philip Kotler）教授归纳的商品整体概念如图 2-1 所示。

三、商品属性

商品属性，是指商品固有的性质、特点。从整体上看，商品具有价值和使用价值的属性，而且是商品的本质属性，这是由商品自身性质决定的。从具体商品来看，即表现出自然属性特征，又表现出社会属性特征。对商品属性的认识，无论是从整体上，还是从具体的商品上，得出的结论都是一致的，即商品既具有自然属性的本质特性，又具有社会属性的本质特性。

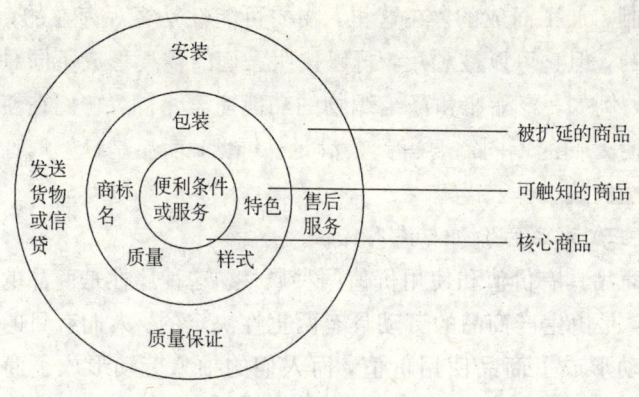

图 2-1 商品整体概念

（一）商品的自然属性

商品的自然属性，是指商品体自身固有的性质、功能、作用、形态、特征等。商品的自然属性，是由组成商品体的成分、性质、商品结构形状、商品形态特征决定的。商品的自然属性特征决定商品具有一定的功能、用途。这种功能、用途便是物的有用性，即物的使用价值。可见，商品的自然属性决定了物的使用价值，这种物的使用价值被目标顾客认可而购买后就成为商品的使用价值。

（二）商品的社会属性

商品的社会属性，是指商品满足人和社会需要的特征、特性的总和。这种属性具有从属性、依附性。例如，聚酯树脂（聚对苯二甲酸乙二酯）可以生产塑料（聚酯瓶），也可以生产纤维（涤纶），同是涤纶，可以生产涤卡加工成一般服装，也可以生产麻纱和涤棉细布加工成时装。它们分别在 20 世纪的 70 年代末和 21 世纪初提供给人们时尚、适用等基本利益，很好地满足了人们的需求。如果把这两种服装在时间上互换一下，就都会成为无用品。虽然它们的自然属性依旧，但却不具有社会属性，因而不能成为商品。所以，商品使用价值是根据物的可能性，按照人和社会的需要研制、加工而成的。在这里,物的可能性是客观存在的,不可改变的,但它可以被利用,可以按照人们的需要形成不同种类的商品,例如,聚酯瓶和涤纶织物的功能完全不同,它们在使用过程中使人们的不同需要得到了满足。可见,商品是自然属性和社会属性的统一体。

(三)商品的价值与使用价值

商品具有价值和使用价值两种属性。这种属性是商品的本质属性,是由生产商品的劳动具有两重性决定的。人们有目的的具体劳动形成了商品使用价值,而人们的抽象劳动形成了商品价值。商品使用价值构成了社会财富的物质内容,同时,它又是商品交换的物质承担者。商品使用价值是指满足人们某种需要的特性,谁也不会购买不能满足自己需要的商品。并且,一种商品的使用价值越大,销售量越高,使用价值越小,则销售量越低。所以企业必须把握顾客需求,并按顾客需求生产制造产品。这是使商品满足顾客需求,并由此获得企业利润的必要条件。这一点是商品使用价值的社会属性。当然,商品的使用价值决定于商品的自然属性,这是基于商品使用价值来源于物的有用性所决定的。但是,商品使用价值不同于商品的自然属性,因为商品使用价值指的是物的效用,即物品功能、作用,是指商品的有用性;而商品属性指的是商品的性质、特征,它们不一定具有有用性,因此,物品属性不等于商品使用价值。商品的使用价值也不等于物品的使用价值。如前所述,物的使用价值只有符合顾客需求时,才能成为商品的使用价值。

商品的价值是由生产它所花费的社会必要劳动时间所决定的,是商品的社会属性。人们根据价值交换商品,实质上是在互相交换各自的劳动。在科学技术日新月异的今天,生产商品所花费的社会必要劳动时间必将不断减少,提供给市场的商品价格必然不断降低。电子计算机功能的不断提高和价格的不断降低,就是这一规律的典型例证。企业必须把不断降低商品的社会必要劳动时间作为基本目标,商品才能保持恒久的竞争优势。

第二节 商品品种概述

一、商品品种的概念

《辞海》对商品品种的定义是这样的:一是具有一定经济价值,主要遗传现状比较一致的一种栽培植物或家养动物的群体;二是泛指产品的种类。我们可以这样认为,商品品种是指按某种相同特征划分的商品群体。商品品种的范畴是一个宏观概念,反映一定商品群体的整体使用价值或社会使用价值。不同的消费结构要求有不同水平的使用价值及不同的品种规格。从全社会来说,大类商品的品种及其结构应与全社会的消费需求和消费结构相符合,各类商品中的品种应与社会不同阶层、不同社会集团的消费水平相吻合。

所有商品的品种是一个庞大的、复杂的、敞开的、动态的、可控制的物质系统,其运动和发展受一定的客观规律所限制,如技术学规律、经济学规律、一般品种规律、特殊品种规律等。许多商品品种问题都具有综合性特点,需要多门学科共同研究来解决。商品学主要研究决定商品品种发展和变化的规律,包括商品品种最佳扩大的规律、商品品种最佳组合和构成的规律、商品品种完善的规律、商品品种更新的规律、商品品种结构与消费结构相符的规律等。商品品种规律与技术学规律、经济学规律等相结合,才能控制商品品种的运动和变化,实现商品品种的最佳构成,使商品品种与消费需求的相符程度达到最佳化,从而促进商品使用价值的实现,获得最佳的经济效益。

从目前看来,由于商品品种不完善、品种构成不合理给社会造成的损失是巨大的;商品品种的完善以及商品品种与消费需求相符程度的提高还没有完全建立在科学基础上。因此,研究商品品种问题,不断提高商品品种及其结构与消费需求及其结构间的相符程度,具有特别重要的社会、经济和政治意义。

二、商品使用价值、商品品种和质量三者间的关系

商品使用价值是指商品满足人们一定需要的有用性的总和。商品使用价值包括商品个体的使用价值和商品群体的使用价值。商品质量是指商品满足明确或隐含需要的能力的特性总和。商品质量说明商品满足人们需求的深度,反映商品个体的使用价值。商品品种是指用户和消费者对商品性能的要求,说明商品的消费目标(即商品供哪类消费者或消费集团使用的)和商品满足人们需求的广度,反映商品群体的使用价值。商品品种和质量是决定商品使用价值、决定商品适用性的两个方面,也是决定销售和经济效益的两个关键。商品品种与商品质量之间存在密切的内在联系,因为商品品种的差别就意味着质的差别,而不是量的差别,存在这种质的差异才能满足人们不同的消费需求。研究商品品种问题,实质上就是研究不同质的商品使用价值与人们消费需求的相互关系。研究商品品种较研究商品质量的层次更高,属于商品使用价值的宏观研究范畴。

商品质量、品种、效益三者是有机的统一体,其中质量是基础,品种是适应市场和消费的基本条件,效益则是最终的目的。它们之间是相互依赖、相互制约的。求效益,就必须抓质量,上品种;上品种,不抓质量,品种自然淘汰;抓质量,不抓品种,质量无法体现;抓质量,上品种而不求效益,生产就失去了目的,质量、品种自行消亡。这三者之间存在的不可分割性和连锁性反应,体现了这三者之间的内在联系,符合客观事物发展变化的基本规律。

在现代经济中的商品质量概念,包含有对商品品种的要求。所谓"高质量"并不是"经久耐用"或者"高档次",它必须是对路的、合格的、适销的。在消费需求日益多样化的今天,没有与此相适应的

多品种商品,社会主义市场经济就不可能健全地发展。任何商品的质量,都必须适应顾客的需求,使顾客满意,但并不是商品的质量越高越好,如果商品的质量超过了顾客满意的程度,这不仅是对社会资源的一种浪费,反而由于成本增加使价格升高,不利于适应市场上多样化的需要,因此不能满足顾客多层次的需要。所以,新产品开发和商品结构的调整必须从顾客的实际需要出发。

品种是决定商品占领市场大小的条件。在市场竞争中,作为相对独立的生产者,不论他是以买者还是以卖者的身份出现于市场,他们都有各自的特殊的经济利益,都需要争取购进和出售上的有利地位。产品品种越齐全、越新、便越是有利。以买者身份出现的企业,对于新的、齐全的商品,可以有充分选择、比较的余地;以卖者身份出现的企业,其产品越新、越齐全,便越能获得销售机会。因此,每个相对独立的企业,为了满足社会的消费需要,都必须研究产品的更新和产品的多样化。

质量是决定商品市场占有率的因素。企业提供市场的各种商品能满足顾客要求,则销售量就大,市场占有率就高。企业运用先进的技术,不仅可以提高商品质量,加快商品品种更新换代的速度,而且可以降低生产成本,使商品的质量、品种和价格在市场上都有很强的竞争能力。

第三节 商品品种分类与结构

一、商品品种分类

商品品种分类可根据不同的分类标志进行。主要分类方法有以下几种。

(一) 按照商品品种形成的领域划分

按照商品品种形成的领域,可分为生产品种和经营品种。生产品种是指由工业或农业提供给批发商业企业的商品品种。经营品种是指批发商业企业和零售商业企业销售的商品品种。工业生产的和商业经营的商品品种，一方面取决于特定经济形势下的资源状况和生产技术能力；另一方面则取决于顾客需求的构成状况。规划正确的商品品种是企业获得经济效益的一个最重要前提。一个经济效益好的工业企业，必须有合理的商品品种计划、构成、完善、策略等问题。商品品种计划是指企业计划或规划其经营品种的组合。影响经营品种构成的因素很多，但主要有消费需求、消费水平、顾客购买力、商品的档次（质量和价格水平）、品种范围、竞争状况、有利的基准点、资本/贷款等。因此，企业在计划或规划其经营品种的组合时必须考虑这些因素。商品品种的完善是通过国内生产的商品品种与零售商业企业所经营的商品品种相比而确定的，并与某些客观条件有关系。商品品种构成是指各大类商品及各类商品中不同品种规格商品的数量比例。商品品种策略是指零售商业企业根据消费者需求的变化不断改变或调整商品品种所采取的措施。常用的措施有以下两种：

（1）扩大商品品种，使品种系列化。扩大原有的商品品种，首先，能综合利用企业的人力和物力，减少季节变动与市场需求变动带来的影响，增加企业营销的稳定性。其次，能适应消费者的多方需求，进一步满足顾客的需要。第三，扩大原有商品品种，也有利于企业充分利用原有厂牌与商标，扩大销售额，降低促销成本，增加盈利。第四，可以帮助企业占领更大的市场，减少投资风险。当然，扩大商品组合，特别是增加关联度小的商品线，会加大企业的营销难度，在技术、资金和各种资源方面都易发生困难。

（2）压缩商品品种，如淘汰获利不足的老商品品种、过剩及多余品种。缩减原有的商品品种，首先，可以使企业集中精力与技术，加强少数商品的营销力量，改进服务态度和服务质量。其次，能发挥专业化生产的优势，提高劳动生产率。第三，有利于企业集中资金，减少资金的短缺程度。此外，由于资金足、货源多、商品线减少，可以使企业同其他厂商建立比较稳定的产销关系，从而使商品脱销的风险减少。但是，由于缩小了商品营销品种，企业经营所承受的风险将大大增加。

（二）按照商品品种的结构（即按照商品品种的横向广度）划分

按照商品品种的结构，可划分成复杂结构的商品品种、简单和最简单结构的商品品种。例如，服装和鞋类属于复杂结构的商品品种，这两类商品有多种多样的型号、材料、款式、颜色、不同的消费目的和对象等，会有很多品种。缝纫小商品、办公用品、个别玩具、纪念品、打猎用品等属于最简单结构的商品品种。其余商品是简单结构的商品品种。

（三）按照商品品种的纵向深度划分

按照商品品种的纵向深度，可划分为粗的品种和细的品种。在制定商品生产计划或规划时，一般是指粗的商品品种。在订立供货合同时，要详细规定商品的所有特性值（参数），包括规格、颜色、式样、包装装潢等，这时就涉及到细的商品品种。

（四）按照商品品种的重要程度划分

按照商品品种的重要程度划分，可划分为日常用商品品种（必备商品品种）和美化及丰富生活用商品品种、主要商品品种和次要商品品种。

（五）按照商品品种的行业特征划分

按照商品品种的行业特征，可划分为食品、医药品、纺织品、家用电器、办公用品、体育用品等。

二、商品品种结构

商品品种结构是指各大类商品及每类商品中不同品种的组合比例，即在全部商品总量中，按经济用途或按满足不同层次需求，各大类商品及每类商品中不同品种规格商品的数量所占的比例。图 2-2 为服装商品的品种结构。

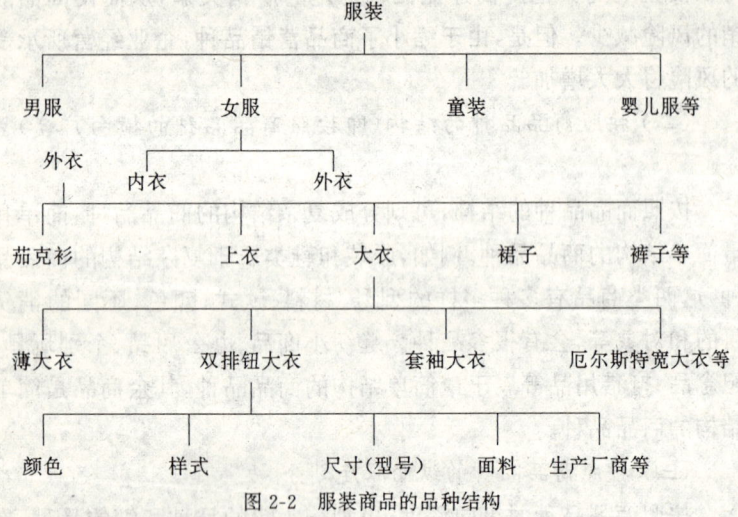

图 2-2 服装商品的品种结构

商品品种构成要考虑消费需求的市场特征,如年龄、性别、职业、民族和地方风俗习惯等。调整商品品种结构,首先要调查消费者需求、研究分析市场结构和消费结构,及时捕捉市场信息,掌握市场和消费结构的变化趋势。

商品品种是消费者对商品的广度要求,它是商品结构(商品品种组合)状况的反映,也是消费需求结构的反映。消费需求和消费结构不是一成不变的,它随科学技术水平、人口组成、社会经济等的变化而变化。这种变化一般是呈上升趋势,因而商品品种结构也是一个动态的高级化过程,必须随消费需求和消费结构的变化不断调整和变化。商品品种结构是否合理,实质上是商品能否满足顾客多样性和多层次的需要问题,也是人们对商品的不同需要在量的方面满足的问题。

三、商品品种发展

发展商品品种必须遵循以下原则:

1. 商品品种结构要与人们的需求结构相适应

消费需求是商品不同品种产生的动力。消费需求是多种多样的，是不断变化的，这就决定了商品品种结构的复杂性和变化性。企业要研究目标顾客现实的和潜在的需求及其变化规律，并用定量的方法描述商品品种与消费需求的符合程度，使商品功效符合消费需求。提高商品品种与消费需求的相符程度，对全面满足消费需求，加速商品使用价值的实现，保证企业计划的顺利完成，提高企业的技术经济指标等，都具有极其重要的作用。

2. 商品品种的组合要达到最佳化

一般而言，商品品种越多，满足消费需求的程度就越高。首先，增加产品组合的宽度（即增加产品大类，扩大经营范围，甚至跨行业经营，实行多角化经营），可以充分发挥企业的特长，使企业尤其是大企业的资源、技术得到充分利用，提高经营效益。其次，实行多角化经营还可以减少风险。第三，企业增加产品组合的长度和深度（即增加产品项目，增加产品的花色、式样、规格等），可以迎合广大消费者的不同需要和爱好，以招徕、吸引更多顾客。

但是，从企业的效益来说，必须合理地确定商品结构，才能取得良好的经济效益。

3. 商品品种要不断更新

在知识经济时代，商品品种更新的速度会比以往任何时候都快，更新的成本则比任何时候都低，人们对新品种的需求大大提高，产品扩散速度也会快于以往任何时期。对任何一个企业来说，不断开发新品种、改进老品种，是求生存求发展重要的途径。但是，商品品种更新的速度和比例并不是越大越好。

第三章 商品分类

第一节 商品分类及其意义

一、商品分类的概念

商品、材料、物质、现象乃至抽象概念等都是概括一定范围的集合总体。任何集合总体都可以一定的标志特征逐次归纳成若干个概括范围更小、特征更趋于一致的局部集合体,直到划分成最小的单元。这样,将集合总体科学地、系统地逐次划分的过程就叫做分类。分类具有普遍性,凡是有物、有人、有一定管理职能的地方都存在分类;一切科学领域及国民经济各部门、企业、事业单位以及人事管理等领域所管理的人、财、物都要进行分类。分类是我们认识事物、区分事物的重要方法之一。科学的分类,可以把看来杂乱无章的事物条理化,使人们更好地认识世界和改造世界。

商品分类是指根据一定目的,为满足某种需要,选择适当的分类标志或特征,将商品集合总体科学地、系统地逐次划分为不同的大类、中类、小类、品类或品目、品种,乃至规格、品级、花色等细目的过程。商品分类的类目层次及其应用实例见表3-1。

商品大类一般根据生产和流通领域的行业来划分,既要同生产行业对口,又要与流通组织相适应。如《全国化工产品目录》(1986年版)中,将全国化工产品分为18大类。《全国工农业产品(商品、物资)分类与代码》中将全国的工农业产品分成99个大类。

表 3-1

商品分类的排列程序及其应用实例

商品类目名称	应 用 实 例	
商品门类	消费品	消费品
商品大类	食品	日用工业品
商品中类	饮料	家用化学品
商品小类	茶叶	肥皂、洗涤剂
商品品类或品目	绿茶	肥皂
商品种类	炒青绿茶	浴皂、洗衣皂
商品亚种	龙井茶	香皂
商品品种	西湖龙井	力士香皂
质量等级	特级	

商品品类也称商品品目,是指具有若干共同性质或特征的商品的总称,包括若干商品品种。如食品类商品,可分为蔬菜和果品、肉及肉制品、水产品、乳及乳制品、蛋及蛋制品、食糖、茶叶、酒类等。

商品品种是指商品的具体名称,它是按商品的性能、成分等方面的特征来划分的,如食品类中的酒类商品包括白酒、啤酒、黄酒、葡萄酒、果酒、露酒及其他酒等。

商品细目是对商品品种的详尽区分,包括商品的规格、花色、质量等级。它能具体地反映出商品的特征。如53°飞天牌茅台酒、12°长城牌民权白葡萄酒等。

二、商品分类的意义

商品分类是商品学的研究内容之一,也是商品经济管理和商品经营管理的一种手段。随着科学技术的进步,商品经济的不断发展,商品种类日趋增多,商品分类的意义越来越大。

1. 商品分类有助于国民经济各部门的各项管理的实施

商品的种类繁杂,性质各异,只有将商品进行科学的分类,从生产领域到流通领域的各项管理工作才能顺利进行,各种统计数字才能具有实用价值。国民经济各部门必须在商品分类的基础上编制各自的商品目录,以保证商品目录的科学性,为开展各项经济管理活动创造先决条件。

2. 商品分类有利于购、销、调、存业务管理

商品分类的理论为商品经营活动提供了依据。根据商品分类设置商业网点,指导商店的商品陈列,可以提高经营管理效率。

3. 商品分类有利于实现商品现代化管理

随着科技的飞速发展和国际贸易的需要,要求对商品实行现代化管理。电子计算机在商品现代化管理中的广泛应用,为商品的科学分类、编码及快速处理和存储商品信息创造了条件,同时对商品分类和编码提出了更高的要求。一些发达国家在国内外贸易中利用电子计算机和商品信息系统查询商品的性能、生产国别、生产经营者、价格、货源量、存放地点等信息,加速了商品管理现代化的进程。

4. 商品分类有利于研究商品的特征、特性,加强商品质量管理工作

商品种类繁多,特征、用途各异,通过对商品分类,便于了解各类商品的性能。商品经营、管理人员,都应该熟悉自己所主管的商品特性,研究商品质量变化规律,这样,才能有助于科学地保管、养护商品。对于消费者(用户)来说,如果商品分类清楚明了,则能更方便地购买到更加满意的商品。

5. 商品分类有利于商品学的教学与科研工作

商品学教学中,按教学需要对商品进行分类,使讲授的知识系统化、专业化,便于学生掌握,同时有利于教学大纲和教材的编写,有利于开展商品的质量分析、质量评价、商品检验、商品包装与储运养护等专题研究。

第二节　商品分类原则与要求

一、商品分类的原则

商品分类的原则是建立商品科学分类体系的重要依据,为了使商品分类能满足特定的目的和要求,在商品分类时应遵循以下五项原则:

1. 系统性原则

根据商品的某些共性进行分类,构成分类体系,并且在进行系统分类时,必须考虑分类体系中应具有补充新产品的余地。

2. 专一性原则

该原则是指商品分类后,一种商品只能出现在一个类别里,不允许同时出现在两个类别中。这就要求选择分类标志时,尽可能从本质上将各类商品之间的差异加以明显区别,保证分类清楚。

3. 简明性原则

该原则要求商品分类术语应通俗易懂;分类的标记应有显明特征,一目了然;分类的方法应科学、合理;分类的层次应清晰明了,使得管理手段简便、快速、准确。

4. 协调性原则

商品分类体系应具有适用性、协调性,力求使分类结构合理。如条码技术的应用,其中条码符号作为一种识别手段,可单独使用,也可和有关设备结合组成自动识别系统,还可和其他控制设备结合实现系统的自动化管理。同时,一旦没有识别设备时还可实现手工键盘输入。编码体系能很好地协调工业、商业、运输、仓储等各行业对商品的管理。

5. 稳定性原则

商品分类既要考虑现实状况,也应符合商品发展的客观规律,如果分类目录发生变更时,也不会破坏整个分类结构,应有相对稳定性。

二、商品分类的基本要求

商品分类的基本要求主要有：

1. 必须明确商品分类的目的、范围

商品分类应有明确目的。如仓储部门将商品分类的目的,是保证商品质量完好,所以,应从安全出发,将商品分为危险品商品与非危险品商品。储存危险品商品的仓库,又将危险品商品分为十大类。同时,商品分类应明确商品集合体所包括的范围,商品分类才有实用意义。

2. 必须选择适当的分类标志

在进行商品分类过程中,选择适当的分类标志是一项至关重要的工作。选用适当的分类标志是科学分类的前提,它必须是既能达到分类的目的要求,又能对分类对象的类别加以明显的区分,这会对商品的管理与使用带来一定的方便。

3. 必须遵循商品分类的原则

人类社会与科学技术总是在不断发展与进步的,商品种类的增多与变化必然要求改进商品管理工作,但在实际操作中,仍须遵循商品分类的一系列原则,在原有基础上补充、完善和提高。

第三节 商品分类方法与标志

一、商品分类的基本方法

商品分类的基本方法,通常采用线分类法和面分类法。在建立商品分类体系或编制商品分类目录中,又常常把两种方法结合起来使用。

（一）线分类法

线分类法又称为层级（层次）分类法,也称为垂直分类法或从属分类法。它是将拟分类的商品集合总体,按照选定的属性或特征作为分类标志,逐次地分成相应的若干个层级,并编排成一个有层级(层次)的、逐渐展开的分类体系。在这个分类体系中,各层级所选用的分类标志可以不同,各个层级之间构成并列或兼属关系。由一个层级直接区分出来的各类目,彼此称为同位类。同位类的类目之间为并列关系,既不重复,又不交叉。在线分类体系中,一个类目相对于由它直接划分出来的下一层级的类目而言,称为上位类(也叫母项);由上位类直接划分出来的下一层级的类目,相对于上位类而言,称为下位类(也叫子项)。上位类与下位类之间存在着从属(隶属)关系,即下位类从属于上位类。

下面引用国家标准 GB7635—87《全国工农业产品(商品、物资)分类与代码》为例,说明线分类体系中各类目之间的并列和从属关系,见图 3-1。

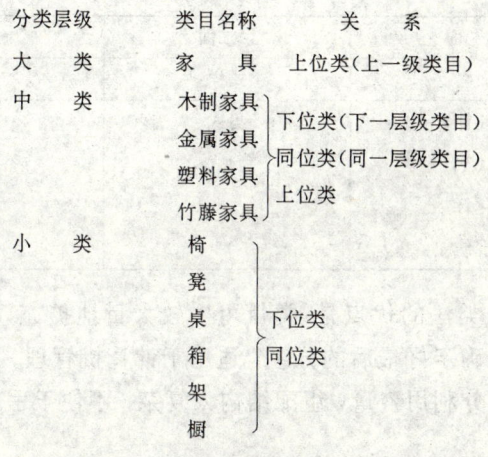

图 3-1 线分类法结构图

线分类法的主要优点是:层次性好,能较好地反映类目之间的逻辑关系,符合传统应用习惯,便于手工和计算机处理。因此,线分类法是商品分类中常采用的方法。

但是,线分类法也存在着分类结构弹性差的缺点,目录形成后,没有更多的后备位置可供新的分类集合插入。

(二)面分类法

面分类法也称平行分类法。它是将拟分类的商品集体总体,按其本身固有的属性或特征(分类标志),分成相互之间没有隶属关系的面,每个面都包含各自的类目,再将每个面的类目平行组合在一起,即组成一个复合类目。

服装的分类就是按照面分类法组配的,把服装用的面料、式样和款式分成三个相互之间没有隶属关系的"面",每个"面"又分成若干个不同范畴的独立类目,见表3-2。使用时,将有关的类目组合起来,便成为一个复合类目,如纯毛男式中山装、纯棉女式休闲装。

表3-2

面 分 类 法

第一面	第二面	第三面
面料	式样	款式
纯棉	男式	中山装
纯毛	女式	西装
化纤		休闲装
混纺		裙装

面分类法的优点是:类目可以较大量地扩充,结构弹性好,不必预先确定好最后的分组,适用于计算机管理。但是,也存在着不能充分利用容量,组配结构太复杂,不便于手工处理等不足之处。

在实际工作中,经常采用线分类法与面分类法相结合的分类方法,也称线面结合分类法。如我国在编制《全国工农业产品(商品、物资)分类与代码》国家标准中,采用线分类法与面分类法相结合,以线分类法为主的综合分类方法。首先,按农业、轻工业、重工业的顺序,对工农业产品分类体系中的最高层完全采用按产业、行业组配的面分类法，使所有产品与行业挂钩；而对以下的各层级，则按商品属性的内在联系，采用线分类法。

二、商品分类标志

（一）选择商品分类标志的基本原则

分类标志是编制商品分类体系和商品目录的重要依据和基准。对商品进行分类，可供选择的标志很多，在选择分类标志时，应遵循以下基本原则。

1. 目的性

必须满足分类的目的和要求。

2. 区分性

必须从本质上把不同类别的商品能明显地区分开，保证分类清楚。

3. 适应性

能划分规定范围内所有的商品，并为不断补充新商品留有余地。

4. 唯一性

在同一类别范围内只能采用一种分类标志，不能同时采用两种或多种分类标志；分类后的每个商品品种（或类组）只能出现在一个类别里。

5. 简便性

必须使商品分类在实际运用中具有易行性，有利于采用数字编码和运用电子计算机进行处理。

（二）常用的商品分类标志

商业经营中，常用的分类标志主要有以下几种。

1. 以商品的用途作为分类标志

满足商品用途要求，是衡量商品质量的重要依据。由于此种分类直接表明商品用途，与消费者需要相吻合，便于消费者选购，这是贸易系统经营管理商品的主要分类方法之一。根据用途的不同，可将商品分为食品、纺织品、日用工业品、日用杂品。其中,纺织品按用途不同,可分为床上用品、针织品、服装、面料几大类。此种分类方法的特点是,将不同原料、不同厂家生产的同一用途商品实施同类经营,便于经营者和消费者进行比较、分析,对企业提高商品质量、扩大品种规格、加强竞争意识有积极意义。但此分类法对储运部门尚不能完全适用,对多用途商品不宜采用。

2. 以原材料作为分类标志

商品的原材料是决定商品质量和引起质量变化的重要因素。由于原材料的不同,反映在商品的化学成分、性能、加工、包装、储运、使用条件要求等方面也有所不同。

按商品原材料来源的不同,可将全部商品分为植物性商品、动物性商品和矿物性商品。纺织品也根据原料的不同分为棉织品、毛织品、丝织品、化纤织品和混纺织品五大类。食糖,可分为甘蔗糖、甜菜糖两大类。此种分类方法的特点是分类清楚,能从本质上反映每类商品特征和使用(食用)、保管、包装、养护等要求,主要运用于原料性商品和原料对成品质量影响较大的商品分类,这是食品储藏、商品养护、运输等部门常用的分类方法。随着人们生活水平的提高,某些零售商品经营分类也逐渐采用以原料作为分类标志,为满足顾客需要、引导科学消费提供便利。如商品经营分类,将面料分为天然纤维织品、人造纤维织品和合成纤维织品。但是该分类法对那些原料构成复杂多样(如混纺织品)和对成品质量影响不大的商品(如照相机、电视机)等不宜采用。

3. 以商品的加工方法作为分类标志

商品的生产加工过程,是商品质量的形成过程。同一原料、同一用途的商品,由于采用的加工方式和加工深度的不同,其性能特点会有很大差异,从而形成商品的不同质量和风格。如商品茶按鲜叶制造方法的不同,分为红茶、绿茶、乌龙茶、花茶、紧压茶五类;酒按酿造方法的不同,可分为蒸馏酒、发酵原酒和配制酒;棉花按加工机械的不同,可分为锯齿棉和皮辊棉。这种分类的特点是,能较明显地反映商品质量风格和加工精度,是商品生产、经营等部门应用较多的一种分类方法。

4. 以商品主要化学成分作为分类的标志

商品的主要化学成分是形成商品性能、影响商品质量变化的最基本因素。按化学成分的不同,可将商品总体分为有机商品和无机商品两大类,有机商品又可分为脂肪类、蛋白质类、纤维类等;无机商品又可分为金属制品和硅酸盐制品。在某些商品分类中,分类标志的选择主要根据商品使用目的或特殊用途的特殊成分,例如,某些日用化学商品的分类即采用此种分类方法。

按化学成分进行分类,能够更细微地分析商品特性,对于研究商品的加工、使用(食用)以及商品在储运过程中的质量变化有重要意义。所以,该法多用在化学成分对商品性能影响较大的商品分类中,但对一些化学成分复杂及化学成分对商品性能影响不大的商品,不宜采用。该法多为生产部门、商品储运、包装、科研和教学等单位使用。

第四节 商品编码

商品编码,亦称商品代码或代号。商品编码是赋予某种商品或某类商品的代表符号,这种代表符号可以由字母、数字组成,也可以由特殊的标志组成。

商品编码是建立在商品分类与编制商品目录的基础上进行的。因此,商品编码与商品分类、商品目录是密切相关的。

实行商品编码的意义在于:有利于商品经营业务的计划、统计、管理等工作,有利于商品分类的通用化、标准化,为商业现代化管理提供了条件。

一、商品编码的原则

1. 唯一性原则

必须实行一品一码、一码一品的唯一性原则,即商品代码只能有唯一的一个。

2. 稳定性原则

代码必须稳定,不宜频繁变动,否则将造成人力、物力、财力的浪费。因此,编码时,代码应考虑其最少变化的可能性,一旦确定后就不要变更,这样才能够保持编码体系的稳定性。

3. 可识别性原则

编码时必须确定明显的识别标志,即按物品的类别、属性进行分项编码,必须达到便于识别、查询的目的要求。

4. 可扩性原则

负责编码的机构,在编制代码结构设计、分配代码时,要充分考虑到产品的更新换代和新产品开发,为新类目的增加和旧类目的删减留有余地。

5. 简明性原则

对物品编码时应尽可能简明,代码长度应最短,以利于阅读、操作,减少计算机处理时间和储存空间,以达到减少差错、提高工作效率的目的。

6. 层次性原则

编码时层次要清楚,要准确地反映商品分类体系的并列与从属关系和商品目录的层次性,使代码具有一定的规律性。

7. 统一协调性原则

商品编码时要与国际通用商品编码制度协调一致,要同国家商品分类编码标准相一致,从而实现商品经营业务管理和信息交流的统一性。

8. 自检能力原则

商品编码是一项复杂而又十分精细的工作,要求必须做到代码校验、校正的方便性,而且做到计算机有自动检测差错的核对性能。

二、商品编码的种类与方法

商品编码按其所用的符号类型可分为数字型编码、字母型编码、数字和字母混合型编码以及条码四种。

（一）数字型编码

数字型编码是用一个或若干个阿拉伯数字表示分类对象的代码。其特点为结构简单,使用方便,易于推广,便于利用计算机进行处理,是目前各国普遍采用的一种代码。数字型编码通常分为以下几种。

1. 顺序编码法

顺序编码是按商品分类目录中商品排列的先后顺序给予数字的顺序代码的编码方法。它把编码对象集合体,按一定属性或特征划分为系列进行编码。顺序编码的基本原则是每个代码标志的数列长度(含数字位数)要完全一致。顺序编码方法简单,适用于容量不大的编码商品集合体。

2. 层次编码法

层次编码法是按层级分类的对象依次进行编码的方法,即将数列代码分成若干个层次,使每个分类的类目按分类层级一一赋予对应的代码,反映商品分类隶属的层级关系。具体做法是,在整个数列代码中,把数字从左至右分成若干个组(即分成层级),令每个层级代表一定含义。从左至右的代码,第一组(或第1、第2位……)代表第一层级(大类)类目,第二组代表第二层级(中类)类目,依此类推。这样,代码的结构就反映了分类层级的逻辑关系。国家标准 GB7635—87《全国工农业产品(商品、物资)分类与代码》,就是采用了层次编码法,把整个编码结构分为 4 个层级,由 8 位数字代码组成,其中第 1、第 2 位数字为第一个层级,代表大类;第 3、第 4 位数字为第二个层级,表示中类;第 5、第 6 位数字为第三个层级,代表小类;第 7、第 8 位数字为第四个层级,表示品种(或组类)。层次编码法的优点是逻辑性较强,能明确地反映出分类编码对象的属性或特征及其相互关系,便于计算机汇总数据。缺点是结构弹性较差,为延长其使用寿命,往往要用延长代码长度的办法,预先留出相当数量的备用号,从而出现代码的冗余。所以这种编码方法最适用于编码对象不大变化的情况。

3. 平行编码法

平行编码法,是指对每一个分类面确定一定数量的码位的编码方法,多用于平面分类体系。平行编码法的优点是编码结构领域宽,容易增加分类面的数目,可以用全部代码,也可以用部分代码。缺点是代码过长,不便于计算机管理。

4. 混合编码法

混合编码法是层次编码法和平行编码法的合成,但代码的层次与类目的等级不完全相同的编码方法。此法是将分类对象的各种属性或特征分别列出后,其某些属性或特征用层次编码法表示,而其余的属性或特征则用平行编码法来表示。

(二)字母型编码

字母型编码是用一个或若干个字母表示商品代码的编码方法。用字母对商品进行分类编码时,一般按字母顺序进行编制。通常用大写字母表示商品大类,用小写字母表示其他类目。如 A、B…表示大类,a、b、c…表示中类,α、β、γ…表示小类等,依次类推。字母型代码采用的字母种类,各国不尽相同。中欧国家主要用拉丁字母和希腊字母。字母型代码便于记忆,便于识别,但不便于计算机处理。此法常用于分类对象较少的情况,在商品分类编码中很少使用。

(三)数字、字母混合型编码

数字、字母混合型编码是采用数字和字母混合编排的商品编码方法。它兼有数字型编码和字母型编码的优点,结构严谨,具有良好的直观性和表达式,同时又有使用上的习惯。但是,此种编码方法,由于代码组成形式复杂,给使用带来不便,计算机输入效率低,错码率高。因此,在商品分类编码中很少使用此法。

(四)条码(Bar Code)

条码也称条形码,国际上常以BC简称。商品条码是由一组规则排列的条、空等其对应字符组成的表示一定信息的商品标识。目前,国际上常用商品条码有以下几种,即:

1. EAN条码

EAN条码是国际通用商品条码,有13位标准码(EAN—13码)和8位缩短码(EAN—8码)两种版本,见图3-2。

(a) EAN—13条码符号　　　(b) EAN—8条码符号

图3-2　EAN条码符号示意图

EAN—13条码由代表13位数字码的条码符号组成,其结构如图3-3所示。前2位(欧共体12国)或前3位(其他国家)数字为国家或地区代码,称为前缀码或前缀号,用于标识商品来源的国家或地区,由国际物品编码协会(EAN)总部分配和管理。各国或地区只能由一个编码组织作为代表加入国际物品编码协会,作为其成员后分配给前缀码,允许使用EAN条码。例如"690"、"691"、"692"就是国际物品协会分配给中国(中国物品编码中心)的三个前缀码。表3-3列出了国际物品编码协会成员国或地区的代码。前缀码后面的5位或4位数字是各国或地区的EAN编码组织分配给其成员的标识代码,称为制造厂商代码。厂商代码后面的5位数字为商品代码或商品项目代码,用以标识商品的特征及属性或表示具体的商品项目,即具有相同包装和价格的同一种商品。最后一位数字为校验字符或校验码,用以提高数据的可靠性和校验数据输入的正确性。

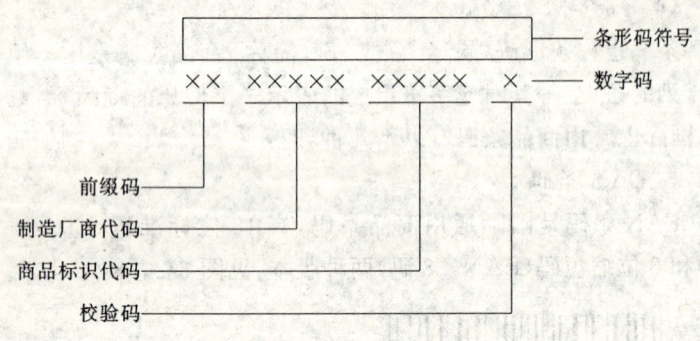

图 3-3 EAN—13 条码结构示意图

表 3-3

国际物品编码协会成员国或地区和代码

国家或地区代码(前缀码)	国家或地区
00—09	美国和加拿大(北美)
20—29	当商品上没有 EAN 条码时,由超级市场自行编制 EAN 条形码时使用,称为系统代码
3—37	法国
40—43	前联邦德国
440	前民主德国
460—469	前苏联
471	中国台北
489	中国香港
49	日本
50	英国、爱尔兰
520	希腊
529	塞浦路斯
54	比利时、卢森堡
560	葡萄牙
569	冰岛

续表

国家或地区代码（前缀码）	国家或地区
57	丹麦
599	匈牙利
600—601	南非
64	芬兰
690—692	中国
70	挪威
729	以色列
73	瑞典
750	墨西哥
759	委内瑞拉
76	瑞士
770	哥伦比亚
773	乌拉圭
779	阿根廷
780	智利
789	巴西
80—83	意大利
84	西班牙
859	前捷克斯洛伐克
860	前南斯拉夫
869	土耳其
87	荷兰
880	韩国
885	泰国
888	新加坡
90—91	奥地利
93	澳大利亚
94	新西兰
955	马来西亚
959	巴布亚新几内亚

EAN—8条码由代表8位数字的条码符号组成,其结构见图3—4,EAN—8条码的前缀码与EAN—13条码的前缀码相同;制造厂商代码和商品项目代码用5位或4位数字表示,EAN—13条码的相应10位或9位数字经消零压缩得出;校验码的计算方法同EAN—13,但需要在其前面加5个"0"。EAN—8条码主要用于印刷空间不足的小包装商品,如化妆品、香烟等。根据国际物品编码协会的规定,只有当EAN—13条码所占面积超过总印刷面积的25%时,使用EAN—8条码才是合理的。

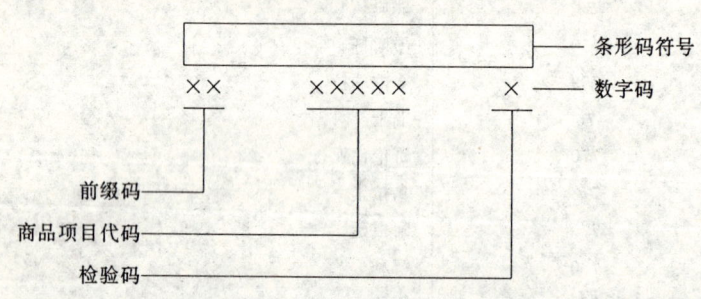

图3-4　EAN—8条码符号结构

2. UPC条码

UPC条码是一种只代表数字的商品代码,有标准码(又称为UPC—A码)和缩短码(又称UPC—E码)两种版本。UPC—A条码由代表12数字的条码符号组成,其中10个数字为编码数字。如图3-5所示,第1位数字为系统字符,称为前缀号,分别以"0"标识规定数量包装的商品;以"2"标识不规则重量的商品;以"3"标识医药卫生商品;"5"标识用信用卡销售的商品;"7"为中国申报UCC会员专用;"1、6、8、9"为标识备用码。中间10个数字是编码数字,分为中左5位码和中右5位码,前者为制造厂商代码,用于标识制造厂商,由美国统一编码委员会分配和管理;后者为商品标识代码,用于标识商品的特征和属性,由商品制造厂商根据美国统一编码委员会的规则自行编制和管理。最后一位数字为校验码,用于检验代码输入的正确性。

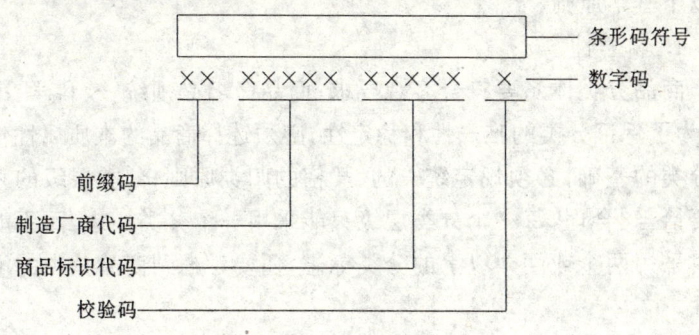

图 3-5 UPC—A 条码结构示意图

UPC—E 条码是 EAN—13 条码的一种特殊形式。从条码数据符及校验符的组成形式上讲,UPC—A 条码与前置码为"0"的 EAN—13 条码兼容。UPC—A 条码的条码符号构成与 EAN—A 相同,UPC—A 条码的条码符号二进制字符组成、条、空宽度、条、空表示,以及起始符、终止符、中间分隔符的模块组成的表示方法等,也都与 EAN—A 相同,这里不再赘述。但是,UPC 条码与 EAN 条码在数据符、校验符的二进制表示方面有不同之处。UPC 条码的前缀号(系统符)用条码符号表示,包括在左侧数据符内。前置码为"0"时,左侧 6 个条码字符(左侧数据符)构成的二进制表示为奇排列,右侧数据符及校验符为偶排列。

UPC—E 条码是 UPC—A 条码的一种缩短形式,只有当商品较小,无法印刷 12 位的 UPC—A 条码时,才允许使用。

第五节 商品分类体系

一、建立商品分类体系的基本原则

目前,主要根据教学与科研的需要和社会实践的需要来建立商品分类体系或编制商品目录,并按照提出的不同目的和要求来确定商品类目与细目的划分原则。建立商品分类体系时,一般应遵循以下基本原则。

1. 科学性

商品分类体系要符合客观要求;商品命名必须统一、科学、准确;为了保证分类的唯一性和稳定性,必须选择商品的本质属性作为分类的基础,必须规定统一的、严密的归类原则;分类层级的划分要恰当、合理,每一个分类层级只能采用一个分类标志,而不能同时采用两个或两个以上的分类标志;还要考虑到商品分类的沿袭性。

2. 系统性

将选定的分类对象,以其基本属性按照所规定的归类原则和一定排列顺序予以系统化,形成一个比较合理的商品分类体系,使每一个分类对象在体系里都占一个位置,并反映出它们彼此之间的关系,用数字代码标示它们之间的内在联系。

3. 可延性

商品分类体系的建立应满足商品不断发展、更新和变化的需要。这就要求在建立商品分类体系时,留有足够的空位,以容纳新商品。同时还应考虑到低层级子系统延伸细化的可能性。通常在商品目录里可以设置收容项。

4. 兼容性

建立新的商品分类体系时,要尽可能与国内原有的商品分类体系保持一定的连续性,使相关的商品分类体系之间相互衔接和协调,同时还要考虑与国际通用商品分类体系的协调,以利于推广应用。商品分类的原则及类目的设置必须尽量与相关标准取得一致,以满足系统间信息交换的要求。此外,还必须注意到商品分类编码系统整体的优化问题,即在满足系统总任务的前提下,最全面、最佳地满足系统内各子系统的实际需要。

二、重要的商品分类体系

(一) 我国商品分类体系

按照适用范围及用途,商品分类体系可分为国际通用商品分类体系、国家标准商品分类体系、部门商品分类体系等。为适应现代化经济管理的需要,以国家标准形式对商品、产品、物资进行科学的、系统的分类编码,建立商品分类体系,称为国家标准商品分类。我国于1987年发布实施了国家标准GB7635—87《全国工农业产品(商品、物资)分类与代码》,它为国民经济统一核算和国家经济信息系统提供了统一的商品分类体系。各部门、各地区在进行计划、统计、会计、业务等工作时,必须按此标准及其有关使用要求整理上报资料。各部门、各地区在使用本分类体系时允许做适当细化和补充,也可以在本体系的基础上制定本部门、本地区适用的商品分类商品体系和分类目录,但必须与本分类体系兼容,以保证信息交换与资源共享。《全国工农业产品(商品、物资)分类与代码》,把我国生产的所有工农业产品、商品、物资分为99个大类(其中12大类留空,供补充新商品用),1 000多个中类,7 000多个小类,总计360 000多品种。本商品分类体系采用8位数编码,为四层次代码结构。

(二) 国际贸易商品分类

为适应世界各国之间贸易政策、征收关税、贸易活动、贸易管理和贸易统计等,需要统一执行的商品分类方法,称国际贸易商品分类。目前国际上公认并被广泛采用的国际贸易商品分类的方法主要有四种。

1. 《海关合作理事会分类目录》(简称CCCN)

《海关合作理事会分类目录》在1950年产生,1959年正式生效,并于1965年、1972年和1978年分别进行了三次系统的修订,主要适用于海关税则的商品分类。

《海关合作理事会分类目录》的分类原则为:按照商品的原材

料,结合加工程度和用途以及所属行业来划分商品目录。据此,分类体系将国际贸易商品划分为 21 类、99 章、1011 税目,每一项税目下又分成若干条子目。该分类体系采用 4 位数字编码。

2.《国际贸易标准分类》(简称 SITC)

《国际贸易标准分类》由联合国于 1950 年制定,在 1951 年国际会议上通过,并于 1960 年和 1975 年进行了两次修订。自 1976 年开始,联合国有关国际贸易的商品统计均采用这一分类标准,各国按照第二次修订本发表各自的贸易数据。它主要是为了便于统计世界经济发展状况,促进国际贸易,使海关手续合理化。

《国际贸易标准分类》把所有国际贸易商品划分为 10 类、63 章、233 组、786 分组,分组以下又细分为若干个子目,采用 4 位数字编码。

3.《商品分类和编码协调制度》(简称 HS)

《商品分类和编码协调制度》是在《海关合作理事会分类目录》和《国际贸易标准分类》实施经验的基础上,参照国际间其他税则、统计、交通等分类协调制度编制的,于 1983 年以国际公约形式通过,并于 1981 年 1 月 1 日在国际上开始实施。它是最新的、系统的和多用途的国际贸易商品统一分类体系,目前被世界各国普遍采用。

我国根据《商品分类和编码协调制度》,由国家商检局和海关总署分别编制了《商检机构实施检验的进出口商品种类表》、《中华人民共和国海关进出口税则》,并于 1990 年和 1992 年发布实施。

《商品分类和编码协调制度》把所有国际贸易商品分为 21 类、99 章、1241 节、5019 目,其中第 77 章留空以增补新商品,第 98、第 99 章留空供各缔约国专用。该分类体系采用 6 位数字编码。各国可将 6 位数字编码的商品再细分为所需要采用的位数,使商品分类编码更具体化。

(三)《国际海上危险货物运输规则》(简称 IMDG Code)

为了对海上运输危险货物实行国际管理,国际海事组织(IMO)海上安全委员会于 1965 年制定了《国际海上危险货物运输规则》,并于 1977 年、1982 年分别进行了两次修订。目前世界各国运输的危险货物及其包装都必须执行这个国际统一的管理规则。我国 1973 年加入国际海事组织,自 1982 年开始执行《国际海上危险货物运输规则》,同时参照《国际海上危险货物运输规则》制定了我国的《海运出口危险货物包装检验管理办法》,并于 1985 年发布实施。

《国际海上危险货物运输规则》中,根据危险性质不同,把危险货物分为 9 类,包括 2500 多个货物品种。对每种货物都列出了品名、编号、化学分子式、类别、爆炸极限、闪点、特性、标志、注意事项、包装类别、包装方法、每个容器内装净重、每个包装件总重、积载等事项。危险货物类目划分如下:

第 1 类　　爆炸品
1·1　　爆炸物质
1·2　　烟火物质
1·3　　爆炸物品
第 2 类　　压缩、液化和加压溶解的气体
2·1　　压缩气体
2·2　　液化气体
2·3　　加压溶解的气体
第 3 类　　易燃液体
3·1　　低闪点(—18℃)易燃液体
3·2　　中闪点(—18℃～23℃)易燃液体
3·3　　高闪点(23℃～61℃)易燃液体
第 4 类　　易燃固体、易自燃物质和潮湿(或与水化合)时产生易燃气体的物质
4·1　　易燃固体

4·2　易自燃物质

4·3　潮湿(或与水化合)时产生易燃气体的物质

第5类　氧化物质和有机过氧化物

5·1　氧化物质

5·2　有机过氧化物

第6类　有毒(毒性的)物质和有感染性的物质

6·1　有毒(毒性的)物质

6·2　有感染性的物质

第7类　放射性物质

第8类　腐蚀性物质

第9类　杂类危险物质

(四)我国外贸、海关、商检部门商品分类

1.《对外贸易进出口业务统一商品目录》

《对外贸易进出口业务统一商品目录》(1986年修订本)是由对外经济贸易部编制的,主要根据商品的属性及用途,参照《国际贸易标准分类》,并适当照顾国内外贸专业公司的经营分工,对我国进出口商品进行科学分类和编码。该商品目录包括进口和出口商品两部分,进口商品分类目录中分为成套设备及技术引进、机械仪器、五金矿产品、石油、化工产品、医药、轻工业品、工艺品、纺织品、粮油食品、土畜产品、种籽、种畜等14大类商品。

2.《中华人民共和国海关进出口税则》和《中华人民共和国海关统计商品目录》

《中华人民共和国海关进出口税则》和《中华人民共和国海关统计商品目录》与《商品分类和编码协调制度》完全一致,商品类目划分也相同,所列商品分为21类、97章(其中第77章空缺,以备将来使用),共计有6 000余品目。海关统计商品目录采用8位数字商品编码,前6位数字商品代码及其商品名称与HS完全一致,第7位和第8位数字码是根据我国关税、统计和贸易管理的需要增设的,还规定了计量单位。进出口货物的收发人或其代理人报关时,必须在报关单上填报 8 位数字的商品代码或税则号以及目录规定的重量和数量。

进口商品分类目录中分为成套设备及技术引进、机械仪器、五金矿产品、石油、化工产品、医药、轻工业品、工艺品、纺织品、粮油食品、土畜产品、种籽、种畜等 14 大类商品。

3.《商检机构实施检验的进出口商品种类表》

进出口商品检验局制定的《商检机构实施检验的进出口商品种类表》(1989 年修订本)于 1991 年实施。本商品种类表按照《商品分类和编码协调制度》的商品归类原则和方法,将进口商品分为 17 大类,303 个品种;出口商品分为 17 大类,589 个品种,共计 892 种商品。为了便于各部门统一使用以及与其他有关商品分类体系兼容,每种商品都对应有商检序号(Serial No.)、《商品分类和编码协调制度》的商品编码(HS Code)、《海关合作理事会税则分类目录》的编码(CCN Heading No.)、《联合国国际贸易标准分类》的商品代码(SITC Item No.)和《对外贸易进出口业务统一商品目录》的编码(MFERT Code),并有中英文对照商品名称和计量单位。按照商品目录制定的内部管理要求,本商品种类表还包括监管方式、检验签证周期、检验有效期、证书限期、检验标准代号等项目。新商品种类表的全部内容都编成了应用软件,为现代化管理奠定了基础。

三、商品的教学与科研分类

为适应教学与科研的需要,对商品进行系统地、科学地分类,称为商品的教学和科研分类。商品的教学与科研分类是为了合理组织教学、深入研究分析各类商品,以便解决各类商品的质量、鉴定、保管、使用等方面的问题,从而培养学生分析、解决问题的能力。

商品的教学和科研分类应遵循以下原则:

(1) 商品类别和品种,必须适合专业要求,并兼顾业务部门行业分工的特点。

(2) 选择商品的范围,无论种类或品种,都应在"商品分类目录"所包括的商品之内,但它们必须具有代表性,即能够概括有关研究商品使用价值的重要理论问题及研究方法。

(3) 商品的大类、中类和小类以及品种的排列顺序必须是科学的,应能适应教学与科研的要求。一般情况下,原材料及半成品的商品,应排列在该成品商品的前面,性能比较接近的商品,应根据其接近程度依次排列,中间不应插入其他类型商品。

(4) 一般以品体的自然特性为分类标准,并适当考虑业务部门的分类习惯,兼顾商品的发展,不受国家统一商品分类的限制。

第四章 商品质量与管理

第一节 商品质量及有关术语

一、商品质量的内涵

(一) 质量的概念

质量是商品的一个普遍性要求,质量的概念及内涵是随着时间的变化而不断更新的。一般可分为三大类:

第一类是有关质量文件的定义:此类定义是某一时期某一权威组织或机构根据社会生产力和消费需求的发展状况,以文件形式对质量概念所作的统一规定。国际标准 ISO8402:1986 对质量的定义为:产品或服务满足规定或潜在需要的特征和特性的总和。ISO8402:1994 将质量定义为:反映实体满足明确和隐含的能力的特性总和。欧洲质量管理组织(EOQC)关于商品质量的定义是:产品满足和实现使用者需求的程度。在日本工业标准(JIS)中的质量的定义为:为确立某种物品或服务是否满足了自己的目的而作为评价对象的所有特性和性能的总和。

我国国家标准 GB6583.1—1986 对质量的定义为:产品、过程或服务满足规定或潜在要求(或需要)的特征和特性的总和。

这里要注意以下几个方面的内容:

(1) 在合同情况下,或是在法规规定情况下,需要是明确规定的;而在其他情况下,隐含的需要则应加以识别并确定。

(2) 在许多情况下,需要会随着时间而变化,这就意味着要对质量要求进行定期评审。

(3) 一般根据特定的准则将需要转化为特性。需要可包括性能、合用性、可信性、安全性、环境、经济性和美学。

(4) 在某些文献中,质量是指:"适用性"、"适合目的性"、"顾客满意性"或"符合要求"。按上述定义,这些仅表示了质量的某些方面。

(5) 术语"质量"不能作为一个单一的术语来表示在比较意义上的优良程度,也不能用于定量意义上的技术评价。为了表达这些含义,应使用恰当的形容词。例如"相对质量"、"质量水平"和"质量度量"等。

第二类是一些质量专家的定义:这是研究质量方面的专家们的研究成果。美国著名的质量管理专家J·M·朱兰博士提出:产品的一个重要特点,是其能够满足那些使用它们的社会成员的需要。日本著名质量管理专家田口玄一教授指出:所谓质量是商品上市后社会给予的评价。由于专家在研究领域的局限性,往往带有一定的片面性,但对揭示质量的一些深层次的问题是有益的。

第三类是理论工作者综合研究得出的较全面的定义。商品学对于质量的定义就属于此类,并保持与第一类定义的同步性。从历史来看,商品学教科书对于质量的定义分为广义和狭义两种:狭义的质量定义是特定使用目的所要求的商品各种特性的总和,即商品的自然属性的综合。广义的质量是商品能适合一定用途要求,满足社会一定需要的各种属性的综合,即商品的符合性和社会适用性相结合。适用性是从用户出发的,但是适用性过了头,质量就无法控制。符合性是从厂家出发的,但符合性不能不适应商品的革新和市场变化的需求。所以要将适用性与符合性两者结合起来。

过去相当长的时间里,商品学对质量的研究是狭义的。但是,随着社会的发展,商品的丰富,人们的消费需求呈现多样化趋势,消费者越来越重视商品的社会质量方面的因素,因此,商品学单纯研究狭义的商品质量的意义已越来越小,就目前来看,研究广义的商品质量更具有现实意义。因此,商品质量概念应包括以下四个方面内容:

(1) 质量的基础是商品具有能够满足规定或潜在需要的各种质量特性。

(2) 质量是动态的。由于时代进步,科技、经济的发展,消费者的需要或规定也会相应变化和发展,这就必然对商品的质量特性提出更高的要求,商品质量也会发生相应的变化。

(3) 商品质量是客观的。商品质量是受社会生产力和经济水平制约的。商品质量又是由客观存在的各种质量指标及属性决定的。

(4) 商品质量的评价具有主观性。它取决于人们选取的衡量质量优劣的水平基准。每个人都可以从自己的角度(不同的社会地位、不同的收入水平、不同的文化素质和不同的心理状况等),对商品质量作出不同的评价。

(二) 商品质量的构成

1. 商品的内在质量(自然质量)

商品的内在质量是商品的各种物质属性的综合,包括商品的实用特性、寿命、可靠性、安全性与卫生性等。例如保温瓶的材料、容水量、重量、耐温差性、耐水性及保温效能等。它可以分为静态的内在质量和动态的内在质量。静态的内在质量是商品在不使用情况下呈现出的质量性能。如商品的成分、形态、规格、结构、缺陷等性质的综合。动态的内在质量是指商品体形成后,在外界环境条件的影响下会发生变化的性能,这由商品体的可变的理化、生物性因素所决定的。如商品的机械性能、热性能、食品的营养价值等表现为在使用或储存条件下的质量性能。

2. 商品的社会性质量

商品的社会性质量是指商品从生产、流通直到消费及废弃阶段,满足全社会利益所必需的特性,它反映了商品使用价值对社会和社会环境的依赖与适应。如不污染自然环境、节约有限的能源及其他资源等。

3. 商品的感观质量

商品的感观质量是人们利用感觉器官对商品的色彩、质地、音色、新鲜度等所作出的直观测定。

二、商品质量术语

术语,是指对某一专业领域内所应用的概念所作的准确的和统一的描述,它是这一领域的基础语言。质量术语则是质量管理这个领域的基础语言。

(一) 商品质量特性

商品的质量特性是指满足人们某种需要所具备的属性和特征;消费者对商品的明确或潜在的需要(要求)。例如,方便、舒适、安全、卫生等用语言表达的意思,如果不能把它们转化为技术经济语言或衡量尺度,就无法实现对商品质量的有效管理和监督。因此,必须把质量用可定量的具体质量特性值体现出来。一般来说,表示每种商品的质量,常常要用很多质量特性来表示。每种质量特性对商品质量都有一定的贡献,但其重要程度却不相同,而且因用途不同会发生变化。在商品质量评价和管理过程中,没有必要考察其质量所包含的一切特性并将各种特性同等看待,而应该依照其实际用途权衡轻重,尽量简化,选择少数(通常以 3~5 种为宜)对商品质量起决定作用的特性,按其重要程度分别赋予不同的权重,加权综合成消费者真正期望的质量。

测量或测定质量指标所得到的数值,称为质量特性值。我们把可以连续测量而得到的质量特性值,称为计量值,如商品的尺寸、重量、容积、抗拉伸强度等特性值。质量特性值最好为计量值,但有时没有必要或实际上难以用计量值表示,例如商品的品级、合格品、外观疵点数等特性值是离散的,只能取整数值或定性地划分为两个或两个以上的类,这样的质量特性值称为计数值。

由于质量特性的选择方法不同,有时不能直接用它来表示消费者对商品的使用要求,尤其是依据现有的测量技术来选定质量特性时,往往非常困难,这时只能选用替代它的代用质量特性。反映商品使用目的的各种技术经济参数都叫做代用质量特性,用数字定量反映商品质量的客观状态。商品标准中的质量指标所反映的质量特性大多数都是代用质量特性。它们是商品质量管理不可缺少的手段。由于质量标准与实际使用质量要求常常存在着既相互适应又相互矛盾的地方,因此,要明确真正的质量特性与代用质量特性的区别,及时地根据不断更新和发展的消费者需要,通过必要的调整和修改,尽可能使质量标准符合消费者的实际质量要求。

(二) 商品质量指标

商品质量特性通常需要用各种数量指标来表示,这些数量指标称为质量指标。商品质量指标是商品技术性指标和可靠性指标的综合。由于商品的复杂性和多样性,商品质量指标很多,在实践中主要有以下几方面：适用性指标(用途指标)、工艺性指标、结构合理性指标(包括商品的可修理性、零部件互换性及人体工程学等方面指标)、卫生安全性指标、可靠性指标、经济性指标、使用寿命指标、商品质量均一性指标、生态环境指标、美观指标等。这几方面的质量指标构成了对现代商品质量的基本要求。它们相互补充,相辅相成,不可或缺。

(三) 标准中的质量术语

ISO/TC176 在 1994 年发布了最新版本的《ISO8402：1994 质量管理和质量保证术语》。在新版标准中,术语辞条共 67 条,是 1986 年初版的 22 条的 3 倍,且细分为 4 部分,即"基本术语"、"与质量有关的术语"、"与质量体系有关的术语"和"与工具和技术有关的术语"。一般认为,在 67 条术语中,"质量方针"、"质量管理"、"质量控制"、"质量保证"和"质量体系"等五条术语最为重要。

1. 质量方针

它是指由组织的最高管理者正式发布的该组织总的质量宗旨和质量方向。其含义有:第一,质量方针是组织总方针的一个重要组成部分,它应与组织的总方针以及并行的其他方针相协调,如投资方针、技改方针、环境方针等。第二,质量方针应得到组织中最高管理者的批准。最高管理者应积极参与制定总方针,这样才能将最高管理者对质量的承诺体现在质量方针中。第三,质量方针应具有长期性和稳定性,其内容应体现本组织的特点。因此,必须具体化,以便于实施、监督和检查,切忌一般化的口号。

2. 质量管理

质量管理是指确定质量方针、目标和职责并在质量体系中通过诸如质量策划、质量控制、质量保证和质量改进使其实施的全部管理职能的所有活动。根据这个定义,其具体含义为:

(1)质量管理是组织全部管理的一个重要组成部分,它的职能是制定并实施质量方针、质量目标和质量职责。

(2)质量管理是以质量体系为依托,通过质量策划、质量控制、质量保证和质量改进等活动发挥其职能。这四项活动是质量管理工作的四大支柱。

(3)组织的最高管理者领导整个质量管理工作,并对其结果负全责。各级管理者都有相应的质量管理职责。

(4)质量管理过程涉及组织中的每一个员工,因此,质量管理是"全员性"的。

(5)在质量管理的全过程中,必须考虑其经济性。

3. 质量控制

质量控制是指为达到质量要求所采取的作业技术和活动。其具体含义可作如下进一步的理解和说明:

(1) 定义中的"作业技术和活动"是指为了达到质量要求所采取的,而不是指组织中所有的作业技术和活动。

(2) "作业技术和活动"的目的在于监视过程,使之处于受控状态,即通过确定控制对象、规定控制标准、制定控制方法、选用检验技术、检验操作、作出控制结论,对失控进行排除处理,达到使之恢复的目的。

(3) 质量控制活动贯穿于产品质量形成的全过程之中。显然,"质量控制"属于"质量管理"的主要内容之一。

4. 质量保证

质量保证是指为了提供足够的信任表明实体能够满足质量要求,而在质量体系中实施并根据需要进行证实的全部有计划和有系统的活动。根据这个定义,对其具体含义可作如下进一步的理解和说明:

(1) "质量保证"和"保证质量"是相互联系但又是不同的两个概念,前者的目的在于取得"足够的信任";而后者的目的在于满足规定的质量要求。

(2) 质量保证分为内部质量保证和外部质量保证两种目的。内部质量保证是在组织内部对管理者提供足够的信任;外部质量保证是在合同或其他情况下,向顾客、第三方以及其他方提供足够的信任。显然,外部质量保证是建立在内部质量保证基础上的。

(3) 质量保证活动根据需要应进行证实,即重视验证工作,重视提供证据。

5. 质量体系

质量体系是指为实施质量管理所需的组织结构、程序、过程和资源的总和。根据这个定义,对其具体含义可作如下进一步的理解和说明:

(1) 质量体系是为了实施质量管理而建立、完善并运行的,它不包括质量方针和目标的确定,质量体系应以满足组织的质量方针和目标为目的。因此，一个组织的质量体系是包含在该组织质量管理范畴之内的。

（2）质量体系由组织结构、程序、过程和资源四大部分所构成。定义中的组织结构包括组织机构、职责及其相互关系。而资源则包括人员、资金、设施、设备、技术和方法。

（3）一个组织的质量体系一般比特定的顾客要求要广泛，顾客仅仅是评价质量体系中的有关部分。从这一点认识出发，针对某产品的质量保证模式是建立在一个组织质量体系的基础上的。

（4）质量体系对内功能是质量管理，故称质量管理体系；而对外功能则是质量保证，故称质量保证体系。正因为如此，在ISO8402中只有"质量体系"的术语。

质量方针、质量管理、质量控制、质量保证和质量体系这五个质量术语各自具有准确的概念，但又相互涵盖其内容，融为一体。质量管理涵盖的内容为最多，包括质量方针、质量控制、质量保证和质量体系。质量体系所涵盖的内容仅次于质量管理，包括有质量结构、质量控制和质量保证（内部保证功能部分）。质量控制和质量保证犹如孪生兄弟，质量控制侧重于控制的措施、方法、活动；而质量保证侧重于控制结果的证实。显然，组织的最高管理者时刻期盼着这种的证实，以获得自信。外部质量保证的大部分内容已包括在质量体系之中，它表明组织根据自身的需要建立起来的质量体系，在通常情况下，能满足外部质量保证的要求；另一部分（与质量体系不重叠的部分）属于需方提出的特殊要求，如需方提出产品质量的某些指标应由认可的独立检验机构检验的要求等等。

第二节　商品质量管理发展概况

当今世界各国都极为重视商品质量，把商品质量视为关系到企业存亡乃至国家和民族的兴衰之所在。保证和提高商品质量，关键在于严格的、科学的质量管理,因此商品质量管理和质量保证在全球范围内迅速发展,并得到了世界各国的极大重视。商品质量管理是指对商品确定和达到质量要求所必需的职能和管理活动。商品质量管理的发展大体经历了检验质量管理、统计质量管理和全面质量管理三个发展阶段。

一、检验质量管理阶段

1911年美国机械工程师泰勒(F. W. Taylor)提出了企业应实行质量检验的管理方法,即将企业的活动分为计划和执行两个职能,设立专职检验人员以加强产品质量检查。这样,就把20世纪以前原来操作者本身同时承担的质量检验转到管理者身上,使产品检验从生产制造过程中分离出来,成为一道独立的工序。以后,随着生产规模不断扩大,质量检验职能又由管理者转给专职的检验人员来承担,从此,专职的检验机构出现了。专职检验的特点是"三权分立",即有人专职制定标准;有人专职负责执行;有人负责按照标准检验。从20世纪初期到40年代,主要以这种质量管理思想进行产品质量控制,也就是按既定质量标准要求对产品进行检验;管理对象限于产品本身的质量;管理领域局限于生产制造过程。因此,其存在着许多缺点:一是检验质量管理是一种消极防范型管理,依靠事后把关,杜绝不合格产品进入流通领域,无法在生产过程中起到预防、控制作用;二是出现问题容易扯皮、推诿;三是要求全部检验,在经济上不合理。

二、统计质量管理阶段

20世纪30年代前后,由美国贝尔电话研究所工程师、统计学家休哈特(W. A. Shewhart)提出了"统计过程控制"(SPC)概念,并创作了质量控制图,统计质量管理方法开始推广。其基本思路是根据某种过去情况来预测它将来的变化,从而进行管理,使其处于统计管理状态。这种方法用于质量管理,主要是按照商品标准,运用数理统计原理从设计到制造的生产工序间进行质量控制,预防产生不合格产品;管理对象包括产品质量和工序质量;管理领域从生产制造过程扩大到设计过程。统计质量管理是一种预防型(事先监控型)管理,依靠生产过程中的质量控制,把质量问题消灭在生产过程中,而且能定量地分析研究和预测产品质量的变化。此阶段质量管理已从单纯的依靠检验把关,逐步转为检验把关和工序质量控制预防两者并重。但是,由于过分强调质量控制的统计方法,加之数理统计方法理论的深奥,这在一定程度上限制了它的普及推广。

三、全面质量管理阶段

(一)全面质量管理的特点

第二次世界大战后,美国著名的质量专家戴明(W. Edwards Deming)运用称之为全面质量管理(TQM)的思想帮助日本重建经济。20 世纪 60 年代初,美国学者朱兰(J. Juran)和费根堡姆(A. Feigenbaum)提出了全面质量控制(TQC)的理论,并分别出版了《质量控制手册》和《全面质量控制》的著名质量管理著作,丰富了全面质量管理理论,世界各国积极推行全面质量管理。全面质量管理是一种全面、全过程、全员参与的积极进取型管理,其特点是:第一,全过程管理。它把满足消费者或用户需要放在第一位,运用以数理统计方法为主的现代综合管理手段和方法,对商品开发、设计、生产、流通、使用、售后服务及用后处置的全过程进行全面管理;防检结合,以防为主,重在分析各种因素对商品质量的影响。第二,全面质量的经济管理。它既管产品质量,又管工作质量、工序质量;不仅要保证产品质量,还要做到成本低廉,供货及时,服务周到。它要求追求价值和使用价值的统一,质量和效益的统一,用最经济的手段生产用户满意的产品。第三,它强调依靠与商品使用价值形成和实现有关的所有部门和人员来参与质量管理,实行严格标准化;不仅贯彻成套技术标准,而且要求管理业务、管理技术、管理方法的标准化。

全面质量管理是一种全面、全过程、全员参与的积极进取型管理，强调调动人的一切积极因素，根据系统论的观点把管理对象看成一个整体，分析系统各要素相互联系、相互作用的相关性，采取相应对策，使商品的设计、开发、生产、流通和消费的全过程均处于监控状态，从而保证商品质量符合消费者或用户需要。

（二）全面质量管理的基本思想

1. 用户满意

戴明说过："仅仅让顾客满意还不够。生意的基础是建立在忠诚的顾客之上的；忠诚的顾客不仅会再次光顾，还会带来新的顾客。"全面质量管理强调以用户满意作为首要标准，尽一切努力让用户得到满意的产品或服务。事实上符合标准的商品往往并不一定是满足用户要求的商品。用户对商品质量的评价总是从使用过程中表现的商品的有用性来考虑的，顾客从所购买的商品或服务中寻求有用性。有用性指销售的商品或服务对顾客来讲是有用的状态或具有良好的质量。一个商品的有用性或好坏的评定通常是基于与市场上的其他产品相比较而产生的，一般情况下，顾客经常问一系列的质量问题以决定某产品是否给他们带来所要的有用性。因此，企业的质量管理必须强调以用户满意为出发点，用符合用户要求的质量为目标进行全面质量管理。

2. 实行严格的标准化、制度化生产管理

全面质量管理按标准组织生产，并根据用户的需求，可超越现有标准或提高标准，改进与提高产品质量。

3. 用数据说话

全面质量管理要求尽量用数据来揭露质量问题，评价质量水平，分析生产过程中的质量状态，管理产品的生产过程。要运用科学的数理统计和系统工程方法，进行质量控制和质量分析。只有质量管理数据化才能客观、科学地反映质量问题。

4. 预防为主

产品质量主要是在设计、生产、销售、服务等全过程中逐步形成的,质量管理贯穿产供销全过程。全面质量管理重点从事后检验转移到事先控制上来,以预防为主。预防为主要注意信息反馈,一个是生产各环节之间互通信息;另一方面是生产者之间和生产者与管理者之间必须建立信息传递系统,及时发现、反映和解决质量问题,才能把不合格品消灭在生产过程中。

5. 建立、健全组织机构

企业要组织制定质量方针(政策)、质量目标、质量计划,不对企业质量状态进行经常性的评价;组织企业各部门的全体人员共同参与质量管理。

6. 建立、健全企业的质量保证体系

质量保证体系是全面质量管理的核心,是系统工程的理论、方法在质量管理中的具体运用。有效的质量保证体系要求组织合理化,即任务、职责、权限明确,各环节联系紧密。在一个企业总体系下有许多分体系、子体系,甚至对某一工作细节、某一零件加工都可以构成小的质量保证体系。同时,为了使质量保证体系正常运行,还须建立审核、评价和考核奖励办法。

第三节 影响商品质量的因素

商品质量是商品生产、流通和消费全过程中诸多因素共同影响的产物。为了能够对商品质量实施控制并得到预想的商品质量,就要分析和掌握这些影响商品质量的因素。影响商品质量的因素主要可概括成以下几个方面。

一、人的因素

影响商品质量的诸因素中,人的因素是最基本、最重要的因素,其他因素都要通过人的因素才能起作用。而影响商品质量的该因素包含两个方面:

(一)生产和经营人员的素质

1. 质量意识

符合一定质量要求的商品产生和形成,直至交换成功,都要经过许多工作环节,每一环节无一不是在人的控制下完成的。商品质量、服务质量和工作质量等在人们头脑中的反映,又是人的思想意识和专业素质的具体体现。人的任何自觉的行动都是在一定的思想意识支配下进行的,没有思想意识的支配就不会有任何自觉的行动。只有企业领导和员工具有强烈的"质量第一"的思想意识,才会有高度的责任感与事业心,才能充分发挥个人和集体的智力和能力,充分发挥其他质量因素的作用,有效地实施总体和各项质量控制,千方百计地排除工作上的各种障碍,持之以恒地、不断地改进和提高商品质量。增强质量意识,首先,要大力开展员工培训,通过培训解决为什么要提高质量和怎样提高质量等基本问题。要使企业员工尤其是主要领导真正重视和关心质量,把"质量第一"的思想提高到企业生存和发展的战略高度去认识,并且在实际工作中自觉贯彻执行。其次,要推行严格的质量责任制,把企业员工的工资、奖金、晋级、福利等都与质量好坏挂钩,只有真正做到奖优罚劣和奖罚分明,才能促进企业员工质量意识的增强。最后,要加强精神文明建设和质量法制建设。

2. 员工的技术水平和质量管理水平

员工的技术水平和质量管理水平是保证和提高商品质量的必要前提。生产的每一环节都离不开有关人员的实际操作和管理。据可控性研究分析证明,操作人员的技术水平和质量管理能力是造成产品缺陷的关键因素。如果员工的技术水平和质量管理水平低,即使有了新材料、新设备、新技术等,也仍然生产不出优质商品。进行反复的、经常的质量教育是提高企业员工两个水平的好办法。质量教育应该把对领导干部的重点教育、技术和管理人员的系统教育以及工人的普及教育有机地结合起来。

(二)消费者的使用水平

商品的正确使用是保证其使用质量和寿命的重要因素。商品的使用价值的实现是有一定的条件的,并要求规范操作。据资料反映,家用电器发生质量问题,有三分之一左右是消费者使用不当或粗心大意所致。为了保证商品质量的实现和延长商品使用寿命,在使用或食用中,消费者必须遵照能使商品正常发挥效用的使用或食用范围和条件规定,并在了解该种商品结构、性能特点的基础上,掌握正确的使用或食用方法,具备一定的日常维护保养商品的知识。通常,商品在使用中发生的质量问题,在很多情况下不是商品本身所固有的,而是由于使用者缺乏商品知识或未按照商品使用说明书的要求,操作错误或操作不当以及缺乏科学的保养维护所引起的。从理论上说消费者在购买商品之前,应具有关于商品质量有关的知识,但随着科技的发展,新技术、新工艺、新材料广泛用于商品的生产之中,新的商品层出不穷,商品的结构、功能越来越复杂,而任何消费者的知识都是有缺陷的,特别是有关专业知识更是缺乏,商品的质量特性靠消费者的自我难以判断和掌握,因此,厂商或经销商必须承担此责任。由厂商或经销商提供有关详尽资料,帮助消费者了解和掌握商品质量特性,如提供商品的标签和使用说明,以便提高商品的使用质量。现在有些厂商或经销商开办消费者学校或新产品展示、演示会帮助消费者掌握有些商品知识不失为好办法。技术咨询是指导消费者对复杂、耐用性商品和新商品进行正确安装、使用和维护的有效措施。商品良好的销售服务质量已逐渐被消费者视为商品质量的重要组成部分。

二、原材料质量

原材料质量是形成商品质量的基础。原材料(包括原料、零部件或半成品)是构成商品的原始物质,或者是形成商品的基础物料,所以原材料的质量特性是产生商品质量特性的基础,原材料质量的优劣直接影响半成品或成品商品的质量。原材料的质量特性包括化学组成、耐腐蚀性和耐气候性、阻燃性、几何结构特性、热学特性、力学特性、电学特性、光学特性等。原材料质量主要由成分、结构、性质等构成。一般以无机物为组成成分的商品,其结构简单、熔点高、不易燃烧、易溶于水等;而以有机物为组成成分的商品,结构复杂、种类繁多,相互之间性质相差很大。因此不同的原材料,制成的商品的质量也不同。即使是同种原材料,如果其质量有差异,也会影响商品质量。例如,含硅最高的硅砂可制成透明度和色泽俱佳的玻璃制品;而含铁量高的硅砂只能制出透明度和色泽较差的玻璃制品。蛋白质含量高的啤酒容易出现蛋白质沉淀。有些产品是多次加工而成的,则多次加工产品所用的各种辅助材料、零部件、外部配件等,也会影响整体产品质量。例如,汽车的生产先由各零配件厂商加工配件,再由整车工厂组装成汽车。零配件的质量直接影响整车的质量。

三、产品设计(配方)方案

设计(配方)方案的确定是形成商品质量的前提条件。产品的设计(配方)是依据给定的产品用途进行的。商品的使用功能、使用方法、使用效果、外观效果、外观造型、生产工艺条件的确定以及商品包装的包装方法等均与产品设计(配方)有关。一个好设计(配方)方案可以使产品结构具有良好的工艺性,能使商品的可靠性提高,产品的结构合理等。设计(配方)者应该根据市场需求的不断变化,运用专业技术,通过系统分析由市场调查获得反馈信息,采取适宜本企业生产能力的方案,使产品符合市场实际需求。如果产品外销到国际市场,产品的设计(配方)还应考虑有关国家对产品的有关法规要求,保证产品的设计(配方)质量符合出口国的法规。

四、制造工艺流程

商品的有用性,都是在制造过程中形成并把它固定下来的。制造工艺流程及其质量对商品质量也有决定性作用。主要包括以下

几个方面的内容:

1. 工艺路线

同样的原材料在不同的工艺路线下会形成不同的商品质量。例如,在棉布制造工艺中增加精梳工序可以使棉布的外观和内在质量明显地改善。技术革新和技术革命可以使商品质量发生质的飞跃,这种变化很多是通过制造工艺的改进来实现的。例如,窗用平板玻璃的生产,新式的浮法工艺路线是将玻璃熔体在金属液体上成型,其平整和光洁度是老式垂直引上法工艺路线所无法比拟的。

2. 操作规程

当生产按一定工艺程序进行时,若在一些主要工序上未按工艺标准的技术要求操作,就可能形成制品的质量缺陷,造成质量下降。例如,原料熔化不充分会使玻璃制品表面出现波纹和砂粒等缺陷;发酵不充分的红茶会降低色、香、味。

3. 设备条件

它是影响商品质量的一个环境因素。设备的故障往往是出现不合格品的重要原因之一。

4. 质量检验

这是制造工艺流程中不可缺少的环节,是保证商品质量的主要手段之一。检验总是对既定成果而言的,因而它有事后把关的意义。但在质量的形成和实现的过程中,每个环节的检验对于下一个环节又是事前控制,即不合格的原材料或零部件不投料或不组装;不合格的半成品不转入下道工序;不合格成品不进入流通和消费领域。因而它又有事前预防的意义。质量检验的质量好坏决定于检验测量方法质量和检测量具、仪器等的质量。提供准确、真实可靠的检验数据,对于人们掌握商品质量状况和变化规律,进而改进设计、加强管理、提高质量具有重要作用。

在研究制造工艺对产品质量的影响时,必须结合产品的质量要求，研究影响产品质量最关键的因素，才能不断提高产品质量。

五、商品的物流条件

商品物流是指商品从供应者到需求者的物理性移动，这是实现商品价值和使用价值的经济活动。物流功能包括包装、装卸、运输、储存、流通、配送、信息处理等具体活动。商品的物流条件不仅影响商品的质量，而且直接影响商品使用价值的实现。

1. 商品包装

它既能减少或防止外界因素对商品内在质量的不良影响，又能装饰和美化商品从而便于商品的储运、销售和使用。商品包装已经成为商品不可缺少的附加物。商品包装质量直接影响着商品质量。

2. 运输与储存

这是商品流通的必要环节，也是影响商品质量的因素。商品在运输过程中会受到冲击、挤压、颠簸、震动等物理机械作用，也会受到气候因素如温度、湿度、风吹、日晒、雨淋等的作用，在装卸过程中还会发生碰撞、跌落、倒置、破碎、散失等问题，这些都会导致商品损耗或质量下降。运输对商品质量的影响与运输工具、装卸工具、运输方式、运程的远近、时间的长短、运输环境等因素有关。商品本身的性质是商品质量发生变化的内因，储存环境因素如日光、温度、湿度、氧气、水分、臭氧、腐蚀性物质、尘土、微生物、害虫、鼠类等是商品储存期质量发生变化的外因。商品储存期间的质量劣变与商品的耐储性、仓库内外环境、储存场所的适宜性、储存期的长短以及所采用的养护技术和管理手段等因素有关。通过采取一系列保养和维护仓储商品质量的技术和管理手段，可以有效地控制储存环境因素，减少或减缓外界因素对仓储商品质量的不良影响。

配送是物流体系中运输派生的功能。它是面向本市、本地区的小范围、短距离、小批量的运输。配送功能完成的质量及其达到的服务水平,也将影响商品的质量。

3. 物流信息

在当今信息时代,商品物流的完成离不开信息处理。通过建立物流信息系统,可以有效地协调商品物流诸职能的活动,以实现库存商品质量控制自动化,提高商品物流各环节作业的准确性,防止因情报获得不及时,造成商品质量变化的处理不及时,从而降低商品的质量。

不少国际组织积极建议,把对环境的影响纳入商品质量指标体系中。因此,商品(包括包装)废弃物是否容易处理以及是否对环境有害,将成为决定商品质量的又一重要影响因素。

第四节 商品质量基本要求

商品质量的要求多种多样,是因为不同的使用目的(用途)会产生不同的使用要求(需要),即使对于同一用途的商品,不同的消费者也会提出不同的要求。商品质量的基本要求归纳起来,可以概括为使用性能、可靠性、安全性、商品寿命、经济性、美学性等方面的要求。

一、使用性能

使用性能也称实用性,是指为实现预定使用目的或规定用途,商品所必须具备的各种性能(或功能)。它是构成商品使用价值的基础。不同的商品,其使用性能要求也不同。例如,电冰箱的制冷保温性能、钟表的准确计时性能、服装的遮体保暖功能、食品的营养功能等。对于原料性商品或半成品商品,使用性能还意味着易加工性能。

二、安全性

商品的安全性要求包括两个方面的内容:一方面是指商品在

制造、储存、流通和使用过程中保证人身安全与健康不受到伤害的能力。例如家用电器必须有良好的绝缘性和防护装置,以免触电造成电击伤和死亡事故;食品必须符合卫生要求,其成分中对人体健康有害的物质以及致病微生物不得超过规定限度。另一方面要求商品在生产、流通直至消费以及废弃阶段,均不致对社会和人类生存环境造成危害。

三、寿命周期

寿命周期通常指商品在流通阶段和消费阶段可以连续储存或使用的期限。它是以不失去使用价值为标准,通常也称之为保质期。在流通领域称之为货架寿命;在使用阶段称之为使用寿命,它是指商品在规定的使用条件下,保持正常使用性能的工作总时间。如汽车行驶多少里程就要报废,这个里程数就是汽车的使用寿命。在储存过程称之为商品的储存寿命,它是指商品在规定条件下使用性能不失效的储存总时间。商品的寿命周期主要反映商品使用价值的效果,商品的内在质量起决定性作用。

四、可靠性

可靠性通常是指商品在实际使用过程中,在规定的使用期限内及规定条件下保持规定的功能的能力。它是商品在使用过程中表现出来的质量稳定程度和质量变化程度,是评价商品的一个重要质量特性。对于不同的商品而言,可靠性表现为功能的稳定性、精确度以及性能的持久性。例如有 100 台的电视机,在标准规定的试验条件下,工作 1 000 小时,其中有 98 台完成了规定的试验项目要求,则说明该种型号的电视机工作 1 000 小时的可靠度为 0.98。为了避免使用者在操作上的过失和在规定的环境条件以外使用等用法错误导致商品的可靠性降低,一方面要求提高商品的易操作度(易使用度),使人为过失的可能性尽量减少;另一方面即使因人为过失或环境改变引起了故障,也要把可能遭受的损害控制在最低限度。设计上这两方面的要求就是设计可靠性。

五、经济性

经济性是指商品的生产者、经营者、消费者都能用尽可能少的费用获得较高的商品质量,从而使企业获得最大的经济效益,消费者也会感到物有所值。消费者与生产、经营者对经济性有不同的标准,两者应力求统一。从这个意义上来说,商品的经济性可以理解为商品质量与价格的一致性。对商品的生产者、经营者来说,质量成本越低越好。质量成本是质量与经济的衔接点。通过寻求最佳质量成本区域,企业可以掌握商品质量信息,采取控制措施,对市场作出正确的生产经营决策,不断提高经济效益。

质量成本可概括地分为工作质量成本和外部保证质量成本。工作质量成本是生产经营单位为了达到和确保规定的质量水平而支出的费用,它包括预防、鉴定、内部损失和外部损失成本。预防成本是指用于预防不合格品与故障等所支付的费用。鉴定成本是指评定商品是否满足规定的质量要求所支付的费用。内部损失成本是指商品交货前因不满足规定的质量要求所损失的费用。外部损失成本是指商品交货后因不满足规定的质量要求,导致索赔、修理、更换或信誉损失等所损失的费用。外部保证质量成本是指为了获取顾客所要求的客观证据而进行论证和证明所支出的费用。外部保证质量成本在国际上多由于质量保证的需要,在订有合同情况下顾客会提出特别的和额外的质量保证要求,为此供支必须外加费用以提供客观证据。对商品的消费者而言,商品质量的最佳水平应是商品在消费或使用过程中所支付总费用的最低点。该项总费用包括商品的购买成本和使用成本。

六、美学性

美学性是指商品能够满足人们审美和心理需要的特性。商品的美学性包括商品外观表面及其装饰的美观性。如外观疵点的分布及严重程度、质地、色彩的和谐与流行性、整体美等;形态的表现力,如形态的创造性、风格的独特与新颖性、与流行式样的相符性等;结构组成的紧凑性,如结构组成的和谐性、完整性和科学性等;与使用环境的适应性;满足人们各种心理需要等。

第五节　商品质量管理的策略和方法

一、商品质量管理的趋势

（一）质量管理是宏观质量管理与微观质量管理的统一

商品质量的宏观管理是政府对商品质量的管理、调控,其对象是整个国家或地区或整个有关商品质量规划、形成和实现的全过程;商品质量的微观管理指企业的生产经营过程中的质量管理的全过程。从根本上看,两者的最终目的都是使商品质量满足消费者和用户要求,并力求使生产和流通的消耗尽可能少,给消费者和用户造成的损失尽可能少。但是两者的目标、作用范围和作用手段却不相同。

（二）建立共同的质量保证体系

当前,国际市场竞争中,质量竞争是其主要内容。为了保证商品质量,开拓商品市场,应把企业所有的人都纳入质量管理的活动范畴,建立共同的质量保证体系。

（三）质量管理进入法制管理的轨道

法律、法规是保障微观质量管理和宏观质量管理正常运行的基本条件,依法管理是质量管理工作的特征之一。运用质量法规有效地管理和保证商品质量,保护消费者合法权益,是国际上和各国政府解决商品质量问题的重要途径之一。商品质量法规主要有产品责任法和产品质量法:产品责任法是具体规定由于产品缺陷造成消费者或用户的人身或财产损失时产品生产者或销售者与消费者之间权利义务的法律关系。产品责任法是强制性法规,只要证明投放市场的商品有缺陷,并且这个缺陷对购买该商品的消费者和用户或旁观者造成人身或财产方面的损害,该产品的生产者和销售者就要负民事侵权责任。国际公约中有《产品责任法律公约》(1973)、《关于人身伤亡产品责任欧洲公约》(1976)等,并逐渐形成了国际责任法律制度。现在许多国家又制定了与产品责任法相配套的一系列质量法规,如食品卫生法、药品管理法、产品质量法等以加强商品质量的管理和监督。

(四)现代技术在质量管理中的广泛应用

现代商品种类繁多,科技含量提高,有些高精度、高可靠性产品的设计,涉及大数量的设计参数。在世界先进国家中,信息技术在质量管理领域已得到广泛的应用。电脑已成为质量管理的重要工具。

二、现代工商企业商品质量管理的策略

现代企业提供给消费者的不仅仅是商品体本身,还包括商品的技术与服务。市场经济条件下竞争性日趋激烈,供、求双方发生多层联系,并且互相依赖性增大。因此新形势下为加强商品质量管理应采取相应的策略。

(一)选择合适的供应商

商业企业作为买方,在现代商品质量管理中首要任务是了解供应商的质量政策,选择合适的供应商。作为供货方为确保商品质量,必须提供合格品,并出具必要的合格证明。在某些情况下,卖方是技术上的巨人,把产品销售给没有工程师和实验条件的买主,供应商应责无旁贷地为买方提供技术上的援助。在业务交往中,供应商应提供控制质量的书面计划及计划已被遵行的证明,并允许买主对供应商的各项活动进行必要的监督。对于买方及时反馈的有关商品质量及相关问题,供应商管理部门应坚持不懈地随时采取纠正性行动。总之,作为供应商应及时提供有质量保证的商品,且价格合理,能提供优良的服务。作为买方,对于一些较复杂或重要的商品,最好有多种供应源。

(二)正确评审供应商资格

确定合适的供应商之前,必须先进行调查,以判断和核实供应商是否能保证商品质量,如果与其建立供需关系,双方能否在技术、管理、财务等方面互相配合。调查方法一般为函询和访问两种方式。前种方式是给供方函寄一份调查表,查询买主所需了解的情况。后种方式是组成一个由各方代表组成的小组与供应商进行面对面交谈,或到实地参观考察,考察的范围主要是质量控制、工艺制造、质量检验等,甚至包括财务与管理。调查完后应将结果写成报告,结论力求客观,以判断其经营效率状况。若打算与该供应商签订合同,则需对供应商能否交付满意的产品作出预测。

通过这种调查,可对供应商资格认可与否仅作初步结论,但也有许多不足之处,有其一定的局限性,如无法可靠地预测供应商产品的质量性能,故在实际应用中,须结合其他方法,进行综合评定。埃德加·H·布雷纳德曾对151家供应商的实际产品质量与他们在调查中所确定的预测值作比较,结果发现74家的产品质量都预测错了,如图4-1所示。为使预测可靠正确,往往使用质量数据库中过去的性能资料。在质量数据库中,供应商产品的性能和不同买主所提供的质量调查数据被汇集起来,以供那些需要知道这些情况的人员使用,如美国《航天产品供应厂商联合评价》(CASE)就是一个实例。把对供应商调查的结果与其产品质量的历史结合起来,

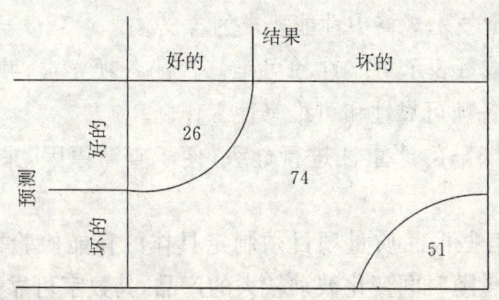

图 4-1 调查预测值与实际产品质量比较

构成了"供应商认证"程序。如果经调查认可了供应商的产品质量，且进货检验数据表明质量水平是可接受的，则该供应商被确定为"合格的供应商"。而一家合格的供应商就是一个已经被批准的具有无限数量产品的供应源。这种认证可以导致减少或取消对供方产品的进货检验。此外，还可对各种产品质量用评分法进行定量化评定。

（三）制定并执行联合质量计划，建立良好供需关系

现代商品不能仅靠进货检验来决定取舍，更重要的是需要供、需双方相互信赖、共同合作，建立良好的关系，以实现商品的使用价值。具体操作中，买、卖双方最终应签订合同，制定详细的联合质量计划。联合质量计划内容主要包括经济、技术和管理三方面。联合经济计划中，重点应着眼于商品的使用价值，并确定最合理的购货总价格。供、需双方对与质量有关的一系列成本，如货物检验、材料审查、生产误期、额外存货等成本，看法应一致。作为买方，可将上述成本加到购买价格中，但应尽力压缩；作为卖方，也应力求降低有关成本。

最合理的购货总价格为：

$$购货总价 = 销售价 + 进货检验费 + 因各种质量问题致使退货的损失费之和$$

联合技术计划中，基本内容包括：

(1) 确定技术规格中性能要求的含义。

(2) 用数量表示可靠性和可维修性的各项要求，并规定供方必须承担的各项可靠性和可维修性工作。

(3) 对缺陷的严重性进行分级，便于查清原因，采取具体措施。

(4) 对有些商品质量项目须制定具体的官能检验标准，对于复杂的或质量随时间变化波动较大的产品，其数字可靠性要求，应在文件中予以明确规定。

(5) 买、卖双方采用的检验方法及试验条件应标准化,对抽样方案及与评价商品质量相关的活动均应制定标准,共同遵守。

(6) 建立商品批的识别和跟踪系统,以及对缺陷报警信号做出及时反映的系统。在收到缺陷报警信号后,应明确规定必须做出答复的期限要求。

联合管理计划是实现经济上和技术上目标的重要工具。联合活动涉及买、卖双方许多相关部门,应明确职责范围。供应商提供的证明文件是买主进货的重要凭证,故在一些细节上双方应协调一致,如表格设计、缺陷的代号、严重性分级、数据处理系统及反馈、质量认证与审核等,应设置多重交流渠道以满足实行多种形式联合计划的需要。买、卖双方应定期或随时举行相关会议,做出必要的权衡取舍。

联合质量计划一旦制定,买、卖双方仍需加强联系,共同执行,加强情报交换工作,提供性能数据;确认发生问题;进行纠正性活动,提高工作效率。

执行过程可能会出现不合要求的情况,通常反映在商品本身或程序的要求方面。这种偏差现象往往通过产品试验、现场申诉、服务走访、退货等予以发现,一旦发现,双方应积极配合,并及时采取纠正性活动。

执行质量计划过程中,当进货商品为少量、标准材料及一般日用品时,对供应商的产品不进行进货检验,进货检验通常要耗费大量的人力和物力。随着现代化复杂产品的出现,进货商已经认识到他们不具备必要的检验技术或检验新型产品的设施,故而更加依赖供应商的质量系统,这就需要买、卖方双方加强合作。买主重点应放在商品是否适合使用上,不必过分追究其微小偏差,与此同时,卖方必须理解买主关于坚持对所提供文件的可靠度要求。

(四) 做好服务工作,提高服务质量

工商企业的服务工作分为售前服务与售后服务两种。

(1) 售前服务是向用户提供技术性帮助,如指导用户如何正确使用,组织技术培训等。许多用户都缺乏判断现代产品的工艺优点及质量性能用必需的设备,他们无法解释用技术术语写成的规格和标准,或根据技术规格检验产品。制造商在产品标记或所附文件中,应提供有关产品的使用说明和注意事项等的详细资料;在有些产品目录和小册子中应对各种型号产品的特征作十分详尽的说明,提供正确使用的方法。

(2) 售后服务的内容主要包括:处理用户申诉、供应所需备件、及时排除故障,对一些技术要求复杂的产品,应派专业人员去现场进行设备安装、调试并能及时排除运转中发生的故障,教会用户如何维护、保养等。

随着产品的日趋复杂,服务工作必须及时配套。商业企业有关部门尤其应重视复杂商品的售前技术培训,在产品销售、安装、运行和修理等方面接受制造商的技术帮助和指导,以便能正确指导消费。实践说明,对某些消费品,来自顾客对维修服务的申诉往往超过对所交付的最初产品质量的申诉,这些申诉既包括对缺陷的申诉,也包括对修复时间的申诉。从某种程度上来说,商店可看成是制造部门的一个附加部分,商业企业有关人员必须得到技术上的援助,从根本上提高服务质量。

(五) 选择最佳质量成本

20 世纪 60 年代前后,欧美一些国家的企业相继提出了质量成本的概念。由于复杂产品数量增加,对精度、可靠性的要求更高,增加了质量成本;耐用品大幅度增加,结果使现场故障增多、维修量上升、零部件配备件需求增多,造成成本上升。

质量成本建立一般经历三个阶段。

第一阶段,企业的质量管理部门收集数据资料,以估算为主,查帐为辅,说明降低成本的潜力,以便引起经理的重视。资料收集内容如:现有会计帐目中有关的部分,现有单据中有关质量成本部分,临时记录的相关部分等。经理们以上述资料为基础做出决策。

第二阶段,经理们想知道具体的经济效果(当降低质量成本初见成效时),有关部门就须设立必要的成本项目和会计科目,以便能够精确地掌握有关费用的支出情况,才能定期提出报告并做出总结。如质量成本超过了企业的利润时,必须找出原因,并采取相应措施。

第三阶段,确立目标成本。为稳定地保住已获得的利润,必须系统地设立正式的会计帐目和统计核算表,算出实际成本和目标值的比值,以有效控制质量成本。

质量成本可细分为预防成本、鉴别成本、故障成本。实践证明,在临近尽善尽美区域,鉴别成本和预防成本之和从零增到无限大;故障成本则相反,从无限大降低到零。这时质量总成本必然有一个介于两者之间的最佳值,如图 4-2 所示。

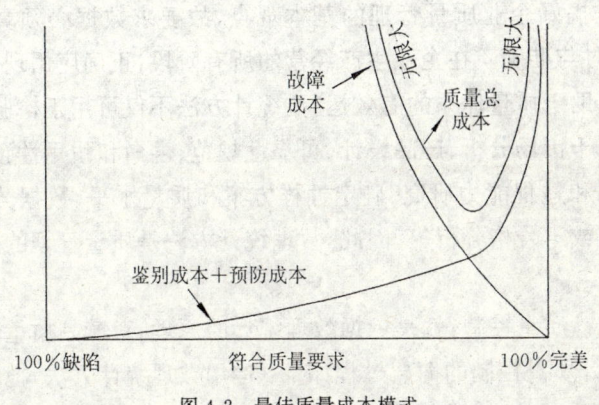

图 4-2 最佳质量成本模式

如果将最佳值范围放大,如图 4-3 所示,当故障成本处于支配地位时(左区),改善质量成本的主要机会在于克服集中区的主要缺陷,以降低故障成本;当鉴别成本处于支配地位时(右区),应降低对标准的过度追求,实行更有效的检验和试验,进行高效率抽样等。

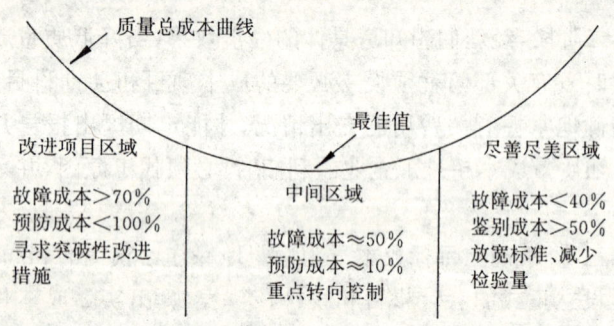

图 4-3 质量成本模式最佳部分示意图

三、商品质量管理常用方法

（一）质量管理常用的统计控制方法

统计是指对数据的收集、整理、分析、解释和展现。"用数据说话"，是搞好企业质量管理的基本观点，故要求数据必须真实、可靠、及时与准确。在企业生产经营的所有阶段，正确应用现代统计方法有助于质量体系的有效运行。统计方法不仅可用于检验阶段，还可用于市场分析、产品设计、可靠性规范、寿命和耐用性预测、过程控制和过程能力研究、确定抽样方案和质量水平、数据分析、性能评定或不合格分析等。因此，数理统计方法是质量管理的一个重要手段。

统计质量控制，就是依据数理统计的原理，对产品质量进行控制。统计质量控制的简要过程如下：运用数理统计方法，把收集到的大量质量信息、数据和有关材料进行整理和定量分析，发现问题，采取对策，及时处置，从而达到控制质量，预防不合格品出现，提高质量的目的。上述过程的实现，一是靠大量调查；二是靠占有足够的信息和数据；三是及时作出质量判断。统计判断按其工程程序，可分为统计调查和整理、统计分析及统计判断三个基本步骤或称三个阶段。

(1) 统计调查和整理：根据需要解决的某质量问题到现场收集数据，然后整理归纳已经收集到的数据，再用数据统计表和作统计图的方法，通过使用一些统计特征数(如平均值、极差、标准偏差)，来说明这批数据所代表的客观对象统计性质。

(2) 统计分析：对经过整理(包括分类、分组、计算、归纳)的数据进行分析，发现规律，找出趋势和倾向，查明原因，特别注意异常波动的出现。

(3) 统计判断：根据样品统计分析的结果，对所研究和分析的某具体质量问题，从总体上或发展趋势上作出科学的判断。

由此可见，全面质量管理的过程，也就是对数据进行收集、整理、分析、判断、处理(采取措施)和改进质量的过程。

数据统计是反映数据(商品质量数据)在某一时刻或某一小段时间内静止状态的方法，一般用直方图、排列图、因果图、调查表等来反映。

1. 直方图

此方法将收集到的大小不均、杂乱无章的计量值数据进行整理，找出数据的分布中心及散布规律，以判断质量是否稳定，预测不合格率，提出改进质量的具体措施。

2. 排列图

影响产品质量的原因错综复杂，排列图是找出影响产品质量主要原因的一种有效的统计方法。它的应用面较广，如后勤工作、节约问题、安全问题等均可利用该方法来找出。此外，它还可以用来检验改进措施是否有效果。

3. 因果图

因果图亦称为树枝图、鱼刺图、特性要素图等。商品质量管理过程中对故障品(或缺陷品)，应实地考察或亲自过目。为了寻找产生某一质量问题的原因，须进行现实的有价值的因果推想。当推想所需的资料数量较少时,可从列有推想所需的资料的清单上得到。当推想所需的资料数量较大且复杂性增大时,则须对推想清单进行有序整理。通过识别可能的主要变量,将清单压缩整理,或以表格形式分类排列。

4. 调查表

调查表亦是数据整理和原因分析的一种工具。为了了解质量状况,需要收集许多数据,并将可能出现的原因及其分类预先列成"调查表",检查时在相应的分类中进行统计及作简单原因分析,为以后决策提供依据。

根据使用目的不同,可使用不同的调查表,常见的有:缺陷位置调查表、不合格项目调查表、不合格原因调查表、商品布局调查表等。

5. 管理图

管理图是研究数据随时间变化的统计规律的动态方法,通过管理界限进行质量分析和控制。

管理图可分为计量值管理图与计数值管理图两种。前者用于管理计量指标的产品,如长度、重量、时间、强度、成本、得率等连续量,常用的有 X—R 管理图、L—S 管理图、S—R 管理图等。后者用于管理计数指标的产品,如不合格品数、不合格品率、缺陷数、单位缺陷数等离散量。常用的有 Pn 管理图、P 管理图、C 管理图、u 管理图等。

管理图基本形式如图 4-4 所示。

管理图能直观地反映管理状态。判断原则是:管理图中的点子绝大多数落在管理界限内,且随机排列,基本可判断为正常。用少量数据作管理图易产生错误判断,故要求至少有 25 点以上连续处于管理界限内,才属正常。如果连续 35 点中不多于 1 点超出管理界限,连续 100 点中不多于 2 点超出管理界限,仍属正常,但对产生界限外点子的原因需作调查,予以处理。

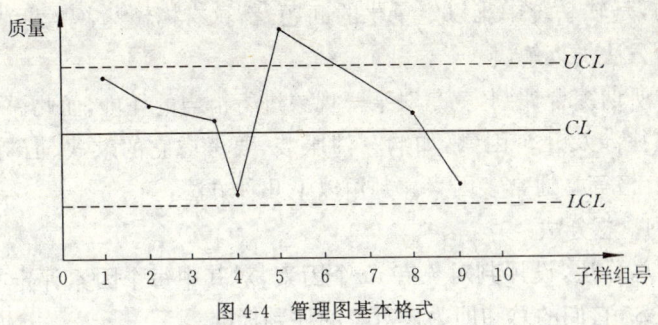

图 4-4 管理图基本格式

图中：虚线 UCL——上管理线；

　　　虚线 LCL——下管理线；

　　　实线 CL——中心线。

管理图中的管理线应定期修改，要收集近期数据作为预备数据，以便及时反映实际情况。

6. 散布图与回归直线

前述方法是对一个变量(母体)进行分析的统计方法,对于两个变量之间的相互关系,可用散布图、回归直线进行统计处理。

(1) 散布图。由两个变量产生的两种数据画成的坐标图称为散布图。从散布图中可清楚地看出两个变量之间的线性关系。

(2) 回归直线。研究两个或几个变量之间的关系称为回归分析。回归分析的应用包括展望与预测,通过分析,确定影响某一结果的各种重要变量以及各种最佳操作条件。

(二) 模糊数学综合评判

模糊数学是研究和处理模糊性现象的数学。模糊数学与概率论研究和处理的是两种不同的不确定性。概率论研究和处理随机现象,随机性主要是指在事件的出现与否上表现出的不确定性;模糊数学研究和处理模糊现象,模糊性则是指概念本身没有明确的外延所造成划分上的不确定性。

管理所研究的问题,很多是与人脑的思维和控制直接发生关系的,是软系统中难以定量化的问题,都具有模糊性,需要用模糊数学方法加以解决。

所谓综合评判,就是对某一现象进行恰当的评价,而此评价对象往往涉及几个因素,如购一件服装,要考虑它的款式、面料、花色、价格等。通常多因素评判用以下几种方法:

1. 总分法

总分法,设评判对象有 m 个因素,对其中每个因素评定一个分数 S_i,它们的总和即为该对象的评判标准。

$$S=\sum_{i=1}^{m}S_i$$

2. 加权平分法

加权平均法,设评判对象有 m 个因素,每个因素所得分数为 S_i,鉴于我们对每个因素重视程度的不同,可对每个因素视其重要程度给以一定的权 P_i(P_i 表示第 i 个因素在评判中所占的百分比),然后用它们的和作为评判结果。

$$S=\sum_{i=1}^{m}P_iS_i$$

3. 综合评判法

上述两种方法的评判结果是用一个数值来表示的。综合评判法的评判结果是评判集上的一个模糊子集。如对某一种商品,由 100 名顾客来进行评判,预先将评判意见划分等级,如:"很受欢迎"、"受欢迎"、"一般"、"不太受欢迎"、"不受欢迎"五等,由所有评价等级的全体组成评价集。

V={很受欢迎、受欢迎、一般、不太受欢迎、不受欢迎}

设有 P 个评价等级,则评价集为:

$$V=\{V_1,V_2,\cdots,V_p\}$$

上例中,若分别有 40、25、20、15 和 0 人对该商品的评价为很受欢迎、受欢迎、一般、不太受欢迎、不受欢迎,则对该商品的综合

评判结果可用评判集 V 上的模糊子集 V~ 表示,即:

$$V\sim = (0.4, 0.25, 0.20, 0.15, 0)$$

这种评判结果显然比用单一的分数评判更为全面地反映了评判信息。

综合评判,涉及以下三个要素:因素集 U、评价集 V 和单因素评判。

综合评判(R)可以看成是 U 到 V 的一个模糊变换,因此,可确定综合评判模型为(U,V,R)。

(三)商品质量管理的基本方法

1. PDCA 循环

美国质量管理专家戴明博士在阐述质量管理方法时提出"计划(Plan)—执行(Do)—检查(Check)—处理(Action)"4 个阶段为一个循环,称为 PDCA 循环或戴明循环。PDCA 循环作为质量管理的科学方法,适用于企业各个环节、各个方面的质量管理工作。PDCA 循环 4 个阶段的基本工作内容如下。

(1) 计划阶段(P)。其任务是制定计划。根据存在的问题或用户对产品质量的要求,找出问题存在的原因和影响产品质量的主要因素,以此为依据制定措施计划,确定质量方针、质量目标,制定出具体的活动计划和措施。

(2) 执行阶段(D)。此阶段任务是执行计划。按照 P 阶段的计划和标准规定具体实施。

(3) 检查阶段(C)。此阶段任务是检查计划的实现情况,调查执行计划的结果。将工作结果与计划对比,得出经验,找出问题。

(4) 处理阶段(A)。此阶段任务是把执行的结果进行处理总结。把 C 阶段执行成功的经验加以肯定,纳入标准或规程,形成制度,以便今后照办;对失败的教训也要总结,以后不再那样做;遗留问题转入下一个 PDCA 循环。

2. 质量环

质量环又称质量螺旋,是指从识别需要到评定这些需要是否得到满足的各阶段中影响质量相互作用活动的概念模式。它开始于市场营销和市场调研,对市场的需要进行识别,根据市场的需要进行产品的开发和设计。同样,它结束于市场营销和市场调研,根据市场对其产品的反馈信息,评价市场的需要是否已得到满足。因此,质量环反映的是一个连续不断、周而复始的过程,通过不断地循环,实现持续的质量改进。

第五章 商品标准与商品标准化

第一节 商品标准及种类

一、商品标准及其作用

1983年7月,国际标准化组织(International Organization for Standardization,简称ISO)发布的《第二号指南(第四版)》中对标准的定义为:"由有关各方根据科学技术成就与先进经验,共同合作协商起草,并取得一致或基本上同意的技术规范或其他公开文件,其目的在于促进最佳的公众利益,并由标准化团体批准。"1983年,我国颁布的国家标准《GB3935.1—83》中对标准的定义为:"标准是对重复性事物和概念所作的统一规定。它以科学、技术和实践经验的综合成果为基础,经有关方面协商一致,由主管机构批准,以特定形式发布,作为共同遵守的准则和依据。"

商品标准是指为保证商品的适用性,对商品必须达到的某些或全部要求所制定的标准。包括品种、技术要求、试验方法、检验规则、包装、标志、运输和储存等。商品标准是技术标准。

商品标准是商品生产、质量评价、监督检验、贸易洽谈、商品使用和维护等的依据和准则,也是对商品质量争议作出仲裁的依据,对保证和提高商品质量,提高生产、流通和使用的经济效益,维护消费者和用户的合法权益等都具有重要作用。

二、商品标准的种类

标准已经发展成为种类繁多的复杂体系。各类标准具有相互关联、相互间补充的作用,目前已经不能按照某一种依据将所有的标准进行划分，只能从不同的目的出发，用不同的划分依据，对标准进行分类。

（一）按标准的对象可分为技术标准、管理标准和工作标准

技术标准是指规定和衡量标准化对象的技术特性的标准，它是从事生产、建设工作以及商品流通的一种共同技术依据。凡正式生产的工业产品、主要的农产品、各类工程建设、环境保护、安全和卫生条件以及其他应当统一的技术要求，都必须制定技术标准。技术标准一般包括基础标准、商品（产品）标准、安全标准、方法标准、卫生标准、环境保护标准。

管理标准是指对标准化领域中需要协调统一的管理事项所制定的标准，一般包括基础管理、经济管理、生产管理、技术管理、质量管理、安全管理、卫生管理、环境保护管理、行政管理等方面的标准。

工作标准是指对标准化领域中需要协调统一的各类人员的工作事项所制定的标准，一般包括基础工作、工作质量、工作程序和工作方法等方面的标准。在这三类标准中，数量最多的是技术标准。

（二）按标准的约束性，商品标准分为强制性标准和推荐性标准

强制性标准是指由法规规定要强制实行的标准，也称为法规性标准。我国的标准化法规定，国家标准、行业标准中，凡涉及保障人体健康，人身、财产安全的标准及法律、行政法规规定强制执行的标准均为强制性标准。省、自治区、直辖市标准化行政主管部门制定的工业产品的安全、卫生要求的地方标准，在本行政区域内是强制性标准。强制性标准必须严格执行，凡不符合强制性标准的产品，禁止生产、销售和进口。

推荐性标准是除强制性标准以外，自愿采用、自愿认证的标准。在实行市场经济的国家大多实施推荐性标准，我国新的商品标

准中大多数为推荐性标准。国际标准也是推荐性标准。我国鼓励企业自愿采用推荐性标准。

（三）按标准的表达形式，商品标准分为文件标准和实物标准

文件标准是用特定格式的文件，通过文字、表格、图样等形式，表述商品的规格、质量、检验等有关方面技术内容的统一规定。目前，商品标准中绝大多数都是文件标准。对难以用文字准确表达的质量要求（如色、香、味、手感、质感等），由标准化机构或指定部门用实物制成与文件标准规定的质量要求完全或部分相同的标准样（标作），按一定程序颁布，用以鉴别商品质量和评定商品等级，称为实物标准或标准物质。实物标准分为全国基本标准和地方仿制标准，标准每年更新，以保持各级程度的稳定。例如，粮食、茶叶、棉花、羊毛、蚕茧等农畜产品都需要有实物标准，以在生产、检验、贸易洽谈、收购定级定价时，作为评定其质量和等级的技术依据。

此外，商品标准还可按其适用范围分为生产型标准和贸易型标准，出口商品标准和内销商品标准；按商品标准的保密程度划分为公开标准和内控标准；按商品标准的成熟程度分为试行标准和正式标准。

三、商品标准的分级

商品标准根据其适用领域和有效范围的不同，可以分为不同的级别。其目的是为了适应不同生产技术水平、不同管理水平以及满足各种不同的经济技术要求，以便更有效地促进商品质量的提高和管理的改善。各国由于经济社会条件不同，有不同的分级方法。

（一）国外商品标准分级

一般来说，国外商品标准可分为国际标准、区域标准、国家标准、协会标准和企业标准。

1. 国际标准

国际标准包括以下标准：

(1) 由国际标准化组织(ISO)和国际电工委员会(IEC)所制定的标准。

(2) 由国际标准化组织公布的国际组织制定的标准,即《国际标准题内关键词索引》(KWIC Index)中所列入的 27 个国际组织所公布的 1 200 个标准。这些国际组织包括：国际计量局(BIPM)、国际合成纤维标准化局(BISF)、食品法典委员会(CAC)、关税合作理事会(CCC)、国际电气设备合格认证委员会(CEE)、国际照明委员会(CIE)、国际无线电咨询委员会(CCIR)、国际无线电干扰特别委员会(CISPR)、国际电报电话咨询委员会(CCITT)、国际原子能机构(IAEA/AIEA)、国际空运联合会(IATA)、国际民航组织(ICAO)、国际辐射单位与测量委员会(ICRU)、国际乳制品业联合会(IDF)、国际图书馆协会联合会(IFLA)、国际制冷学会(IIR)、国际劳工组织(ILO)、国际海事组织(IMO)、国际橄榄油委员会(IOOC)、国际辐射防护委员会(ICRP)、国际兽疫防治局(OIE)、国际法制计量组织(OIML)、国际葡萄与葡萄酒局(IWO)、国际铁路联盟(UIC)、联合国教科文组织(UNESCO)、世界卫生组织(WHO)、世界知识产权组织(WIPO)。

(3) 其他国际组织制定的某些标准。目前有些国际组织规定的某些标准虽然还未被列入《国际标准题内关键词索引》,但这些标准已被世界上许多国家所公认,具有世界先进水平,因此也属于国际标准。这些组织有：国际电信联盟(ITU)、万国邮政联盟(UPU)、联合国粮农组织(UNFAO)、国际羊毛局(IWS)、国际棉花咨询委员会(ICAC)等。

国际标准采用标准代号(如 ISO,IES)和编号(标准序号—发布年代号)来表示。如：

ISO　9000—1987

2. 区域标准

区域标准是指由世界区域性集团组织或标准化机构制定的标准。例如,欧洲标准化委员会(CEN)制定的欧洲标准(EN)、欧洲电工标准化委员会(CENELEC)制定的标准等。欧共体正全力以赴开展实现内部无边界统一市场的建设,作为市场工具的统一,欧洲标准将发挥关键作用。目前,欧共体正加紧制定和实施统一的欧洲标准,各国进入欧共体市场的商品必须符合欧洲标准的要求。在世界经济一体化进程加快的同时,世界范围内的区域经济集团化发展也在加快。它主要是由某区域内两个或两个以上的国家和地区,以联合自强和经贸利益为根本,通过各种方式实现区域内贸易自由化和加强与规范经济技术合作的政府"政策导向"联合。在这种背景下,区域性标准将增多,其作用也将强化。

此外,各国还制定有自己国家的国家标准。有的专业团体、企业也制定了自己的标准。在我国国内商品市场竞争国际化和国际竞争国内化的今天,我们除了要积极采用国际标准和一些主要贸易国所在区域的区域性标准和该国国家标准以外,还必须借鉴国外先进标准,才能取得竞争优势。

国外先进标准是指国际上有权威的区域性标准(如欧洲标准EN等)、世界上主要经济发达国家的国家标准(如美国国家标准ANSI、英国国家标准BS、法国国家标准NF、日本工业标准JIS等)、国际上通行的团体标准(如美国材料与试验协会标准ASTM等)和企业标准(美国国际商业机器公司IBM标准等)。从技术来看,国外先进标准代表世界先进水平。为适应市场经济和国际贸易的需要,《中华人民共和国标准化法》规定,国家鼓励采用国际标准和国外先进标准。采用国际标准和国外先进标准,不仅能给我国的技术、经济的发展带来巨大的经济利益,使生产更加便利,更容易了解市场实际需要,而且容易打破贸易技术壁垒,使我国商品直接进入国际贸易市场。

(二)国内商品标准的分级

根据《中华人民共和国标准化法》，我国的标准划分为国家标准、行业标准、地方标准和企业标准四级。

1. 国家标准

国家标准指由国家标准化主管机构批准发布，在全国范围内统一的标准。国家标准对全国经济、技术发展具有重大意义，主要包括重要的工农业产品标准；基本原料、材料、燃料标准；通用的零件、部件、元件、器件、构件、配件和工具、量具标准；通用的试验和检验方法标准；商品质量分等标准；广泛使用的基础标准；有关安全、卫生、健康和环境保护标准；有关互换、配合通用技术术语标准等。我国国家标准由国务院标准化行政主管部门编制计划，组织国务院有关主管部门或专业标准化技术委员会提出草案，一般是报国家技术监督局审批和发布；也有由卫生部、农业部等国务院有关行政主管部门审批和发布的；特别重大的，报国务院审批和发布。强制性国家标准代号为GB，推荐性国家标准代号为GB/T，其编号采用顺序号加发布年代号，中间加一横线分开，如GB1002—1980，GB/T19000—1994。

2. 行业标准

行业标准又称专业标准，是指由专业标准化主管机构或专业标准化组织标准发布、在某行业范围内统一使用的标准。对没有国家标准而又需要在全国某行业范围内统一技术要求的，可以制定行业标准，包括行业范围内的主要产品标准；行业范围内通用的零件、配件标准；行业范围内的设备、工具等标准；行业的工艺规程标准；行业范围内通用的术语、符号、规则、方法等基础标准。行业标准由国务院有关行政主管部门制定，并报国务院标准化行政主管部门（国家技术监督局）备案。全国专业标准化技术委员会在国家技术监督局领导下，承担行业标准以及本行业国家标准的制定、修订和审查的组织工作。在发布实施相应的国家标准后，该行业标准即行废止。行业标准代号、编号形式与国家标准相同。我国从 50 年代开始制定实行部标准,从 1983 年起不再制定新的部标准,并逐步将一部分对全国技术经济发展有重大意义、需要在全国范围内统一的部标准修订为国家标准,其余的部标准则改定为行业标准。但在没有过渡前,原有的部标准仍有效,与行业标准同级。

3. 地方标准

地方标准是指在没有国家标准和行业标准的情况下,需要在某地区内统一制定和使用的标准。对没有国家标准和行业标准而又需要在省、自治区、直辖市范围内统一的对工业产品的安全、卫生要求,可以制定地方标准。在本行政区域内,这类地方标准是强制性标准。地方标准由省、自治区、直辖市标准化行政主管部门制定、审批和发布,并报国务院标准化行政主管部门和国务院有关行政主管部门备案。在公布和实施相应的国家标准和行业标准之后,该项地方标准即行废止。强制性地方标准的代号由"DB"和省、自治区、直辖市行政区域代码前两位数再加斜线组成,例如河北省强制性地方标准的代号为"DB13/";斜线后再加"T",组成推荐性地方标准代号,例如河北省推荐性地方标准的代号是"DB13/T"。

4. 企业标准

企业标准是指由企业制定发布,在该企业范围内统一使用的标准。企业生产的产品没有国家标准和行业标准时,应当制定企业标准,作为企业组织生产、经营活动的依据。已有国家标准和行业标准的,企业也可以制定严于国家标准或行业标准的内控企业标准,以提高产品质量水平。企业标准原则上由企业自行组织制定、批准和发布实施,报当地政府标准化行政主管部门和有关行政主管部门备案。企业标准代号为"Q/";各省、自治区、直辖市颁布的企业标准应在"Q"前加本省、自治区、市的汉字简称,如北京市为"京 Q/",湖南省为"湘 Q/";斜线后为企业代号和编号(顺序号—发布年代号);中央所属企业由国务院有关行政主管部门规定企业代号;地方企业由省、自治区、直辖市政府标准化行政主管部门规定企业代号。

四、商品标准的内容及确定原则

(一)商品标准的构成

根据商品标准的结构,商品标准的基本构成包括概述内容部分、技术内容部分和附录补充内容部分。

1. 概述部分

这部分内容有封面、目录、标准名称、引言。标准名称的制定有一定原则,即当标准内容包括商品的全部技术特征或包括的技术特征比较完整时,以商品名称作为标准名称;当标准的内容除包括商品的技术要求外,还包括试验方法、检验规则、标志、包装、运输、储存等,以商品名称及技术条件合并作为标准名称。

2. 技术内容部分

这部分规定商品的质量指标和不同等级商品的基本要求,以及规定抽样方法、试验方法,以及商品的标志、包装、运输、储存条件。标准规定的质量指标,都是与商品实验价值密切相关的一些指标,直接关系到商品的寿命和外观。

3. 附录补充部分

根据具体情况,一个标准可以有若干个附录(也可不加附录)加以说明。附录分补充件和参考件。前者与标准条文具有同等效力,是对标准技术特性的补充;后者是参考性的内容。

(二)确定商品标准内容的原则

国际标准化组织提出了确定商品标准内容的三原则为:

1. 目的性原则

任何商品都有许多特性,应根据商品功能和制定商品标准的目的,有针对性地选择必须在标准中规定的技术内容。制定商品标准的目的可概括为:保证商品的适用性、促进相互了解;保证商品的卫生、安全和保护环境;保证衔接和互换,实现品种简化等。

2. 最大自由度原则

在规定产品的技术内容时,一般只应规定分类原则和使用性能要求,是使实现这些原则和要求的手段能有最大的自由度。例如,为了保证商品满足某一使用时间要求,可以规定其必须达到的最小使用时间;也可以规定其所用材料与零部件,但按最大自由度原则,我们只规定其必须达到的最少使用时间,而对材料与零部件规格不作规定,这样就为将来采用可能出现的高性能优质价廉材料留下了余地。

3. 可证实性原则

商品标准中只应规定能用试验方法、检测手段等加以验证的要求。为此,在标准中应避免使用抽象的、不确切的用语,技术要求应尽可能定量化。

第二节 质量体系标准

一、质量体系标准的概况

质量体系对内功能是质量管理,故称质量管理体系;而对外功能则是质量保证,故称质量保证体系。因此,质量体系标准就是质量管理和质量保证标准。

国际标准化组织自从 1986 年颁布 ISO8402 和 1987 年颁布 ISO9000 系列标准后,又陆续颁布了一系列相关标准,从而使 ISO9000 系列标准发展成为一个大的标准家族,称为 ISO9000 族标准,即 ISO9000《质量管理和质量保证》系列标准。

ISO9000 系列标准主要由以下几部分构成:

(1) 质量术语标准:ISO8402—1986《质量管理和质量保证术语》。

(2) 质量保证模式标准:ISO9001—1987《质量体系——设计、开发、生产、安装和服务的质量保证模式》、ISO9002—1987《质量体系——生产、安装和服务的质量保证模式》、ISO9003《质量体系——最终检验和试验的质量保证模式》。

(3) 质量保证要求标准(指南)：ISO9000—1987《质量管理和质量保证标准——选择和指南》。其中有4个部分，即ISO9000—1《质量管理和质量保证标准第一部分：选择和使用指南》、ISO9000—2《质量管理和质量保证标准第二部分：选择和使用指南ISO9001、ISO9002、ISO9003通用实施指南》、ISO9000—3《质量管理和质量保证标准第三部分：ISO9001在软件开发、供应和维护中的使用指南》、ISO9000—4《质量管理和质量保证标准第四部分：可信性大纲管理指南》。

(4) 质量体系要素标准(质量管理指南)：ISO9004—1987《质量管理和质量体系要素指南》，其中包括：ISO9004—1《质量管理和质量体系要素第一部分：指南》、ISO9004—2《质量管理和质量体系要素第二部分：服务指南》、ISO9004—3《质量管理和质量体系要素第三部分：流程性材料指南》、ISO9004—4《质量管理和质量体系要素第四部分：质量改进指南》、ISO/DIS9004—5《质量管理和质量体系要素第五部分：质量计划指南》、ISO/CD9004—6《质量管理和质量体系要素第六部分：项目管理的质量管理指南》、ISO/DIS9004—7《质量管理和质量体系要素第七部分：技术状态管理指南》、ISO/WD9004—8《质量管理和质量体系要素第八部分：质量管理原理及其指南》等8个标准。

(5) 质量技术标准(指南)。包括有：ISO10011—1《质量体系审核指南第一部分：审核》、ISO10011—2《质量体系审核指南第二部分：质量审核员的评定准则》、ISO10011—3《质量体系审核指南第三部分：审核工作管理》、ISO10012—1《测量设备的质量保证要求第一部分：测量设备的计量确认体系》、ISO/DIS10012—2《测量设备的质量保证要求第二部分：测量过程控制》、ISO/DIS10013《质量手则编写指南》、ISO/CD10014《全面质量管理经济效果指南》、ISO/CD10015《教育与培训指南》和 ISO/WD10016《检验与试验记录》等 9 个标准。

二、质量体系标准要求

质量体系标准亦称 ISO9000 系列标准。一个组织,不论是按照"管理者推动"的方式,还是按照"受益者推动"的方式,建立并实施质量体系,确保影响其产品质量的技术、管理和人的因素处于受控状态,其目的都是要达到使组织具备交付期望的质量并保持持续按要求生产产品的能力,以满足顾客的需要和期望,从而使组织能提高市场占有率和获得更好的经济效益。按照管理者推动方式,组织首先要使用 ISO9004－1 及 ISO9004 的其他适用的分标准作为指导,去建立一个质量体系。此后作为一种预备措施,为适应任何顾客要求或认证要求,还要使用 3 个质量保证标准中的某个适用要求的标准,作为质量保证模式,以证实质量体系的适宜性。按照受益者的推动方式,组织首先要根据顾客或其他受益者提出的要求,实施一个质量体系,所选择的质量体系要符合 ISO9001、ISO9002、ISO9003 中某一适用标准的要求。以后还要进一步开展质量管理工作,以获得改进,并以所选择的质量保证模式作为核心结构,建立一个更加全面的质量体系。

三、质量体系的要素

ISO9004－1 提供了一个组织建立质量体系的要素指南。该标准提出了 17 个基本要素,作为一个组织建设质量体系时,选择要素和确定每个要素采用程度的指南。需要说明的是:

(1)质量体系是由若干要素来支撑的,这些要素是质量体系运行的主要内容;

(2)质量体系要素体现了全过程中的主要质量活动;

(3)要素还可以分解为要素和活动,这些被细分的要素和活动将分别以程序文件来规定其工作的途径;

(4)要素的数量和每个要素所采用程度是可以剪裁的。

四、ISO9000-2000 标准的特点

ISO/TC176 质量管理和质量保证技术委员会早在几年前就提出了"通过全球对 ISO9000 系列标准的接受和使用,为组织个体的运作能力以及个人和组织信心的提高,提供一种行之有效的方法;同时促进其产品和服务符合要求,以增进全球的贸易繁荣和个体的持续发展"的远景规划。为实现这一规划,改善 ISO9000 系列标准的市场满意度,TC176 进行了 2000 年大改版。

(一) ISO9000-2000 标准的结构

目前,正式颁布的 ISO9000 族标准已达 22 项,标准的迅速增长已引起 ISO9000 标准使用者和顾客的特别关注。为此,TC176 在 2000 版 ISO9000 系列标准结构上作了较大的调整,2000 版 ISO9000 族标准将由 4 项基本标准及若干份支持性技术报告构成。

1. 基本标准

已颁布的 22 项标准的主要内容将纳入如下 4 项基本标准:

(1) ISO9000:质量管理体系——概念和术语;

(2) ISO9001:质量管理体系——要求;

(3) ISO90041:质量管理体系——指南;

(4) ISO10011:质量体系审核指南。

2. 支持性技术报告(IR)

这是指支持上述四项基本标准的其他一些技术文件。

(二) ISO9000-2000 族标准的特点

ISO9000-2000 系列标准在内容上将呈现以下特点和变化:

(1) 现行的 ISO9000、ISO9002、ISO9003 标准合并为一项标准 ISO9001,并期望应用 ISO9001 中的所有要求,但在 ISO9001 中也增加了在一定条件下允许对其进行剪裁的条款,以满足那些寻求 ISO9002 或 ISO9003 注册的组织的需要。

(2) 修改后的 ISO9001 更明确质量管理体系要求就是为了证

实组织满足顾客要求的能力;修改后的ISO9004主要是引导组织向综合的质量管理体系方向发展,而不是作为ISO9001的实施指南。

(3) 修改后的ISO9001和ISO9004是作为"一对"标准来考虑的,因此都采用了简单的基本过程结构,这比现行的ISO9001中20项要素的结构更通用,20项要素在新的基本过程结构中都可得到清楚的识别。

(4) ISO9001并没有对组织的质量管理体系文件的方案和结构提出明确要求。因此,ISO9000标准修订不要求组织重新编写质量管理体系文件。

(5) 修改后的ISO9000标准所采用的基本过程结构与ISO14000环境管理标准所使用的"P-D-C-A"改进循环是一致的,在内容和语言上也与ISO14000保持一致,其目的就是为了确保两个系列标准的通用性要求能由组织全部或部分地以共同的方式加以实施。

(6) 修改后的ISO9004提出了一些新的条款、新的内容和新的观点,这种变化主要有:修改后的ISO9004提出了新的质量管理8项原则:组织的顾客、领导、员工的参与、过程方法、管理体系方法、决定生产的实际方法、持续改进和相互利益的供方关系,这些原则的实施将最终有益于组织的顾客和相关方;修改后的ISO9004提出了相关方(Interested parties)概念,相关方包括顾客、员工、所有者、供方和社会,与现行ISO9000-1中提出的受益者的概念有所不同。如竞争对手,是相关方、不是受益者;修改后的ISO9004对过程管理提出了5条指南:过程和质量、过程网络、过程职责、过程控制的策划和过程文件,这既是现行ISO9004中没有或不明确的,也是与修改后的ISO9001差异所在,突出了对过程管理的要求;修改后的ISO9004提出了对组织所取得的显著进步进行评价。

五、我国质量体系标准

我国的质量体系标准 1992 年 5 月,"全国质量工作会议"决定我国应等同采用 ISO9000 系列标准,后在修订原国家标准 GB/T10300 的基础上编写成了我国 GB/T19000 系列标准,并于 1993 年 1 月 1 日起实施。等同采用是指标准内容完全相同,不作或稍作编辑性修改,字母代号为 IDT(还有等效采用 EQV 和参照采用 REF 之分)。

GB/T19000 系列标准由以下部分组成,即(GB/T19000－GB/19004,主要包括三方面内容。

(一) GB/T19000《质量管理和质量保证标准——选择和使用指南》

这是该系列标准的选用指南,它对选择使用质量管理和质量保证标准作了说明和指导。主要观点如下:

1. 质量体系标准的重要性

产品质量有一个产生、形成和实现的过程,企业控制产品的质量,首先应对全过程进行控制,消除设计与制造过程中可能产生的质量隐患;同时还应控制流通中各环节,如包装、运输、储存、保管、养护等环节,力求避免由此所引起的质量变化。更重要的是质量体系可以被第三方核查,以便确定该产品是否被认可。一般认为,对于若干没有统一公认产品标准的产品,或者无法进行实物质量试验的产品,对质量体系标准的符合性验证在判断产品质量上占有特别重要的地位。

2. 标准的可选择性

GB/T19000 标准在引言中明确提出:"一个组织的质量体系应受该组织的目标、产品或服务及其实践的影响。因而,各组织的质量体系是不同的。"它提供了可以参照选择的体系模式和体系要素。企业应根据市场情况、产品类型、生产特点及用户需求等具体实际情况,选择合适的质量保证模式标准,不应该将其作为是否符合一套要求的检查清单来使用。在选用一个适合给定环境的质量保证模式时,应该接着坚持对供需双方共同有利的原则。当合同规定,供需双方同意,根据实际需要,在用户选定典型的质量保证模式后,可增删若干质量体系要素。

3. 质量体系环境的特点

质量体系环境主要指合同环境和非合同环境:合同环境是用户在合同中对供方提出外部质量保证要求的质量体系环境,供方应根据合同要求向需方提供选用的质量保证模式及得到满足的各种证据,一般适用于单件或多品种小批量的非标准产品,如涉及人身安全和健康的、质量缺陷后果严重的、价值比较昂贵的产品或工程项目。其特点是由用户在合同中直接规定质量标准,或以政府的法规、条例规定产品的质量要求,而企业按合同规定进行研制和生产,最后按合同规定进行验收。因此,合同中除规定必须执行的技术要求外,还要规定采用的质量保证模式及其要素。非合同环境是在指供需双方之间没有合同关系或在合同中没有外部质量保证要求的质量体系环境。这主要适用于价格低廉、大批量生产的标准产品。其特点是企业根据市场需要,自行设计和建立质量体系,根据市场销售大小和用户信息反馈确定产品质量情况。

一个企业有时很可能同时处于两种类型的环境中,甚至同一种产品也会有两种质量体系环境。作为具有竞争力的企业,仍应从内部管理出发,建立并保持全企业统一的有效的质量管理体系,以适应不同质量体系环境的要求,并以经济有效的方式实现所需要的产品质量。

(二) GB/T19001—19003

其名称对应ISO9001—9003,是合同环境下用于外部质量保证的标准:

(1) GB/T19001标准是设计、开发、生产、安装和服务的质量保证模式,其要求供方必须保证各个阶段产品质量均应符合规定的要求；

（2）GB/T19002 标准要求供方建立生产与安装的质量保证模式；

（3）GB/T19003 标准适用于相当简单的产品，仅要求供方建立最终检验和试验的质量保证模式。

（三）GB/T19004《质量管理和质量体系要素——指南》

这是指导企业建立内部道理或运行的质量管理体系的文件，它阐明了质量管理体系的目标、任务和各个组成要素的要求，下面介绍主要内容。

1. 引言

主要阐明一个成功的企业必须明确的质量方针及质量目标，必须建立质量体系以保证质量方针和质量目标的履行及实现。

2. 各体系要素的要求

该部分阐述质量体系要素共有 17 个，主要有管理职责、质量体系的原理和原则、设计和规范质量、采购质量、生产质量、生产过程控制、产品验证、测量和试验设备的控制和不合格品控制等几个要素。

第三节 标准化及标准化原理

一、标准化的概念及作用

（一）标准化的概念

标准化的概念在不断的完善和发展。1983 年国际标准化组织在《ISO 指南 2—1983》（第四版）中说："标准化主要对科学、技术与经济领域内重复应用的问题给出解决办法的活动，目的在于获得最佳秩序。一般来说包括制定、发布与实施标准的过程。"1991年，国际标准化组织在《ISO 指南 2—1991》中对标准化的定义为："为在一定范围内获得最佳秩序，对实际的或潜在的问题制定共同的和重复使用的规则的活动。(注:(1)上述活动尤其包括制定、发布与实施标准的过程。(2)标准化的显著好处是改进产品、过程和服务的适用性,防止贸易壁垒,并便利技术合作。)"我国1983年颁布的国家标准《GB3935.1—1983》中对标准化的定义为:"在经济、技术、科学及管理等社会实践中,对重复性事物概念,通过制定、发布和实施标准,达到统一,以获得最佳秩序和社会公益。"而在1996年颁布的国家标准《GB3935.1—1996》中对"标准化"的定义等同采用了ISO指南中有关"标准化"的定义。

标准化的概念中主要包含以下几方面的含义:

1. 标准化对象是需要进行标准化的实体

在标准中采用了"产品、过程或服务",从广义上表达标准化对象,并可理解为如材料、元件、设备、系统、接口、记录、程序、功能、方法或活动等。这表明对于在不同的时间和空间共同的和重复发生的事物或概念,有必要找出它们的最佳状态,订成标准,加以统一,以便于它们得到优化或达到节省重复劳动,提高工作效率的目的。

2. 标准化领域为一类相关标准化对象的群体

由于标准化对象可以存在于人类社会的各个领域,所以标准化的活动领域不再仅仅局限于科学技术领域,而是扩展到经济管理、社会管理的各个人类活动领域。

3. 标准化的内容就是使标准化对象达到标准化状态的全部活动及其过程,它包括制定、发布和实施标准

这是一个不断循环、螺旋式上升的运动过程。每完成一个循环,标准的水平就提高一步,标准化对象也完成一次质的飞跃。此外,运用简化、系列化、通用化、组合化等标准化形式和方法来改造标准化对象,也是标准化活动内容的一个组成部分。

4. 标准化的本质是统一

法国前标准化协会主席库利埃说:标准化就是在混乱中建立

秩序。有序就是统一，标准化就是用一个确定的标准将对象统一起来。所以，标准化也是一种状态，即统一的状态、一致的状态、均衡有序的状态。

5. 标准化的目的是为了获得最佳秩序

开展标准化活动的目的在于追求一定范围内事物的最佳秩序和概念的最佳表述，以期获得最佳社会和经济效益，即"最大的社会效益"。标准化的经济效益是其社会效益的重要部分和显性部分，但并不是全部，它还应包括长期的、隐性的不可计算部分，甚至局部经济效益是负数，但社会效益很大，其标准化活动也是有成效的。有序化和最佳社会效益是标准化的出发点，也是衡量标准化活动的根本依据。

商品标准化是标准化活动中的重要组成部分，简单地说，它是在商品生产和流通的各个环节中制定、发布和推行商品标准的活动。

(二) 标准化的作用

商品标准化是国民经济及其各部门的一项重要基础工作，对发展社会生产力和科学技术，提高商品质量，扩大对外经济和技术交流，提高社会经济效益等方面具有重要作用。

1. 标准化是现代化商品生产和流通的必要前提，是巩固和发展社会化大生产的基本条件

现代化商品生产是以先进科学技术和生产高度社会化为特征的复杂的生产组合。生产的连续性和节奏性要求日益增强，专业化协作的深度和广度日益提高，社会生产各部门和企业内部各工序间专业分工越来越细，协作联系越来越密切。这种社会化大生产必然要求以技术上的高度统一和广泛协调为前提，而标准化是实现这种统一和协调的有效手段。例如，一架喷气式飞机有2万多个零部件组成，还需要5.7万工作标准件，25万个铆钉，涉及到金属材料200多种，非金属材料600多种，需要上千种企业协作生产

才行。

2. 标准化是建立最佳秩序,实现现代化科学管理以及全面质量管理的基础

商品标准是企业管理目标在质量方面的具体化和定量化;各种商品质量标准是生产经营活动在时间和数量方面的规律性反映。因此,商品标准可以为企业编制计划、商品设计和制造、商品检验、商品质量管理、商品质量监督、质量仲裁等提供科学依据。质量管理是企业管理的核心,而商品标准化是全面质量管理的一个重要组成部分。没有标准就没有管理,要科学管理,就必须制定标准。通过制定各种技术标准和管理标准,建立生产技术和物流技术上的统一性,可以保证企业整个管理系统功能的发挥。因此,只有推行标准话,才能实现管理的现代化和全面质量管理。

3. 标准化是提高商品质量和合理发展商品品种,提高企业竞争力的技术保证

商品质量标准既是企业管理的目标,又是衡量商品质量高低的技术依据。根据商品标准,企业揭示质量差距、制定措施、上等级、开发新品种就有了方向。在商品设计中贯彻标准化,简化多余或低功能的商品品种;通过系列化能够以最佳的品种构成满足广泛的需要;根据组合化原则能用少量的要素组合成较多的新品种等等。这对于提高商品质量、合理开发新品种、降低商品成本、提高企业竞争力和应变能力都有重要的意义。

4. 标准化是合理利用国家资源、保护环境、增产节约、促进经济全面发展和提高社会经济效益的有效手段

合理利用国家资源、保护环境和资源、节约原材料是一项重要的经济技术政策,也是制定商品标准的重要原则。商品标准化的任何一种形式,都会产生增产节约效果,有助于合理利用国家资源和保护环境,并可促进经济的全面发展,获得社会经济效益。

5. 标准化是积累实践经验,推广应用新技术,促进技术进步

的桥梁

标准化是连接商品研制、开发、生产、流通、使用各环节之间的纽带。新工艺、新材料、新技术、新产品研制成功,通过技术鉴定后,就被纳入相应的标准,从而能得到迅速的推广和应用,收到显著是经济效益。

6. 标准化是国际经济、技术交流的纽带和国际贸易的调节工具

国际贸易离不开标准化,积极采用国际标准,可以消除国际贸易技术壁垒,提高本国商品在国际市场上的竞争力,发展对外贸易。在国际贸易中,商品标准是进行仲裁的依据,利用标准化可以保护本国的利益。因此,标准化在国际贸易中可起到协调、推动、保护、仲裁作用。

二、商品标准化的原理

国际标准化组织(ISO)于1952年成立了标准原理委员会(STACO),它的首要职责是在标准化原理、方法和技术方面充当ISO理事会的顾问,在考虑标准化经济问题的同时,使ISO的标准化活动取得最佳效果。在其他一些国家也设立了相应的机构,这对标准化原理的研究工作起了相应的推动作用。1985年日本设立了标准化原理委员会(JSA/STACO)开展了标准状况的调查,以及标准化经济效果的计算方法和术语标准化的研究。不久,宫城精吉提出了标准化的两个基本原理(经济性的原理和对策规则原理)和一系列分原理。英国的桑德斯提出了标准化的七原理和日本的松蒲斯提出了十九原理。我国标准化工作者对标准化原理提出了一些具有独特见解的理论,如"四原理"、"五原理"、"六原理"等提法。其后,又提出了"标准系统的宏观管理原理——系统效应原理、结构优化原理、有序原理、反馈控制原理"和标准化活动中的基本工作四原理、即有序化原理,统一/协调原理、系统优化原理、反馈控制原理;还有"相似设计原理"、"组合化原理"和"稳定过渡

原理"等。

(一) 相似设计原理

当产品的主参数同其他基本参数之间以及工况参数同几何尺寸参数之间具有一定的联系,这种联系倘能构成某种函数关系时,便可用下式表达:

$$N = K \cdot L$$

式中　N——工况参数;
　　　L——几何尺寸参数;
　　　K——常数。

这个关系式称为产品的参数方程式或产品参数的相似方程式。利用这种关系进行的设计就称之为相似设计。在利用这种关系进行产品设计时,可以从主参数系列推导出其他参数系列,而各种参数的系列化,又为形成产品及其组成单元的系列化提供了必要条件。有了这种关系,只需要研制一种或少数几种"模型产品",就可按相似原理设计出成系列的产品来。

(二) 组合化原理

该原理阐明了以下重要观点:

(1) 运用组合化的方法,把标准化的元件组装成各种用途的产品;

(2) 组合化要求零部件、构件的高度标准化、通用化;

(3) 组合化是产品标准化的高级阶段;

(4) 组合化并不局限于单纯机械零件的组合,进一步发展的组合形式是用标准化的零部件和具有独立功能的复杂元件的组合,这种元件具有标准的结构、独立的参数系列、质量标准及保护互换、方便组装的安装连接尺寸,以独立制品的形式同其他对象组合,并且这种方法是一种基本的一种方法。

(三) 稳定过渡原理

标准化系统中各组成要素间的最佳平衡,要保持一段时间的相对稳定性,然后才能过渡到新的最佳平衡。这就是所谓的稳定过渡原理。

平衡都是有条件的,当约束条件发生变化,平衡即遭破坏。但标准化系统中各组成要素间的最佳平衡,都必须保持一段时间的相对稳定性,才能使标准化获得经济效果。最佳平衡是从属于一定条件的,但条件变化后,最佳平衡木一定立即改变,因为这个最佳平衡系以全局利益为前提。只有当条件的变化累积发展到一定程度,从全局利益看,最佳平衡失败,这时才能向新的最佳平衡过渡。

按稳定过渡原理,标准必须妥善解决稳定和发展的矛盾,或者说继承性与先进性的矛盾。没有先进性,不体现科学技术的进步和生产力的发展,标准就失去了价值;而没有继承性与稳定性,标准也就失去了现实意义。

(四)简化、统一、协调、最优化原理

1. 简化原理

简化是在不改变产品的质的规定性,不降低产品功能的前提下,减少产品的多样性和复杂性。也就是说,具有同种功能的产品,当其多样性的发展规模超出了必要的范围时,即应消除其中多余的、可替换的和低功能的环节,保持其构成的精练、合理,使总体功能最佳。其实质是对产品的客观系统结构加以调整并使之最优化的一种有目的的标准化活动。

简化一般是有条件的,是在一定的时间范围内进行的,其结果应能保证满足一般的需要:① 只有当多样化的发展规模超出了必要范围时,才允许简化。② 简化要合理、适度。合理的简化必须符合两个条件:一是必须保证在规定时间内足以满足一般的需要,不能因简化而导致必需品短缺;二是简化后产品系列的总体功能最佳。③ 简化后的产品系列,其参数组合应尽量符合标准数值分级制度。

2. 统一原理

一定时期,一定条件下,对标准化对象的形式、功能或其他技术特征所确立的一致性,应与被取代的事物功能等效。这一原理所体现的基本思想是:① 统一化的目的是确立一致性。② 要恰当地把握统一的时机。经统一而确立的一致性仅适用于一定时期,随着时间的推移,还须确立新的更高水平的一致性。③ 统一的前提是等效。把同类对象归并统一后,被确定的"一致性"与被取代的事物之间,必须具有功能上的等效性。

标准化的实质是统一,从根本上来说,标准化就是要运用一定的手段,通过一系列活动,使标准化对象达到某种程度的统一状态,没有统一,就没有标准化。所以说标准化的实质就是统一。标准化对象的统一既是绝对的,又是相对的,是绝对和相对的"对立统一";统一的绝对性表现在一定的时间和空间范围内,对标准化对象所作的统一是绝对的,否则,就没有什么标准化了。标准一经制定颁布后,就必须作为法规来遵守,任何人不得违反。在企业内部,无论是设计、制造、检验,每一个生产环节都必须严格按标准进行,上一个环节不符合标准的不得转入下一个环节;成品不符合标准的不得出厂,这也就是统一的绝对性赋予标准以法规性和约束性的特征。因此,必须维护标准的严肃性和权威性,否则,标准将变成一纸空文,统一也成为空话;统一的相对性就是指标准化的统一是有条件的统一,是在一定的质和量上的统一,它是有时间和空间限制的。

3. 协调原理

所谓的"一致性"就是指相关的两个或多个因素间要相互满足对方提出的要求,并为对方的存在创造条件。在标准系统中,只有当各个局部(子系统)的功能彼此协调时,才能实现整体系统的功能最佳。协调的含义有:第一,在系统内部各相关因素之间的连接点上建立一致。标准的子系统和组成元素都不是孤立存在的,它们之间都存在着直接或间接的相互依存、相互联系、相互制约的关系。为了使系统达到均衡、有序,就必须使这些相互关系满足一定的要求,也就是要在相关因素的连接点上建立一致。如直流收录机与电源电池之间就存在两个连接点:一个是电源电压,一个是收录机内电池盒空间尺寸。它们之间的协调就是在这两个连接点上建立一致,即收录机的电源额定电压应该等于每电池电压的整数倍,相应地,电池盒的空间尺寸也应等于电池尺寸的整数倍。第二,系统与外部环境(约束条件)之间的连接点上建立一致。标准系统如果仅有内部的和谐统一,而不同外界环境相适应,这种统一是不可能成立的。因而,这种协调也是无效的。所以,当系统内部经协调达到统一后,还必须根据外部环境的要求,对系统内部各因素之间的平衡关系——进行检验,如当环境条件不相适应时,则需逐一进行调整,或者,将内外因素进行通盘考虑来进行系统的总体协调。所以,对于标准化来说,协调是达到统一的必不可少的手段,没有协调,就没有统一,也就没有标准化。统一强调的是共性,协调则照顾了个性。统一是前提,协调是不可缺少的补充,是统一的基础,统一只能在主要方面进行统一,而协调则要在方方面面上协调。把统一和协调结合起来,才能全面地指导标准化的具体行动。

4. 最优化原理

按照特定的目标,在一定的限制条件下,对标准系统的构成因素及其关系进行选择、设计或调整,使之达到最理想的效果。

(五) 系统效应、结构优化、有序、反馈控制原理

1. 系统效应原理

标准系统的效应,不是直接地从每个标准本身而是从组成该系统的标准集合中得到的,并且这个效应超过了标准个体效应的总和。同样,标准化系统的效应也是从企业标准体系、企业标准化组织体系与标准实施考核体系的最佳综合中获得的。这就是系统效应原理。其含义是:第一,标准系统是一个不可分割的整体,其效

应一定要从完整的系统来看,而不是从孤立要素简单叠加来看。作为有机整体的标准系统,其效应既与组成该系统的各个标准及它们的结构有关,又不是各个标准个体效应的简单总和。同时,每个标准的个体效应,又同它所从属的系统有关,受系统的影响和制约;第二,标准化活动是由人力、物力、财力、技术、信息等要素构成的社会活动。根据该原理,这些要素的构成或组合方式不同,所产生的效果也很可能不同。倘若根据需要或特定的目标,通过对各种要素的合理筹划和有机组合,形成系统,便可产生特殊的系统效应。它能使有限的资源产生更大的能量,用较小的代价取得更大的效益,在较短的时间内求得更快的发展速度。

2. 结构优化原理

标准化系统要素的阶层秩序、时间序列、数量比例及相互关系依系统目标的要求合理组合并使之稳定,才能产生较好的系统效应。这就是结构优化原理。其含义是:第一,系统效应与各要素效应的总和之间有三种可能关系:即大于、等于和小于。要想使系统效应大于要素效应之和,要有前提条件,其中首要的就是系统结构的合理程度。标准化系统的结构不是自发形成的,而是经过优化(合理组合)的结果,只有经过优化的系统结构,才能产生较好的系统效应,这是标准化系统的一个特点。第二,标准化系统的结构形式,总的来说是变幻无穷的,但最基本的是有阶层秩序(层次级别的关系)、时间序列(标准的寿命时间方面的关系)、数量比例(具有不同功能的标准之间的构成比例)和各要素之间的关系(主要是相互适应、相互协调的关系)以及它们之间的合理组合。它要求按照结构与功能的关系,不断地调整和处理标准化系统中的矛盾成分和落后环节,保持系统内部各组成部分有个基本合理的配套关系和适应比例,以提高标准化系统的组织结构水平,使之发挥出更好的效应。第三,标准化系统只有稳定才能发挥其功能,经过优化后的标准化系统结构,应该能够相对稳定。而要做到这点,一是要使各相关要素之间建立起稳定的联系或相互协调的关系;二是要提高结构的优化水平并且要特别注意处理好与环境的协调关系。

3. 有序原理

只有及时淘汰标准化系统中落后的、低功能的和无用的要素(减少系统的熵),或向系统中补充对系统发展有带动作用的新要素(增加负熵),才能使系统从较低有序状态向较高的有序状态转化。这就是有序原理。其含义有:第一,对标准化系统来说,经过优化而获得的稳定结构,只能是暂时的,随着系统内外情况的变化必定要向不稳定状态转化,这就要及时对系统的构成要素加以调整,使系统从较低有序向较高有序状态发展,以建立新的、更高水平的稳定结构。第二,要及时淘汰那些落后的、低功能的和无用的要素。因为这些要素与其他要素的关系并不密切,甚至相互阻碍,系统中这类要素越多,系统越松散、熵越增大,越趋向无序。所以要经常运用简化的形式以提高有序度。第三,根据客观需要,及时地向处于临界状态的系统补充对系统进化具有带动作用的新要素,尤其是功能水平较高的要素,是推动系统发展的负熵流。

4. 反馈控制原理

标准化系统演化、发展以及保持结构稳定性和环境适应性的内在机制是反馈控制,系统发展的状态取决于系统的适应性和对系统的控制能力。这就是反馈控制原理。其含义如下:第一,标准化系统在建立和发展过程中,只有通过经常的反馈不断地调节同外部环境的关系,提高系统的适应性和稳定性,才能有效地发挥出系统效应。第二,标准化系统同外部环境的适应性,不可能自发实现,需要控制系统(管理机构)实行强有力的反馈控制。第三,标准化系统效应的发挥,有赖于标准化系统结构的优化。

综上分析,标准化的基本原理应是:经过协调,使标准化对象达到最佳状态的统一。它像一根主线贯穿于标准化的全部活动中,是构成标准化学科全部理论的基石。

三、商品标准的制定和实施

（一）商品标准制定的原则

标准的制定是整个商品标准化的中心环节。由于商品的不断发展和科学技术的进步，任何一个商品标准在若干年后就有可能落后于商品本身发展的实际水平，如不及时加以复审和修订，就将成为社会发展和技术进步的障碍。制定商品除了必须遵循标准化的基本规律外，还必须遵守以下原则：

1. 满足使用要求

任何产品都是为了满足人们某一特定方面的所有需要而产生出来的，而产品的生产制造又是以标准为依据的。所以，在制定标准时，必须首先考虑用户和消费者对产品提出的使用要求，并最大限度地给予满足。

2. 兼顾先进性和经济性

标准化的根本目的就是推动技术进步，促进经济发展。所以，在制定标准时，必须确保它具有技术先进性和经济合理性。

标准在技术上的先进性主要体现在标准规定的技术性能、质量指标、试验方法等方面是否反映了当时已经达到的科学技术发展的实际水平。要使标准具有一定的先进性，就必须在制定标准的时候，广泛收集、分析、研究与标准化对象有关的科学技术情报资料，尽可能地把当时的先进技术纳入标准中去。此外，对发展中国家来说，积极采用国际标准和工业发达国家的标准也是提高标准的技术先进性的一条捷径。

标准技术内容的先进性并不等于盲目追求高指标。如果高指标造成功能过剩和制造成本与所有费用上升，那么，这样的标准并不是先进的标准。所以，在制定标准时，应将技术上的先进性和经济上的合理性有机地结合起来，加以综合考虑。

3. 保持标准的系统性

由于任何标准都是处于一定的系统之中，它同系统内的各个标准之间以及系统外的相关标准之间都存在着相互联系和制约的关系。所以,在制定一个标准时,要注意它与各相关标准之间的协调,有些相关标准的关系比较密切,还需要把它们放在一起,配套地制定,只有这样才有可能避免标准之间的矛盾冲突,才能使标准系统的总体功能最佳。如果产品标准要与各种有关的基础标准、原材料标准协调一致;产品的尺寸参数之间应协调等。

4. 注意标准的政策性

标准是用来规范人们的社会、生产、经济活动的,而无论是社会活动、生产活动,还是经济活动都是受到国家机器的制约。那么,用以规范这些活动的标准也毫无例外地受到国家机器的制约。所以,在制定标准时,必须认真地执行国家的有关政策、法令、法规。

5. 充分利用本国的资源条件

充分合理地利用本国的资源条件是我国的一项重要的技术经济政策,它不仅有经济意义,而且有其重要的政治意义。在制定标准时,一切技术性能上的规定都必须立足于本国的资源条件,尽量地减少对国外资源的依赖。为此,必要时可酌情调整某些技术性能指标的项目或量值。但在这样做的上时候,必须经过严格的科学实验,证明确实不会降低产品的功能和能满足使用要求之后方能实施。

(二)商品标准的实施

商品标准的实施是最主要的、最基本的标准化活动。企业贯彻实施商品标准应树立三个观念:首先要顾全大局。实施标准必然会涉及到各方面的利益,只有坚持局部利益服从整体利益,树立大局观念,才能达到标准化的目的。例如,企业在贯彻实施环境保护标准的时候,投资大,一般得不到直接的经济效益,但是社会和消费者却得到很大的利益。类似这种情况,企业就应该从社会整体利益出发,积极贯彻有关标准。其次要有长远考虑。实施标准经常会遇到眼前利益同长远利益的矛盾。如实施某项技术水平较高的商品标准,需要投入资金进行技术改造,短期内难以见到效益,但实施新标准后,商品质量大大提高,市场竞争力增强,从长远看,能产生巨大的经济效益,这时,就应积极实施新标准。类似情况都应从长远利益出发,积极贯彻实施商品标准。第三要区别对待标准。实施商品标准是一项复杂的系统工程,对于某些具体情况,应该在坚持标准化原则的基础上,采取区别对待的方针。如允许企业对上级商品标准作出补充规定或以上级商品标准为基础制定企业内控标准;对标准中原材料或加工方法的规定,如果会限制企业对新材料、新工艺的采用,则允许企业在征得主管部门同意后作出适当的调整。

商品标准实施的一般形式有:

1. 完全实施

这是直接引用商品标准中所规定的全部技术内容,无任何改动地贯彻实施。对重要的国家和行业基础标准、方法标准、安全标准、卫生标准、环境保护标准必须完全实施。同样,企业内部制定的本企业标准也应完全实施。

2. 有选择地采用

对某些涉及面广又没有必要全面实施的国家标准或行业标准,可根据企业的实际情况,对其内容进行有选择地采用或压缩,编制成标准缩编(但仍保留原标准的名称和代号),作为企业标准,供有关部门执行。采用此种形式实施的有零部件、原材料、结构要素、通用工具等标准。但不得改变标准中品种规格的尺寸精度、机械性能、理化性能、通用技术要求、检验方法、标志、包装、运输、储存等实质性内容。条文编号应尽可能保持原标准的连续性,以便查证。

3. 补充标准内容

当所实施的标准内容规定的比较概括、抽象,不便于操作时,可在不违背标准的实质内容和原则精神的条件下,作一些必要的补充规定,以利于贯彻实施。

4. 标准配套

某些标准本应成套制定,成套贯彻实施,但因条件的所限,其缺一二种或若干标准未能及时制定出来,此时企业可根据已有的标准内容,自行制定与其配套的标准,以适应全面实施此类标准的需要。

5. 编制些老标准对照表

这主要是针对那些单件小批量生产的企业,或生产周期不长的产品,或将要淘汰的老产品。在编制标准对照表时应将新老标准的名称、编号、品种、规格、性能指标、试验方法、检验规则等项目一一进行列表对照,并按规定进行审批、编号、发布,作为指导商品设计、生产、供应、检验等依据。

第六章　商品检验与质量认证

第一节　商品检验的目的与任务

一、商品检验的概念与种类

（一）商品检验的概念及含义

国家标准 GB/T6583—92 和国际标准 ISO8402—86 中对检验定义为：对产品或服务的一种或多种特征进行测量、检查、试验、度量，并将这些特性与规定的要求进行全面比较以确定其符合性的活动。简单地说，商品检验就是根据商品标准和合同条款规定的质量指标，确定商品质量高低和商品等级的工作。

商品检验的主体是商品的供货方、购货方或者第三方。

商品检验的对象是商品的各种特性，如商品的质量、规格、重量、数量以及包装等方面。

商品检验的依据是合同、标准或国际、国家有关法律、法规、惯例等对商品的要求。

商品检验的目的是在一定条件下，借助科学的手段和方法，对商品进行检验后，作出合格与否或通过验收与否判定；或为维护买卖双方合法权益，避免或解决各种风险损失和责任划分的争议，便利商品交接结算而出具各种有关证书。

商品的质量检验是商品检验的中心内容，狭义的商品检验是指商品的质量检验。

（二）商品检验的种类

商品检验的分类有多种方法。

1. 根据检验对象的流向可分为内销商品检验和进出口商品检验

(1) 内销商品检验,是指国内的商品经营者、用户及相关部门的商品质量管理机构与检验机构或国家技术监督局及其所属的商品质量监督管理机构与其认可的商品质量监督检验机构,依据国家法律、法规、有关技术标准或合同对内销商品所进行的检验活动。

(2) 进出口商品检验,是由商检机构(即国家商检局在省、自治区、直辖市以及进出口商品的口岸、集散地设立的商检局及其分支机构)和国家商检局、商检机构指定的检验机构依照有关法律、法规、合同规定、技术标准、国际贸易惯例与公约等,对进出口商品进行的法定检验、鉴定检验和监督管理检验。

2. 依据检验目的不同,可分为生产检验(第一方检验)、验收检验(第二方检验)和第三方检验三种

(1) 第一方检验是商品生产者为维护企业信誉,达到保证质量的目的,而对原材料、半成品和成品商品进行的检验活动,检验合格的商品应有"检验合格"标识。

(2) 第二方检验是商品的买方(如商业、外贸部门和工业)为了维护自身及其顾客的利益,保证其所购商品满足合同或标准要求所进行的检验活动。在实践中,商业或外贸企业还常常派出"驻厂员"对商品质量形成的全过程进行监控,及时发现问题,及时要求生产方解决。

(3) 第三方检验是指处于买卖利益之外的第三方,以公正、权威的非当事人身份根据有关法律、合同或标准所进行的商品检验。其目的在于维护各方合法权益和国家权益,协调矛盾,促使商品交换活动的正常进行。第三方检验由于具有公正性、权威性,其检验结果被国内外所公认,具有法律效力。

3. 按检验有无破坏性可分为破坏性检验和非破坏性检验两

种形式

(1) 破坏性检验是指为取得必要的质量信息,经测定、试验后的商品遭受破坏的检验。

(2) 非破坏性检验是指经测定、试验后的商品仍能使用的检验,也称无损检验。

4. 商品检验按检验商品相对数量可划分为全数检验和抽样检验两种形式

(1) 全数检验是对被检批商品逐个(件)地进行的检验,也称百分之百检验。它可以提供较多的商品质量信息,给人以心理安全感,适用于批量小、质量特性少且质量不稳定、较贵重、非破坏性的商品检验,但应避免由于检验工作单调、检验人员疲劳所导致的漏检或错检现象。

(2) 抽样检验是按照事先已确定的抽样方案,从被检批商品中随机抽取少量样品,组成样本,再对样品逐一测试,并将结果与标准或合同技术要求进行比较,最后由样本质量状况统计推断受检批商品整体质量合格与否的检验。它检验的商品数量相对较少,节约检验费用,有利于及时交货,但提供的商品质量信息少,有可能误判,因此不适用于质量差异程度大的商品批。若能避免抽样时可能犯的错误,其可靠性甚至优于全数检验。抽样检验适用于批量较大、价值较低、质量特性多且质量较稳定或具有破坏性的商品检验。

二、商品检验的目的与任务

(一) 商品检验的目的

商品检验的目的,就是运用科学的检验技术和方法,正确地、公正地评定商品质量。

从宏观上来看,商品检验是保证国家利益和民族安全的有力武器,是一个国家对经济实行有效管理的重要手段。

从微观来看,商品检验可以维护消费者和企业的利益,把好质量关,确保进入流通领域的商品质量,确保商品等价交换得以公平进行,实现商品的使用价值。

(二)商品检验的任务

1. 维护生产、经营、消费者三方面经济利益

对商品进行全面综合的质量监督检验,对符合质量标准、适合消费者需求的商品准予放行进入流通领域,保证商品具有优异质量,为消费者、经营者开出商品优质信用证,取得消费者的信赖,从而使消费者得到实惠,同时企业的信誉也得到保障。

2. 保证和提高商品质量

商品检验从商品的用途和使用条件出发,分析和研究商品的成分、结构、理化性质、机械性质等,以及分析这些因素对商品质量的影响程度,为生产部门提供科学、及时、可靠的数据资料,促进其采用新技术、新工艺、新材料,扩大新品种等,以保证和提高商品质量。

3. 维护国家利益

商品检验为维护对外贸易的国家信誉,争取合法权益,为出口商品立足国际市场,为国家多创外汇,提供技术依据。商品检验对外行使国家主权。我国进出口商品统一由国家设立的商检机构办理检验和鉴定工作,保证进出口商品质量,促进对外经济贸易关系顺利发展,维护本国经济利益。在出口方面,依法严格检验,不合格的商品不准出口,并把检验和监督工作延伸到生产过程中去。在进口方面,防止质量低劣和带有病虫害及其他有害因素的商品进口,通过检验消除隐患。对进出口商品的品质、数量、规格等进行检验,防止残、短、溃、毁等情况出现,解决争议和办理索赔凭证,维护国家利益,保护贸易各方关系人的合法权益。

4. 商品检验为科学物流提供可靠的数据

商品检验为仓储管理、商品安全保管和运输、科学养护等提供数据依据,从根本上减少商品损失,保证商品的使用质量。

5. 打击假冒伪劣商品

商品检验是保证贯彻商检法、质量法、商标法、标准化法等有关法规和评选优质商品、打击假冒伪劣商品的重要手段。

我国商品检验机构的基本任务在《中华人民共和国进出口商品检验法》(以下简称《商检法》)中作了明确的规定。《商检法》规定"国务院设立进出口检验部门,主管全国进出口商品检验工作。""商品检验机构实施进出口商品检验的内容,包括商品的质量、规格、数量、重量、包装以及是否符合安全、卫生要求。"一是实施法定检验;二是实施监督管理;三是办理各项国际贸易业务鉴定。

根据国家法律、法规、国家标准,作为独立的、有权威的公证鉴定机构,是处于当事人之外的第三者鉴定人。他作出鉴定结果,出具检验证书,目的是保证商品质量,维护生产、经营、消费三方面经济利益,促进对外贸易的发展,满足国际贸易活动的要求,维护贸易中各方的合法权益。商品检验在商品生产、流通的各个环节中是必不可少的工作。

第二节 商品检验的基本要求及方式

一、内销商品检验

(一)内销商品检验的要求

1. 按文件标准检验

我国对生产、经营已有国家标准和专业标准的商品,必须严格按标准进行检验;对没有国家标准和专业标准的商品,按企业标准或双方协商同意的质量标准进行检验。

2. 按实样标准进行检验

对于暂时不能制订标准的商品,可由工商双方先确定实样标准,按标样验收检验。

《中华人民共和国产品质量法》第21条规定:销售者应当执

行进货检查验收制度,验明产品合格证明和其他标识。《中华人民共和国消费者权益保护法》第50条规定:经营者销售的商品应当检验、检疫;而未检验、检疫或者伪造检验、检疫结果的,《中华人民共和国产品质量法》和其他有关法律、法规对处罚机关和处罚方式有规定的,依照法律、法规的规定执行;法律、法规未作规定的,由工商行政管理部门责令改正,可以根据情节单处或者并处警告、没收违法所得、罚款,情节严重的,责令停业整顿,吊销营业执照。

(二)内销商品检验的方式

商业部门在检验商品时,先核对品名、规格、型号、等级、交货批数,查看包装标志,检查包装是否安全、完好,然后,根据质量标准所规定的要求,对照测量报告,进行验收检验。

一般对工厂直接购进的商品,采取下列检验方式:

1. 工厂签证,商业免检

工厂生产出的商品,经过工厂检验部门检验签证后,商业部门可以直接收货,免去检验程序。这种情况适用于产品质量稳定,生产技术条件比较好、工厂检验设备比较齐全以及管理制度较健全的企业。

2. 商业监检(下厂验收),凭工厂签证收货

商业部门的检验人员对工厂的半成品、成品,甚至包括原材料等,在生产工艺全过程中进行监督检验,一直到成品包装、装箱后,才算完成监检任务。然后,商业部门可按工厂检验签证验收。此目的在于保证消费者对产品质量的要求。某些高档商品、有关人身安全和健康的商品,检验人员必须下厂监督检验,以确保商品质量,特别对出口商品,要求更要严格。

3. 工厂签证交货,商业定期抽验

质量较稳定的产品,工厂签证后便可交货,商业部门为确保质量,可定期或不定期地抽查产品质量。

4. 商业批验

这种检验对工厂的每批产品都要检验,合格者由商业部门收购。这种方法主要是对产品不稳定,检验设备、技术条件不健全的工厂的产品采用的。

5. 行业会检

行业会检又称联检。同行业中,对于多个厂家生产的同一种产品,工商联合举办行业会检,由双方联合组成的质量检查评比小组,定期或不定期地对同行业的产品,按质量标准要求进行全面评定。

6. 报检

生产部门主动向商业部门提出要求检验,商业部门可及时进行检验,这是决定是否要货的一种方式。

7. 库存商品的检验

对储存期间的商品实行定期检验,以防止由于质量的变化而影响商品的使用效能。

二、进出口商品检验

(一)进出口商品检验的要求

我国进出口商品检验工作由国家商检总局及所属各地商检局负责统一管理,专业性的检验机构负责有关专业产品的检验工作。如中华人民共和国动植物检验所、药品检验所、船舶检验局、卫生检疫所等,都是我国专业性的检验机构。

根据国家有关规定,国家商检总局及所属各地商检局的主要任务是:对进出口商品施行品质管制,管理进出口商品的检验工作,办理与对外贸易有关的各项公证鉴定(包括法定检验、监督管理和公证鉴定)工作。品质管制范围内的商品,即法定检验的商品,不经检验既不能进口,也不能出口。

1. 法定检验

法定检验是根据国家法律、法规,对指定的重要进出口商品执行强制性检验,非经检验合格不准出口或进口,以维护国家的信誉和利益。我国商检法规定,对重要进出口商品实施强制性的法定检验。商检部门根据合同或标准的规定进行检验,签发检验证书,作为海关放行的凭证。法定检验的范围如下:

(1)《商检机构实施检验的商品种类表》(以下简称《种类表》)中列入的进出口商品,其中有进口商品18类58种,出口商品42类361种。对于表内所列商品,根据对外贸易的发展和进出口商品的品质情况,可不定期地进行调整。

(2)有关国际条约规定须经商检机构检验的进出口商品和其他法律、法规规定的须经商检机构检验的进出口商品。我国有关法律、法规规定的实施检验的商品,例如,《中华人民共和国食品卫生法》、《中华人民共和国卫生管理条例》、《中华人民共和国进出口动植物检疫条例》、《海运出口危险货物包装检验管理办法》等规定的商品必须实施检验。

(3)对外贸易合同规定,应由商检部门检验出证的商品。

2. 公证检验

它与法定检验性质不同,不是强制性检验,而是凭对外贸易关系人(进口商、出口商、承运部门、仓储部门、保险公司等)的申请办理的。其工作范围和内容十分广泛,包括运用各种技术手段和经验,检验、鉴定各种进出口商品的品质、数量、重量、包装、积载、残损、载损、海损等实际情况,以及商品的运载工具、装卸等事实状态和其他有关业务是否符合合同、标准和国际条约的规定以及国际惯例的要求,进而作出检验、鉴定结果与结论,提供有关数据,签发检验、鉴定证书或其他有关证明,以及有关对外贸易的其他鉴定工作。

3. 监督管理

监督管理的实质是国家商检机构对进出口商品检验工作实施统一管理,并对各地区、各部门的一切进口商品的质量检验进行监督管理和组织检验。商检机构或国家商检局、商检机构指定或认可的检验机构对生产企业申请使用认证标志或申请获得必要的进口安全质量许可、出口质量许可或卫生注册登记的进出口商品所实施的检验。只有检验合格,才可获准使用认证标志或者取得进口、销售、使用或出口资格。

(二)进出口商品检验工作程序

进出口商品的检验工作,由于专业化分工不同,检验商品种类及环境条件不同,因而实际检验的程序也不同。通常可简化为受理报验、抽样制样、检验鉴定和签发证书四个环节。

1. 受理报验

报验是指对外贸易关系人将进出口商品向商检机构提报的申请检验。报验时需填写"报验申请单",同时提交对外所签买卖合同及其他所需资料。

(1)进口商品的报验。进口商品的收货人,应当在商检机构规定的地点和期限内,向商检机构报验。商检机构应当在对外贸易合同约定的索赔期限内检验完毕,并出具证明;规定检验以外的进口商品,收货人发现进口商品质量不合格或者残损短缺,需要由商检机构出证索赔的,应当向商检机构申请检验出证。

(2)出口商品的报验。凡出口商品列入《种类表》之内的商品、买卖合同(包括信用证)规定由商检机构检验出证的、对外贸易关系人要求由商检机构检验的、输入国政府规定需要我国商检机构检验的商品,对外贸易关系人需向商检机构申报检验。出口商品的发货人,应当在商检机构规定的地点和期限内,向商检机构报验。商检机构应当在不延误装运的期限内检验完毕,并出具证明。经过商检机构检验合格的出口商品,应当在商检机构规定的期限内报运出口,超过期限的,应当重新报验。

2. 抽样制样

样品的抽取工作是进出口商品检验的基础,商检机构接受报验后,应及时派人员到规定的地点,按规定的方法和比例对被检货物抽取样品(标本),保证样品的真实性和代表性。抽出的样品应妥善保管,以确保检验与复验的真实性。制样必须科学认真,为检验打好基础。

3. 检验鉴定

对申报的检验项目,依据有效文件的条款确定检验内容、检验标准和检验方法,然后对样品进行检验。

(1)进口商品的检验鉴定。运装进口货物的车船到岸后,商检部门应派人员到岸检勘货物的配载及受损情况。根据贸易关系人的申请,对有问题的货物及时进行检验,确定残损程度,分清责任规属;某些进口商品,如:粮食、棉花、化肥、橡胶、食糖等,必须经过商检部门检验后,才准调配使用。凡质量不符合有关规定的,则由商检部门出具检验证书,作为办理索赔或退货的依据;对重要的进口商品和大型的成套设备,收货人应当依据对外贸易合同约定,在出口国装运前进行预检验、监造或者监装,加强监督。商检机构根据需要可以派出检验人员。

(2)出口商品的检验鉴定。对《种类表》内的商品及贸易合同规定由商检机构出证的出口商品检验,一般要经过三道检验工序,即出厂检验、公司验收、出口前检验。商检机构应在发货人报检后,在不延误装运的期限内检验完毕,并出具证明。对出口的动、植物类商品,均由商检机构按国家有关规定进行检疫或卫生检验。如果买卖双方在合同中另规定有检疫条件,则可根据合同规定的条件进行检验。该类商品必须经检验合格后方准出口。生产出口货物的企业,必须申请商检机构进行包装容器的使用鉴定。使用未经鉴定合格的包装容器的危险货物,不准出口。对装运出口易腐烂变质食品的船舱和集装箱,未经检验合格的,不准装运。在合同中应标明:"以中国商品检验机构出具的检验证书作为结算依据"的条款,并对商品的品质要求尽力争取以中国有关标准为准。

(3)委托业务检验。由于世界经济一体化进程的加快,根据国际贸易的习惯做法,我国国家商检总局同许多国家的商品检验局、鉴定公司等商品检验机构建立业务关系,开展相互委托检验和公证鉴定工作。

4. 签证放行

(1)进口商品贸易。进口商品经检验后,分别签发"检验情况通知单"或"检验证书",供对外结算或索赔用。凡由收、用货单位自行验收的进口商品,如发现质量问题,应及时向商检机构申请复检。复验不合格者,签发商检证书,供对外索赔用。对于验收合格的,收、用货单位应在索赔有效期内把验收报告送商检机构销案。

(2)出口商品贸易。凡列入《种类表》的出口商品,经商检机构检验合格后签发放行单。凡合同、信用证规定由商检机构检验出证的,或外国要求签发商检证书的,按规定签发证书;不需向国外提供证书的,只发放行单。《种类表》以外的出口商品,应由商检机构检验的,经检验合格发给证书或放行单,方可出运。

(三)进出口商品检验的标准选择

进出口商品检验标准选择,通常采用的有生产国标准、进口国标准、国际通用标准和买卖双方协议标准等。

(1)商检机构及商检机构指定检验部门检验时,一般按买卖双方合同(协议)的检验标准检验。

(2)按信用证方式成交的商品,以信用证规定作为检验的依据。

(3)如合同、信用证没有规定或规定不明确的进口商品首先采用生产国现行标准;生产国没有标准的,采用国际通用标准;既没有生产国标准,又没有国际通用标准,则采用进口国家的标准检验。

(4)出口商品检验以合同规定的标准作为检验的依据。

为增强国际信誉,占领国际市场,出口商品应尽量采用国际通用标准和国际权威性标准作为商检的依据。同样,进口商品也应采用国际标准或国外先进标准作为检验的依据。

第三节 商品检验的步骤与方法

一、商品检验的步骤与内容

商品检验大多无需或不能逐件或逐个(全检)检验,除一些价值华贵的商品,如钻石、艺术品、古董等,现代商品一般按标准要求及选定的抽样方案,抽取规定的样本,再按合同或标准要求进行检验,最后以样本的质量情况推断整批商品的质量情况。商品质量检验工作程序通常包括:定标—抽样—检查—比较—判定—处理。主要操作内容如下:

(一)定标

定标是指检验前应根据合同或标准明确技术要求,掌握的检验手段和方法以及商品合格判定原则,制定商品检验计划,并确定检验批。

检验批是指一次检验的所有商品构成的整体。正确确定检验批对于简化检验结果的处理工作,确切反映商品的质量有着重要的意义。

确定检验批必须遵循如下准则:

(1)同一检验批的商品必须是同品种、同规格、同花色、同进货批次;

(2)对标有质量等级的商品,必须是同一质量等级。

(二)商品抽样

商品抽样就是在检验整批商品质量时,按合同或标准规定的抽样方案(全数检验不好在抽样问题),用科学的概率理论适用的随机抽取方法,从中抽取具有代表性的一定数量的样品,作为评定该批商品质量的依据的工作。

在实际工作中,对商品质量进行抽样检验,首先要确定抽样方案。按质量特征,可分为计数抽样和计量抽样;按商品批量可分为百分比抽样和随机抽样。

1. 计数抽样

凡在判断一批产品是否合格时,只用到样本中不合格的个数,而不考虑样本中各单位产品之特性的测试值如何的检验,来进行评定产品质量的合格方法,称为计数抽样方案。

在商品检验中,有些商品质量特征是离散的,它的质量只能用离散的尺度来衡量,例如:一块棉布上的疵点数;一件铸件上的气泡和沙眼个数。这种衡量一个单位产品质量的方法叫"计点"的方法。有些产品质量特征不能定量地衡量,通常只把每个这样的单位产品定性地划分为好的与坏的,合格的与不合格的。这种衡量一个单位产品质量的方法叫"计件"的方法。"计点"与"计件"统一称为计数,特点是它们是不连续的,只能出现 0,1,2,3……非负数,不可能是小数。因此,当无法测定质量特征数据时,往往采用计数抽样方法。

2. 计量抽样

有些产品的质量可以用一个连续的特征量来衡量,如玻璃的化学成分、食品中的水分含量、电阻器的阻值等,均可用连续的特征量衡量产品的质量特征。这种用连续的特征量衡量产品质量特征的方法,称为计量抽样方法。当商品质量特征可以用量具具体测定数据的,往往可采用这种方法。

3. 百分比抽样

百分比抽样是指不论商品的批量大小如何,按同样的百分比抽取样本,并且在样本中允许不合格品个数是相同的抽样方法。此法简便易行,容易操作,但其有不同合理的一面。对于受检批量大的产品抽取的样品数量多,受检批量小的产品抽取的样品数量少,检验时由于样品数量不同,必然出现合格品率与不合格品率的机遇大小不同。例如:按5%抽样,批量为1 000的抽50个单位;批量为100的只需抽5个单位的样品。两者都不允许有不合格品。显然,前者出现不合格品的可能性比后者大。如果产品质量很好,样品的多少对合格与不合格品率的出现影响的可能性会小;如果产品质量很差,那么,样品的多少对合格与不合格品率的出现影响的可能性会大。因此,采用此法,经抽验判断为合格的大批量产品的质量,比经过抽验判断为小批量产品的平均质量要好。因此,检验小批量产品,无论其质量如何,为准确鉴定商品质量,一般不采用此法。国际上一般不承认这种抽样检验方法所得到的产品质量结果。

4. 随机抽样

随机抽样是指抽样者不带有主观偏向,完全用随意的方法抽取样品,被检批中的任一单位产品,都有同等机会被抽取的抽样方法。目前,随机抽样方法主要有以下几种:

(1) 单纯随机抽样(简单随机抽样)。对受检的全部产品完全做到随机化抽取。通常利用随机数表,直接从交验批中抽取试样。步骤为:抽取前,先将交验批产品逐一编号,编号次序与方法不受任何限制,然后用铅笔尖在随机数表中任意指定一点,从所指定数开始,依次选取与样品相等的号码个数,按选取的号码抽取样品。

此方法看似简单,其实操作复杂,不合格品显示率较低,特别是对大批量且质量好的产品,不合格出现率会更低,并且编号难度大,可能漏掉集中性产品的缺陷。此方法适用个体差异较小和所需抽样的样本较少的情况。

(2) 分层随机抽样(分类随机抽样)。这是先将一批同类商品划分为若干部分,然后从每部分中随机抽取若干试样,将从各部分中随机抽取的样品作为检查整批产品的试样的方法。

分层随机抽样是比较科学的抽样方法,作法较简单,操作也较方便。因产品生产过程中的质量事故的出现常常是间隔地产生的,批量产品质量的不稳定性也自然地间隔出现。因此,分层随机抽样能克服单纯随机抽样可能会漏掉的集中性缺陷。此方法适用于初步了解所检验产品总体的状况,基本上能够把产品总体分成若干层次和明白每一等次约占总体比例多少时的情况。

(3) 多段随机抽样。先随机抽取几个小部分,再从所抽取的小部分中随机抽取若干个产品,作为检验试样。当检查批分成小部分时,如果各小部分包装严密,则适宜用此法。

(4) 系统随机抽样(规律性随机抽样),即按一定规律从整批同类商品中抽取样品的方法。具体方法是:对一批同类商品或同批商品,先按顺序编号,按自然数排列,如1、2、3、4……然后,任意选定某个数为采样的基准号码,如选定 5 为基准号码,则逢 5(如 5、15、25 等)的商品为试样。此种方法抽样,试样在商品中分布比较均匀,故更有代表性。

系统随机抽样是比较科学的抽样方法,具有广泛的应用性。但此法不适用于产品质量缺陷呈规律性变化的商品。

抽样方案确定后,具体取样时,必须根据样品的不同状态采用不同的操作手段,才能备样精确。

① 固体商品取样。粒状商品一般按每批进出库商品的 5% 取样;对散装的,则从五个部位取样,然后再混合。最后采用"四分法",把样品研细成粉末状,准备装入磨口瓶备用。

② 半固体商品取样。对半固体商品取样时应先搅匀,若不能搅匀,可从上、中、下层取样,或以直径 1.5~2cm 的硬质玻璃管,在容器中心内慢慢下插取出样品放入容器内,待各样品抽齐混合均匀后(约250克),把样品装入广口瓶中备用。

③ 液体商品取样。取样前充分搅匀,用取样瓶在原装容器的上、中、下三个部位取样。如果样品由于搅拌有些浑浊,待其沉淀后,方可进行检验。检验前应先做感官、物理鉴定,如果不符合要求,则不予检验。

分析用样品,须装入清洁干燥的容器内,塞紧样瓶以防吸潮或样品中水分蒸发。同时写明名称、等级、日期、数量、批次、单位等，放置于阴凉、干燥的地方保持一段时期，以备复验。

(三) 检查

检查是在规定的环境条件下，用规定的试验设备和试验方法检测样品的质量特性。

(四) 数据分析与处理

对检验所得数据的处理是商品检验过程中的一项重要工作。一般对非直观数据，均规定用算术平均值或其他特定数据计算值表示。

1. 测量数据的方法

商品质量检验都是通过分析商品的化学变化、物理变化、微生物变化所得到的结果，作为评定商品质量优劣及使用价值大小的依据。在检验过程中，不仅需要观察变化的现象，更需要检测出准确的数据。测量方法一般为直接测量法和间接测量法：

(1) 直接测量法，即利用各种仪器直接显示出被测物的各指标数据的方法。如用天平称出物质的重量；用尺量出商品的长度等。

(2) 间接测量法，即将直接测量出的数据，再运用一定的关系式进行换算所得数据的方法。

2. 测量数据处理

实际测量中往往会产生误差。实测值 X 与被测量的真值 μ 之间差值即为测量误差 Y，其关系为：

$$\mu = X + Y$$

测量过程中产生的误差，按性质和特点，可分为两种：

(1) 系统误差。它是由固定的原因造成的，并具有一定的规律性，可以是一个符号和数值都不变的定值，也可以是一个按某一规律改变其大小和符号的变值。系统误差按其来源可分为仪器误差、分析方法误差、外界误差(也称环境误差)和人身误差等。

在系统误差中,误差的出现是有规律性的,其产生的原因往往是可知的或能掌握的。一般来说,首先应尽量设法预见各种误差的来源,并尽量消除其影响;其次是设法确定或估计出能消除的系统误差之值。在一般测量中,测量的准确度是由系统误差来表示的。如果系统误差很小,则说明测量结果是很准确的。如果存在某项系统误差而我们还未发现,这就会造成很严重的后果。

(2) 偶然误差。产生这类误差的原因是不固定的,往往一时难以察觉,多由一些不能预见的因素波动而引起的,或由于观察者一时辨别的差异,也可能因观察者视觉、听觉或其他感官敏锐度的限制而造成误差。

为减少偶然误差,除在操作时要认真仔细外,还要对被测物反复测量数次,求出其平均值,使其数据尽可能准确。

3. 定量分析结果处理

分析测定结果所允许误差大小,一般应按分析工作的要求来决定。一般对每个试样平行测定 2~3 次,然后算出结果的相对平均偏差,若相对偏差小于或 0.3%,可认为合乎要求,便可取其平均值写出实验报告,否则需要重新做。但对要求非常准确的分析(如标准试样的成分测定),则需进行多次测试,用统计方法处理。

平行测试中,个别偏离其他数据较远的值称为可疑值,一般根据误差理论的规定,决定其取舍,常用方法有四倍法、Q-检验法等。

4. 有效数字的修约与运算规则

在处理数据时,常会遇到一些准确度不同的数据,为了节省时间和避免计算引起的错误,需按一定规则进行修约再行计算。基本原则是:

(1) 记录测定数值时,只保留一位可疑数字。

(2) 当有效数字位数确定后,尾数按"上舍六入五成双"的规则舍弃。

(3) 计算有效数字位数时,若第一位有效数字等于 8 或大于 8,其有效数字位数可多算一位。如:9.37 实际上只有三位,但它已接近于 10.00,故可认为是四位有效数字。

(4) 加减法。当几个数据相加或相减时,它们的和或差的有效数字的保留,应以小数点后数量少(即绝对误差最大)的数据为依据。例如:0.0123、24.84、1.05783 三数相加,计算时,首先整理到保留二位小数,即 0.01、24.84、1.06,然后再相加求和。如果数据运算量较大时,为使误差不影响结果,对参加运算的所有数据,可以多保留一位数字。如计算 5.2727、0.075、3.7、2.12 四数之和,首先整理为 5.27、0.08、3.7、2.12,再求和。

(5) 乘除法。几个数据相乘相除的,积或商的有效数字依据有效数字最小的那个数。

(五) 比较与处理

比较是通过检查数据分析结果同技术要求比较,衡量其结果是否符合质量要求,进而由合格判定原则判定商品批是否合格,并作出是否接收的结论。处理是对检验结果出具检验报告,反馈质量信息,并对不合格品及不合格批分别作出处理。

二、商品质量检验方法

商品质量检验的方法很多,一般有感官检验、理化检验和实用检验三种方法。这些检验方法在实际工作中,常常按照商品的不同质量特性进行选择和相互配合使用。

(一) 感官检验方法

感官检验是在一定的条件下,运用人的感觉器官对商品的感官质量特性作出判断的评价和检验方法。它简便易行,快速灵活,成本低,特别适用于目前还不能用其他检验方法检验的商品某些质量指标和不具备组织其他检验方法的情况。其涉及的商品很多,如食品、药品、纺织品、化妆品、家用电器和化工商品等。但也存在有不足,它受检验人员的生理、健康状况、技能、工作经验及客观环境等因素的影响,检验效果带有一定的主观性,难以用确切的数据表示其结果。

1. 感官检验的类别及内容

按照人的感觉器官的不同,感官检验可分为视觉检验、嗅觉检验、味觉检验、听觉检验和触觉检验。具体内容如下:

(1) 视觉检验。视觉检验是用人的视觉来检查商品的外形、结构、颜色、光泽、以及表面状态、疵点等质量特性的检验方法。光线的强弱、照射方向、背景对比以及检验人员的生理、心理和专业能力都会影响视觉检验效果。为了提高视觉检验的可靠性,应做到以下几点:第一,为使对商品外观的评定有所依据,某些商品应制定标准样品;第二,检验者应具有丰富的关于被检验商品形态方面的知识,并熟悉标准样品各等级的条件、特征和界限;第三,必须在标准照明条件下和适宜的环境中进行。

(2) 嗅觉检验。嗅觉检验是通过人的嗅觉检查商品的气味,进而评价商品质量的检验方法。嗅觉检验的结果能否正确反映商品的品质,除受检验者的生理条件和检验经验的影响外,受检验场所的清洁、有无异味的影响很大。为了保证嗅觉检验的工作质量,应做到:第一,必须对检验人员进行测试、严格选择和培训;第二,在检验中应避免检验人员的嗅觉器官长时间与强烈的挥发物质接触,防止嗅觉钝化;第三,保持检验场所的清洁卫生,防止产生串味现象。

(3) 味觉检验,即利用人的味觉,对有一定滋味的商品的检验。人的基本味觉有甜、酸、苦、咸四种。味觉常常与其他感觉相联系。味刺激受温度、时间的长短等因素影响很大。为了提高味觉检验的效果,一方面要求检验人员必须具有辨别基本味觉特征的能力,并且被检样品的温度要与对照样品温度一致;另一方面要采用正确的检验方法,遵循一定的规程。此外,对于有特殊味的商品,其评价标准应以嗜好者的感受为准。

(4) 听觉检验。这是凭借人的听觉来检查商品质量的方法。听觉检验很难用仪器测定来替代,如乐器、音响等商品的效果,至今尚无法用仪器来测定。听觉检验需要检验者具有丰富的专业知识,也需要适宜的环境条件,避免外界因素对听觉灵敏度的影响。

(5) 触觉检验。这是通过人的触觉感受器官对被检商品作用的反应来检验商品质量的方法。主要应用于纸、塑料、纺织品和食品的一些质量指标的评价,如表面张力、强度、厚度、弹性、紧密程度和软硬程度等指标。触觉检验时,应注意环境条件的稳定和保持人的触觉感受器处于正常状态,要加强检验人员的专门培训。

2. 感观量

感观量是指感官检验时,人的感觉器官对检验对象的反映值。感观量是用语言来表述的。

由于商品的质量特性具有客观性和主观性的特点,反映到感官检验时也表现为两种状况,即人的感觉器官直观判断的客观存在的质量特性和受检验人员主观因素影响很大的质量特性。表现在感观量上,也有两种感观量:

(1) Ⅰ类感观量。这是对被检对象固有的质量特性的判断值,不受人的主观因素影响,是一种客观存在的真实反映。它可以有统一的评价标准,必要时可借助仪器进行测定,如糖果的透明度和甜度、苹果的色泽和硬度等。

(2) Ⅱ类感观量。这是对被检查对象与人的主观感觉有关的质量特性的反映值,受人的主观因素影响很大,如嗜好、习惯、素质、经验、情绪等。其评价难有客观统一的标准,只能是一种相对的、模糊的评价结果。

3. 感官检验的方法

在感官检验中,由于感观量的获得主要依靠绝对判断、比较判断和顺序判断,因此,根据判断的方式不同。感官检验的方法主要

有以下三类:

(1) 差别检验。这种方法用于确定两种样品之间是否存在着感官差别。例如检验某种商品与准备样品感官特性上是否有差别,或检验经过一段时间储存后商品的风味是否有改变等。其方法有:成对比较检验、三点检验、A—非A检验、二—三点检验、五中取二检验等。其检验结果主要运用统计学的二项分布参数检验。

(2) 使用标度和类别检验。这种方法涉及两种以上的商品,在经过差别检验并确定其具有明显差别的基础上,为进一步估计差别的顺序或大小,或估计样品的规属的类别,则使用这类方法。主要有排序、量值估计、评分、评估、分类等方法。这些方法都是建立在不同标度基础上的。标度是指报告评价结果所使用的尺度,有名义标度、顺序标度、等距标度和比率标度四类。分类法使用名义标度,它是将商品分成几个不同的类别,并不提供类别之间关系的信息。顺序标度是以预先确定的单位或以连续级数作单位的一种标度,它既无绝对零点又无相等单位。因此,这种标度只能提供对象强度的顺序,而不能提供对象之间差异的大小。排序法和评估法使用顺序标度。等距标度是有相等单位但无绝对零点的标度。相等单位是指以相同的数字间隔代表相同的感官知觉。等距标度可度量对象强度差异大小,但无法比较对象强度之间的比率。评分法使用等距标度。比率标度是既有绝对零点又有相等单位的标度。它不仅能度量对象强度之间的绝对差异,也能度量对象强度之间的比率,是一种最精确的标度。量值估计法使用比率标度,评分法也可使用这种标度。

(3) 分析或描述性检验。这种检验方法用于识别和尽可能定量指出样品中出现的感官特性,主要有简单描述检验、定量描述检验和感官剖面检验。简单描述检验要求评价员对构成商品的各个特性指标进行定性描述,尽量完整地描述出商品质量,适用于一个或多个样品,常用于质量检验和判定、商品在储存期间的变化等。

定量描述和感官剖面检验要求评价人员用一种可以复现的方式描述和评价商品的感官特性,并给出这些特性特征强度值,然后用这些结果建立起商品的感官剖面,以便对商品的各种感官特性得出一个总印象。此法可运用于质量控制、确定商品之间差别的性质、商品品质改良、新商品研制等。

(二) 理化检验法

理化检验法是在一定的环境条件下,利用各种仪器设备和化学试剂来测定和分析商品质量的方法。它主要用于应用商品内在质量的分析,如商品成分、结构、物理性质、化学性质、安全性、生物学性质、微生物检验、机械性能、卫生性以及对环境的污染和破坏性等。它比感官检验客观、准确,技术性强,能用具体数据定量说明商品的检验结果。但对检验设备和条件要求严格,对检验人员的素质要求较高。

理化检验法根据其原理可分为物理检验法、化学检验法和生物学检验法。

1. 物理检验法

这是利用各种仪器、器具对商品的物理量(如商品的长度、细度、厚度、密度、细微结构、熔点、耐热性、电学和机械性能等)及外界(如力、电、声、光、热等)作用下表现的物理性能变化的测试,进而评价商品质量的方法。根据采用的测试仪器和具体方法,通常分为一般物理检验法、光学检验法、力学检验法和电学检验法等。

要保证物理检验法测量结果的准确性,必须研究具体方法是否符合商品的性能的要求,注意在测量过程中实验条件的变化和误差的产生,特别要注意仪器的调试和正确使用。

2. 化学检验法

这是用化学试剂和仪器对商品的化学性质、化学成分及含量进行测定,从而评价商品质量的方法。按照具体操作方法,它可分为化学分析法和仪器分析法;按照分析法,可分为定性分析和定量分析。

(1) 化学分析法。这是根据已知的、能定量完成的化学反应进行分析的方法。它又可分为重量分析法、容量分析法和气体分析法。

重量分析法是一种较准确的分析方法,它选择某种试剂与被测定成分反应,生成一种难溶的沉淀物,通过洗涤、干燥、燃烧一系列的过程,使沉淀与其他成分分离,根据这种沉淀物的重量计算被测成分的含量。有时并不测定沉淀的重量,而是测定试样,经烘干、燃烧或用其他方法处理后所损失的重量。如用燃烧法测定原料中的灰分,用干燥法测定食品中的水分等。

容量分析法是在被测定成分溶液中,滴加一种已知准确浓度的试剂(标准溶液),根据它们反应完全时所消耗标准溶液的体积计算出被测成分的含量。常用的方法有:氧化还原法、络合滴定法、酸碱滴定法等。

气体分析法是用适当的吸收剂吸收试样(混合气体)中的被测成分,从气体体积的变化来确定被测成分的含量。

(2) 仪器分析法。这是一类通过检验试样的光学性质、电化学性质等而求出待测成分含量的化学检验法。它包括光学分析法和电化学分析法。

光学分析法是通过被测成分吸收或发射电磁辐射的特性差异来进行化学鉴定的,具体有比色法、分光光度法、核磁共振波谱法、荧光光谱法、发射光谱法等。

电化学分析法是利用被测物的化学组成与电物理量(电极电位、电流、电量或电导等)之间的定量关系来确定被测物的组成和含量,它包括伏安法、极谱法、电位滴定法、电导滴定法、电解分析法等。

仪器分析法适用于微量成分含量的分析,操作较简便、快捷,但对某些成分灵敏度较低,不如化学分析法准确,且处理较费时,仪器价格较贵,对操作人员要求较高,从而应用有一定的局限性。

3. 生物学检验法

商品的生物学特征和相应的标准与其物理和化学特性有着明显的区别。物理和化学的特征仅能表示出商品的一定性质和化学组成,而生物学的特征既能表示出生物学因素的一定性质,又能同时说明商品的质量状态。在实践中此法的应用还有一定的局限性,一般用来测定细胞的结构、形态,细胞膜的特性,有毒物品的毒性大小等方面,还广泛应用于测定食品的可消化率、发热量和维生素的含量等。主要用于食品类、医药类和日用工业品的质量检验。

能引起商品性质和质量变化的生物学因素一般可分为三类:

第一类是商品中所含的酶。酶直接存在于某些商品及原料中,如肉、鱼、粮食等,称为"内在生物学因素"。

第二类是商品的动物性害虫。侵袭商品的动物性害虫很多,如昆虫、粉蛾、啮齿动物等。

第三类是损害商品的微生物。微生物很多,这里系指非病原性微生物,由于它们的存在常使商品质量发生变化。

不同性质的商品在不同的条件下会受到不同的生物学因素的影响,引起商品性质和质量的变化,这是商品在不同的物流条件下发生损耗的重要因素。

生物学检验包括微生物学检验法和生理学检验法。

(1) 微生物检验法。这是利用显微镜观察法、培养法、分离法和形态观察法等,对商品中有害微生物存在与否及其存在数量进行检验,并判定其是否超过允许限度的方法。这些有害微生物包括大肠杆菌、致病性微生物、霉腐微生物等,它们直接危害人体健康及商品的安全储存。

检验中菌的多少通常用感染度表示。感染度指1克、1立方厘米或1平方厘米的商品中所存在的微生物数目。测量单位视商品及密度而定。不同种类的菌落数目标准是不同的。

在食品卫生检验时,细菌总数及大肠杆菌的检验是其主要检验的指标。细菌总数是指1克或1毫升食品,在一定条件下经培养后,所得到的细菌菌落的数目。它是说明食品被污染程度的指标。也可以应用这一方法,观察细菌在食品中繁殖的动态,以便对被检样品进行卫生学评价时提供依据。大肠杆菌是一群在37℃、24小时能发酵乳糖、产酸、产气、需氧和兼性厌氧革兰氏阴性无芽孢杆菌。有致病性大肠杆菌和非致病性大肠杆菌,前者在食品中不允许检出,后者有最大限度限制。另外,沙门氏菌、志贺氏菌等也常常成为食品检验中的一个重要项目。

(2) 生理学检验法。此法主要用于检验食品的可消化率、发热量、维生素和矿物质对机体的作用以及食品和其他商品中某些成分的毒性等。该法多用于活体动物试验,即生物试验。许多商品只有经过无毒害生物试验后,才能在人体上进行试验,确认对人体无害后,经有关部门批准,才能获得进入市场的资格。

有毒物品的毒性通常分为急性毒性与慢性毒性。作用程度的大小常用"致死中量"来表示,即毒害品急性毒性的大小。它是经生物试验,运用数理统计方法测定的。

"致死中量"又叫"半数致死量",用符号"LD50"表示。其含义是:有毒物品的急性毒性(一定量的毒物一次对动物所产生的毒害作用)能使一群试验动物(如小白鼠、小白兔等)死亡50%时,每千克体重的毒物用量(毫克/千克体重)。其值越小,表示毒物的毒性越大;其值越大,表示毒物的毒性越小。毒物毒性的表示,是用LD50的倒数(1/LD50)来表示的。

(三) 实用性检验

1. 实用性检验的含义

实用性检验是通过模拟实际使用或消费者实际使用等手段来检验商品质量的方法。现代商品质量的最终评判应该是消费者的市场检验,主要观点如下：

(1) 影响商品质量的某些因素很难通过感官检验和理化检验方法进行精确判定。例如,影响商品质量的一些社会性因素,只有通过广大消费者在选择商品的判断中才能得出一个适当的评价。

(2) 影响商品质量的某些因素,虽然能够通过感官检验、理化检验等方法进行评判,但这些评判,还不能精确稳定地反映这些因素在不同地区、时间、不同使用方法等前提下的具体情况。例如,汽车的安全性能指标的测试就必须模拟实际使用来测定。

(3) 影响商品质量的某些因素必须通过实际使用才能得出一个全面的评定。例如,纺织材料的过敏性反应、新药剂的使用效果和副作用等,除了应用感官检验、理化检验的方法以外,还需要通过试穿、试用和临床试验等实际使用,才能得出科学的、全面的检验结果。

2. 实用性检验的方法

由于商品实用性检验过程处于一个特定的环境条件中,所以不仅要采用感官和理化检验中应用到的各种方法,还要充分结合商品社会质量评价的方法。也就是说,既要全面测定在模拟实际使用中或消费者实际使用中商品因本身内在因素如材料、设计、生产等因素的影响以及商品受到外在因素如声、光、电、热、力、化学试剂、生物、酶等因素的影响,还要充分考虑到整个社会的审美、文化、心理等因素对商品使用质量的影响。

(1) 模拟不同的使用环境。如汽车的安全气囊就是通过模拟汽车发生事故的环境进行碰撞试验来检验其质量指标的等。

(2) 试用、试穿。

(3) 消费者的信息反馈。

第四节 质量认证

一、质量认证的含义与作用

(一) 质量认证的含义

"认证"在英文里的原义是一种出具证明文件的行动,当用作"质量认证"时则具有进一步的含义。

质量认证也称合格认证,国际标准化组织曾先后下了三个定义。ISO 指南 2—1983《标准化认证与实验室认可的一般术语及其定义》的定义为:用合格证书或合格标志的方法证明某一产品或服务符合特定的标准或技术规范的活动。《ISO/IEC 指南 2—1986》中定义为:由可以充分证实某一经鉴定的产品或服务符合特定标准或规范性文件的活动。在《ISO/IEC 指南 2—1991》中定义为:第三方依据程序对产品、过程或服务符合规定的要求给予书面特征(合格证书)。

《中华人民共和国产品质量认证管理条例》(1991 年 5 月 7 日国务院发布)第二条规定:产品质量认证是依据产品标准和相应技术要求,经认证机构确认并通过颁发认证证书和认证标志来证明某一产品符合相应标准和相应技术要求的活动。

上述关于质量认证的定义表明,质量认证是根据相应标准和有关技术规范对企业的某一产品或服务进行试验或检查,如果该产品符合这些标准或技术规范,则发给该企业有关产品的认证合格证书,允许该产品出厂时使用合格标志,以证明该产品或服务符合相应的标准或技术规范的活动。

(二) 质量认证的特点

(1) 质量认证的对象是产品或服务。这里所说的"产品"是广义的概念,除了一般概念的产品外,还包括加工技术,如电镀、焊接、热处理等等。而"服务"则是指服务性行业,如旅馆、邮电、保险、商业、银行等等。目前,世界各国实行的质量认证,其对象主要是产品(商品),因此,常常称为产品(商品)质量认证或产品(商品)认证。

(2) 认证的依据是标准和技术规范。判断被认证的对象是否合格的依据是其质量指标是否达到相关标准和技术规范所规定的范围。

(3) 取得认证资格的证明方式是合格证书或合格标志。

(4) 质量认证是第三方从事的活动。所谓"第三方"是指其与生产企业(又称第一方)和产品采购者(又称第二方)都没有任何行政上的隶属关系和经济上的利害关系的一方。如国家技术监督局是世界上公认的公正的第三方,此外,独立于政府机构的质量管理协会、独立的检验机构、认证机构等也属于第三方。

(三) 质量认证的作用

(1) 有助于消费者选购满意的商品。

(2) 为生产企业带来信誉,争取到更多的利润。

(3) 可以节省大量的社会重复检查费用。

(4) 有利于减少人身伤害和财产损失。

(5) 有助于提高产品在国际市场上的竞争能力。

(6) 是供方取得需方信任的手段。

(四) 质量认证的类型

质量认证包括产品(商品)质量认证、质量体系认证和实验室认证三种类型。

1. 产品(商品)质量认证

产品(商品)质量认证是依据产品标准和相应技术规范要求,经认证机构确认并通过颁发认证证书和认证标志来证明某一产品符合相应标准和技术要求的活动。

2. 体系认证

其包括质量体系认证、环境管理体系认证和安全体系认证。

(1) 质量体系认证。质量体系认证是指对供方(生产方)的质量体系实施第三方评定和注册的活动。评定合格者由第三方机构颁发质量体系认证证书,并给予注册。其目的在于通过评定和事后监督来证明供方质量体系符合并满足需方对该体系规定的要求,对供方的质量管理能力予以独立的证实。目前,世界各国大都按照国际通用的 ISO9000 质量管理和质量保证系列标准开展质量体系认证。

(2) 环境管理体系认证。环境管理体系认证是指由第三方公证机构依据公开分布的环境管理标准,对供方的环境管理体系实施评定的活动。评定合格者由第三方机构颁发环境管理体系认证证书,并给予注册公布,证明供方具有按既定环境保护标准和法规要求提供产品的环境保护能力。

(3) 安全体系认证。这是指由第三方公证机构依据公开发布的安全体系标准,对供方的安全保证体系实施评定,证明供方具有按规定安全标准要求提供产品的安全保证能力的活动。

3. 实验室认证

实验室认证是指依据认可准则和一定的技术标准,由专家组对实验室的组织管理能力和技术能力进行审查评定的活动。评定合格的由认证机构颁发认证证书,并给予注册公布,证明该实验室为认证机构认可检测实验室,其检验结果社会公认。实验室认证也称为实验室认可,主要包括检测实验室认可、检验人员认可和评审人员认可。

二、产品质量认证的分类

产品质量认证根据不同的分类标志可以分为以下一些类别:

1. 按认证的法律性质划分

按认证的法律性质划分,可分为强制性认证和自愿性认证。

(1) 强制性认证。这是指通过国家法律、法规或规章规定执行的认证。凡属于强制性认证的产品,必须经过认证,否则不准生产、销售和进口。实行强制性认证的产品,主要是指涉及安全、卫生、环境保护方面的产品。

(2)自愿性认证。这是指生产企业根据自身的实际情况,自愿申请认证或取消认证。自愿性认证的产品是指除与人体健康和人身、财产安全有关的以外的产品。根据我国规定,实施自愿认证的产品,实行合格认证。

2. 按认证的内容划分

按认证内容划分,可分为安全认证、合格认证和质量、安全同时认证。

(1)安全认证。对于关系国计民生的重大产品,有关人身安全、健康的产品,必须实行安全认证。此外,实行安全认证的产品,必须符合有关强制性标准要求。

(2)合格认证。凡实行合格认证的产品,必须符合有关的国家标准或行业标准要求。

(3)质量、安全同时认证。同时要进行两种认证,产品使用合格标志和安全标志。

3. 按认证范围划分

按认证范围划分,可分为国际认证、区域性认证和国家认证。

(1)国际认证。它以国际标准化组织和国际电工委员会通过的标准为依据,以其认证委员会认证原则作指导的认证。国际认证对消除国际贸易壁垒,促进国际贸易的发展具有明显的作用。

(2)区域性认证。这是指由若干个国家和地区,根据自愿的原则自行组织起来,按照共同认定的标准,以及一定的规范而进行的认证。一般来说,经过本区域性组织成员国认证管理机构认证的产品,其他成员国认证机构就予以承认。区域性认证最典型的是欧共体的区域认证。

(3)国家认证。这是一国范围内的质量认证,它是以国家标准为依据的认证。

三、质量认证制度的基本内容

（一）质量认证制的基本要素

质量认证制的基本要素主要包括有：型式试验、质量体系检查、监督检验和监督检查四项。前两个要素是取得认证资格必须具备的基本条件，后两个要素是认证后的监督措施。

1. 型式试验

这是指为证明产品质量符合产品质量标准的全部要求，对产品所进行的抽样检验。它是整个质量认证制度的基础。

2. 质量体系检查

这是指对产品的生产企业的质量保证能力进行检查和评定。其目的是证实企业具备持续、稳定地生产符合标准要求的产品的能力。

3. 监督检验

这是对获准认证后的产品进行监督的措施。它是从生产企业的最终产品中，或从市场上抽取样品，由认可的独立检验机构进行检验的。如果检验结果证明继续符合标准的要求，则允许继续使用认证标志；如果不符合，则需根据具体情况采取必要的措施，防止在不符合标准的产品上使用认证标志。监督检验的周期一般每年2～4次。

4. 监督检查

对取得认证资格的生产企业的质量保证能力进行定期复查，这是保证认证产品的质量能持续符合标准的根本性的监督措施。监督检查的内容可比首次的质量体系检查简单一些，重点是查看首次检查中发现的不符合项是否已经有效改正，质量体系的修改是否能确保达到质量要求，并通过查阅有关的质量记录证实质量体系。

（二）质量认证制的主要类型

目前，世界各国的质量认证制度主要有八种类型：

1. 型式试验

这是按规定的试验(或检验)方法由"认可的独立检验机构"对产品的样品进行试验(或检验),以证明样品符合指定的标准或技术规范的全部要求的质量认证制度。

2. 型式试验加认证后监督—市场抽样检验

它对第一种型式试验的基础上进行认证后的监督。其方法是按规定从市场上的商品中或从批发商、零售商的仓库中随机抽样进行检验,以证明认证产品的质量能持续符合标准或技术规范的要求。

3. 型式试验加认证后监督—工厂抽样检验

这种质量认证制度与第二种类似,只是监督的方式有所不同,它不是从市场上抽样,而是从生产厂发货的产品中随机抽样进行检验。

4. 型式试验加认证后监督—市场和工厂抽样检验

这种认证制度是第二、第三种认证制度的综合,监督所用的样品,既要从市场上随机抽样,又要从工厂中随机抽样。很显然其认证的有效性强于第二、第三两种认证。

5. 型式试验加工质量体系评定加认证后监督—质量体系复查加市场和工厂抽样检验

这种质量认证制度的显著特点是:在批准认证资格条件中增加了对产品生产企业的质量体系的检查、评定,在批准认证后的监督措施中也增加了对生产企业的质量体系的复查,同时还要进行工厂和市场抽样检验。

6. 工厂质量体系评定

这种质量认证制度是对生产厂按所要求的技术标准生产产品的质量体系进行检查、评定;或者是对服务业为保证服务质量所需的质量体系进行检查、评定。这种质量体系评定也称为质量体系认证。

7. 批检

根据规定的抽样方案,对一批产品进行抽样检验,并据此做出该批产品是否符合标准或技术规范的判断,这就称批检。

8. 全检(百分之百检验)

对每一件产品在出厂前都要依据标准或技术规范经认可的独立检验机构进行检验,这就称全检。

说明:

(1) 型式试验是构成多种类型质量认证制度的基础,由认可的独立检验机构执行。进行型式试验要具备以下相应的条件:① 必须有科学的试验方法。② 必须具备相应试验条件的实验室,包括人员素质和各种仪器设备。③ 抽取的样品必须具有代表性,即必须按照标准规定的数量,从一定批量中随机取样。④ 实验室必须按照认可资格范围,从事认证产品的检验工作。

(2) 第一种认证制度只单纯进行产品的抽样检验,无任何监督措施。认证机构只证明提交试验的样品的质量符合标准,不证明以后生产的同样产品继续符合标准。认证机构只向申请企业颁发合格证书,而该合格证书是不能用于广告宣传等公开场合的;此外不使用认证标志。所以,这种认证制度所提供的信任程度和适用范围是很有限的。欧洲有些国家实行这种认证制度,主要是证明产品设计满足规范的全部要求,所以也称这种认证制度为"型式认可"或"型式批准"。

(3) 第二、第三、第四种认证制度,都是在型式试验的基础上增加了对产品质量能否持续保证的监督措施,因此,所提供的信任度增加了,适用范围也增加了。由于在市场上抽样比在工厂抽样更能反映产品质量的真实情况,所以第二种优于第三种;很显然,第四种又比第二种和第三种更好些。

(4) 第五种认证制度包括了质量认证制度的全部四项基本要素,无论取得认证资格的基本条件,还是认证后的监督措施,都是最完善的,因而能向消费者、采购方提供最大的信任度。所以,第五种认证制度是各国普遍采用的类型,也是 ISO 向全球优先推荐的一种认证制度,ISO 出版的所有有关认证工作的指南,都是以这种认证制度为基础的。

(5) 第六种认证制度的对象是生产企业的质量体系,即生产企业按用户要求或按既定规范要求生产产品的质量保证能力,其监督措施也只是定期对质量体系进行复审,因此,按这种认证制度审查批准的企业,不能在其出厂的产品上使用产品质量认证标志。这种认证制度主要适合于:产品没有适用于质量认证的国家或行业标准,而顾客、采购方又希望他所买到的产品是可以信赖的;同时,企业也希望得到公正的第三方机构的证明,以提高企业的质量声誉的这样一种特殊情况。需要特别说明的是:"没有适用于质量认证的国家标准或行业标准",并不意味着就可以无标生产,它同样需要按某种标准或规范生产——按企业自己制定的规范、标准或订货方的质量要求生产;没有型式试验这一质量认证的基本要素,同样并不意味着不对产品质量进行抽样检验,只不过是按订货方的质量要求或企业规范来进行抽样检验。有的国家对这种认证制度比较重视,如英国的 BS5750 质量保证标准就是用于这种认证的,在英国称之为"公司注册"。

第七种认证制度是对特定的某批产品质量进行认证,显然这是一次性的认证,因此不存在后续监督的问题。第八种认证制度规定 100% 的产品都要经认可的独立检验机构检验,显然,质量成本很高。因此,除非政府有专门的法律规定外,一般不采用。如英国和法国政府对体温表规定,必须经政府指定的检验机构 100% 检验,合格后打上标志才能出售。

(三) 实施质量认证的机构

实施产品质量认证制度必须有三个机构工作,即认证机构、检验机构和检查机构。

1. 认证机构——一个能充分信任的第三方认证机构

它是依据政府的法律文件建立的,具有合法性、公正性和权威性,并能履行以下职责:制定质量认证管理条例、实施细则等法规性文件,并组织贯彻执行;发布认证标志,并监督认证标志的正确使用;对检查机构进行监督,使其公正地执行产品质量检验任务;对检查机构进行监督,使其公正地检查、评定企业的质量保证能力;举办注册检查员学习班,使他们能掌握质量管理和质量保证的知识,掌握检查、评定的办法;接受企业提出的认证申请,安排产品检验和企业质量保证能力的检查、评定;审查产品检验报告和企业质量保证能力检查报告,批准产品认证,颁发认证证书;公布批准认证的产品及其生产厂家的名单。

2. 检验机构——认可独立的产品检验机构

它的任务是:根据认证机构的委托,对申请认证的产品的样品按指定的标准进行检验,证明其是否符合规定标准的要求,向认证机构提交产品检验报告。

3. 检查机构——企业质量保证能力的检查机构

其任务是:根据认证机构的委托,指派注册员,按认证机构规定的要求,对申请企业的质量保证能力进行检查、评定,做出是否可以接受的评价,向认证机构提交检查报告。

(四)产品质量认证的实施内容

产品质量认证的具体实施内容主要有:

(1)产品的功能审核。产品的功能审核是产品质量认证最重要的审核内容。主要审核产品的性能、产品的安全性、产品的可靠性和寿命、产品的可维修性、产品销售竞争上有无特色、产品接口特性、产品配套完整性等。

(2)产品的外观质量审核。产品的外观尺寸、形状的一致性;产品的外观有无碰伤、压伤、划伤;产品的标签或印证有无错误或模糊;产品有无影响使用的微粒、粉末等多余物和锈蚀、掉漆等状况。

(3) 产品的包装质量审核。包装上的标志,合格凭证是否符合规定要求;装箱产品与装箱单是否相一致,有无错装和漏装;包装情况与技术标准、工艺文件的规定是否符号。

(4) 产品的质量稳定性审核。是否具有正常批量生产的条件;是否具有保证质量稳定性的程序;质量不合格产品的处置程序是否适当。

(5) 产品的质量保证体系。

(五) 质量认证的表示方法

质量认证有两种表示方法,即认证证书和认证标志。凡按第五种认证制度认证合格的产品,除由认证机构颁发认证证书外,准许其在产品上或产品包装上使用认证标志。

1. 认证证书(合格证书)

这是由认证机构颁发给企业的一种证明文件,证明某项产品或服务符合特定标准或技术规范。认证证书的内容至少应包括:证书编号;认证依据的法规文件和编号;企业名称;产品名称、型号、规格或等级;采用标准的名称和编号;有效期;认证机构名称、印章;颁发日期。

2. 认证标志(合格标志)

这是由认证机构设计并发布的一种专用标志,用以证明某项产品或服务符合特定标准或技术规范。详见图6-1、图6-2。经认证机构批准,认证标志使用在每台(件)合格出厂的认证产品上。认证标志是质量标志,通过标志可以向购买者传递正确可靠的质量信息,帮助购买者识别认证的商品与非认证的商品,指导购买者购买自己满意的商品。我国产品质量认证标志目前计有三类四种,它们是:

(1) 方圆标志(主管机构为国家技术监督局)。它有两种:一种是合格认证标志,适用范围为一般工农业产品,实行企业自愿申

图 6-1

一些国家的商品质量认证标志

国 别	英国	印度	澳大利亚	意大利 质量标志学会	匈牙利
认证标志	(心形图)	ISI	(三角形图)	IMQ	MSZ
颁发机构	英国标准学会 (BSI)	标准协会 (ISI)	标准协会 (SAA)	质量标志学会 (IMO)	标准化局 (MSZH)
缩写代号	标准代号 BS	机构和 标准代号	标准代号 FS	机构代号 IMQ	
国 别	德国	丹麦	法国	美国保险 商实验室	瑞典
认证标志	DIN	DS	HF	UL	SIS
颁发机构	标准化协会 (DIN)	标准化委员会 (DS)	标准化协会 (AFNOR)	保险商实验室 (UL)	标准化委员会 (SIS)
缩写代号	机构和标准 代号 DIN	机构和标准 代号 DS	标准代号 NF	机构及标准 代号 UL	机构和标准 代号 SIS
国 别	日本	奥地利	加拿大	芬兰	挪威
认证标志	(图)	(图)	CSA	SFS	NS
颁发机构	工业标准调查 会(JISC)	标准化学会 (ONORM)	标准协会 (CSA)	标准协会 (SIS)	标准化协会
缩写代号	标准代号 JIS	机构代号 ON	机构和标准 代号 CSA	机构和标准 代号 SIS	标准代号 NS

请;另一种是安全认证标志,适用范围为有安全要求的工业产品,实行强制性认证。

(2) 长城标志(主管机构是中国电工产品认证委员会)。适用范围为有安全要求的电工产品。

(1) 合格认证标志

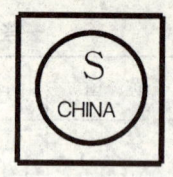
(2) 安全认证标志

方圆标志

长城标志

PRC标志

图6-2 中国商品质量认证标志

(3) PRC标志(主管机构是中国电子元器件质量认证委员会)。适用范围为电子元器件产品。

四、质量认证的实施

(一) 我国产品质量认证的条件

根据《中华人民共和国产品质量认证管理条例》的规定,凡中国企业和外国企业,均可提出认证申请。提出申请的企业应具备下列条件:

(1) 企业具有合法的地位。

(2) 产品符合国家标准或行业标准的要求。这里所说的标准是指具有国际水平的国家标准或行业标准。产品是否符合标准需经国家技术监督局确认和批准的检验机构进行抽样检验予以证明。

(3) 产品质量稳定,能正常批量生产。

(4) 生产企业的质量体系符合国家质量管理和质量保证标准及补充要求。

(二) 质量认证实施的程序

我国的质量认证有以下几步程序：

1. 提出书面申请

企业向认证委员会提出书面申请，外国企业或者代销商向国务院标准化行政主管部门，或者指定的认证委员会提出书面申请。

2. 产品检验

由认证机构通知承担检验任务的检验机构对产品进行检验，一般由认证机构下达"产品检验委托书"给委托的检验机构。检验机构在接到委托书后，立即按计划、要求和指定的标准，对产品的样品进行型式试验。在试验全部结束后，写出检验报告，并经授权的负责人签字后报送认证机构。检验报告对整个被检验样品是否符合指定标准的规定应有一个明确的结论。

3. 工厂检查

其目的是检查、评定申请认证产品的企业的质量保证能力是否满足认证机构规定的要求，以证实该生产企业确实具备持续稳定地生产符合标准要求的产品的能力。产品质量认证中的质量保证能力检查，可以根据申请认证产品的具体情况，选择ISO9001、ISO9002和ISO9003三种模式中的一种，作为工厂检查的依据。在多数情况下是采用ISO9001模式。由于这三种质量保证标准中规定的内容都是通用性的，因此，在将其应用到具体产品的认证检查时，还应根据具体产品的特点，作必要的补充或修改，特别是有关检测手段方面的具体要求应具体化。

4. 审批发证

认证机构对检查机构提交的"企业质量保证能力检查报告"和检验机构提交的"产品质量检验报告"进行全面地审查。凡符合规定条件的予以批准，向申请单位颁发认证证书，写明批准认证的产品，规定有效期限，认可在今后出厂的认证产品上使用认证标志。如果审查的结论是不符合规定的条件，则不能批准，此时认证机构应书面通知申请单位并说明理由。如果生产企业能在短期（一般不超过 6 个月）内采取改正措施，经认证机构进行必要的复查，证明其确实达到了规定的条件，仍可予以批准。否则，将撤消申请，以后可重新申请。

五、监督管理

获准认证产品的监督管理，由企业通报、监督检查、监督检验和处理四个部分组成。

（一）企业通报

申请认证的产品获准认证以后，其生产企业的质量体系发生较大变化时，应及时通报认证机构，认证机构视具体情况可派检查员进行部分或全部的监督检查。这里所说的较大变化是指如改变设计；制造工艺有较大改变（改变工艺流程、调整工艺路线、改变关键工序的加工方法等）；有关控制质量的管理办法、工作程序和措施有重大修改；质量管理或质量检验机构的地位、职能发生变化等等。

（二）监督检查

监督检查是对获准认证产品的生产企业的质量保证能力的维持情况进行监督性的现场检查，以评定该生产企业是否坚持贯彻执行已经建立起来的质量体系，并有所改进。

（三）监督检验

监督检验的目的是鉴定获准认证的产品是否继续符合规定标准的要求。监督检验的程序和内容与初次的产品检验相似，所不同的是监督检验一般不做型式试验，重点是放在对那些与制造质量有关的项目上，至于那些决定于设计质量的项目，在不改变设计的情况下一般可以不做检验。

（四）处理

监督后的处理为了维护获准认证产品和认证机构的信誉，对监督检查和监督检验中发现的问题，必须严肃处理。具体处理方法

有以下几种:

(1) 限期改正;

(2) 暂停使用认证标志;

(3) 产品暂停出厂;

(4) 撤消认证。

六、产品认证和质量体系认证的选择

(一) 产品认证和质量体系认证的关系

1. 两者的相同点

(1) 两者认证类型都有具体的认证对象。

(2) 两者都是以特定的标准作为认证的基础。

(3) 两者认证类型都是第三方所从事的活动。

(4) 两者都要求企业建立质量体系,并进行检查评定。

2. 两者的不同点

(1) 认证对象不同。产品质量认证的对象是指量生产的定型产品;质量体系认证的对象是企业的质量体系。

(2) 证明方式不同。产品质量认证的证明方式是产品的认证证书及产品认证标志,证明产品质量符合标准;质量体系认证证明方式是质量体系的认证证书及体系认证标记,只证明该企业的质量体系符合某一质量保证标准,不证明该企业的任何产品符合产品标准。

(3) 证明的使用区别。产品质量认证证书不能用于产品,标志可用于获准认证的产品上,质量体系认证证书及认证标记都不能在产品上使用。

(4) 实施质量体系审核的依据不同。产品质量认证一般按 GB/T19002(ISO9002)检查体系;质量体系认证依据审核要求,可能是 GB/T19001(ISO9001)、GB/T19002(ISO9002)、GB/T19003(ISO9003)其中之一。

(5) 申请企业类型不同。要求申请产品质量认证的企业是生产特定的产品型企业;申请质量体系认证的企业可以是生产、安装型企业,可以是设计/开发制造、安装服务型企业,也可以是出厂检查和检验型企业。

(二)在选择产品认证或体系认证时可考虑的原则

(1)优先考虑申请产品认证。因为产品认证已经包括对质量体系的检查和评定,它既证明产品的质量符合指定的国家标准或行业标准,又证明企业的质量体系符合ISO9000系列标准的要求,并可在认证的产品上使用认证标志。而质量体系通过认证后,在产品上则不能使用认证标志。

(2)分两步申请认证,即先取得体系认证的资格后,再申请产品认证。这样做的好处是,对一些质量管理基础比较薄弱的企业来说,建立质量体系并要达到ISO9000的要求难度很大,如果质量体系认证未能通过,还可以省掉产品检验费。同时,取得体系认证资格后,再申请产品认证,也可以减少对质量体系重复检查的费用。

(3)不适合产品认证时可申请体系认证。如没有适合于认证所需的产品标准、单件小批量产品、服务行业、专业设计单位等。

(4)规定实行强制认证的产品,必须申请产品认证。

(5)产品出口时,外商只要求企业提供通过质量体系认证的证明时,可申请质量体系认证。

第七章 商品组成与性能

第一节 商品生产原料

一、商品原料的来源

构成商品的原料种类很多,按其来源分为天然原料与人工合成原料两大类。

(一) 天然原料

天然原料是指自然界天然存在的产物。按其在自然界存在的形式,可将其分为两类:一类是有生命的物质提供的原料,包括动物性原料和植物性原料。动物性原料主要是指由畜、禽、水产类提供的毛、皮、肉、骨和生丝等;植物性原料是指由植物提供的根、茎、叶、花、果实和纤维等。另一类是无生命的物质提供的原料,包括各种矿产以及从矿产资源中精炼出的各种金属、氧化物、无机盐类等等。

(二) 合成原料

合成原料指通过化学方法人工合成的原料。这类原料绝大多数是以石油、天然气、煤炭为原料经过一系列的变化而获得的。如石油裂解可得到乙烯气体,由乙烯可制得乙醇、乙醛、甘油等重要化工原料,也可以在一定的条件下,使乙烯发生聚合得到高分子材料。

人工合成的商品原料的获得,是以生产力和科学技术发展水平为基础的。随着社会生产力的发展,科学技术水平的提高,将会有更多的合成材料用于商品生产,造福于人类。

二、商品原料的化学组成

构成商品原料的化学成分分为以下两类：

（一）无机物

无机物是指除碳酸盐类和碳的氧化物之外的所有的不含碳化合物或混合物。常见的有：水、灰分、氧化物、盐类以及金属单质等。

1. 水

水是构成商品原料的重要物质。原料中的水有三种存在形式：结合水、半结合水和自由水。原料中的水，经过商品生产过程之后，一部分被蒸发，另一部分则被保留在商品体中。水的存在对商品质量影响很大，一般情况下，商品都有其正常的水分含量，低于或高于这一含量，都会影响商品的品质。此外，商品中的水分对商品的保管、储存性能有较大的影响，含水量较高的商品，储存性能较差。

2. 矿物质（灰分）

经高温（550～600℃）煅烧后，不挥发物称为矿物质，是构成商品原料的又一类重要的无机物。经过商品生产过程之后，绝大部分矿物质被保留下来，在一些商品中是构成商品使用价值的重要成分，如硅酸盐制品、食盐等；而在另一些商品中，矿物质以杂质形式存在，对这些商品的质量有一定的影响。

3. 氧化物

通常将含氧的无机化合物统称为氧化物。氧化物在商品的无机原料中大量存在，如硅酸盐制品的原料中，含有大量的氧化物。经过生产过程之后，相当一部分氧化物发生变化，也有一部分氧化物以原有状态存在。氧化物的存在，对商品的物理、化学性质有较大的影响。

4. 金属

金属是生产金属制品的原料。常见的金属有铁、铜、铝、锌、锡、银、金以及合金（一种金属与其他金属或非金属熔合而成的混合物）。金属是商品生产的次生原料，它可以通过金属矿产（金属氧化物)冶炼而获得,是冶金工业的产品,同时又是金属制品的原料。在金属制商品中,金属大多以单质存在,属于商品的有效成分,其含量的高低决定商品的物理、化学性质和使用性能。

5. 有毒成分

有毒成分指商品原料中对人体有毒害作用的无机物。主要包括:有毒的金属离子及其化合物。如铅、汞、砷、镉的离子以及化合物。原料中有毒的无机物质直接影响商品的卫生安全性,可以通过各种途径,对人体健康造成危害。

(二)有机成分

有机成分是指以碳、氢两种元素为主体的化合物及其衍生物。如各种烃、酸、醇、糖、蛋白质、脂肪、维生素等等。

1. 烃类

烃即碳、氢化合物,是生产商品的基础原料,广泛存在于石油、天然气等矿产品中。根据其碳-碳键的不同,有烷、烯、炔之分。碳-碳键均为单键时称为烷烃;有双键时为烯烃;有叁键时为炔烃。烯、炔、烃存在有不饱和键(双键、叁键),可在一定的温度压力、催化剂作用下发生聚合反应,生成高分子化合物。高分子化合物经一系列工艺处理后,可作为塑料工业、橡胶工业、纺织工业的重要原料。此外,以烃类为原料还可以生产多种化工商品。

2. 醇

直链烃碳链上的氢原子被羟基(—OH)取代的产物称为醇。根据分子中羟基数目可分为一元醇、二元醇和多元醇。也可根据碳链上键的饱和情况分为饱和醇和不饱和醇。

醇可以通过化学方法制得,也可以通过微生物发酵而制得。如酒精发酵。

醇是重要的商品原料,其中乙醇(酒精)是饮料酒的主要成分。甘油(丙三醇)广泛地用于化学工业、食品工业、烟草工业、医药工业和军事工业,是一种重要的商品原料。

3. 有机酸

分子结构中存在有羧基(—COOH)的物质称为酸。通常在食品商品的原料中含有多种酸,如草酸、琥珀酸、酒石酸、苹果酸、柠檬酸、乙酸、碳酸等。这些酸的存在形式有两种,即游离态和结合态。有机酸在蔬菜、水果中含量较高,是构成菜果风味的重要物质。在动物体内有少量的磷酸以化合态存在。

4. 碳水化合物

含有多个羟基的醛或酮称为碳水化合物。它是自然界光合作用的产物,广泛存在于植物性原料中,在部分动物性原料中也有存在。碳水化合物在商品原料中的种类、存在形式是多种多样的,如食品原料中的淀粉、食糖,棉和木材纤维中的纤维素等。

5. 蛋白质

蛋白质属天然大分子物质,广泛存在于自然界各种生物体内,是构成生物体的重要成分。食品商品原料中的蛋白质是重要的营养成分,对人体具有特殊的生理意义。此外,在纺织品、日用工业品动物性原料中,也含有大量的蛋白质,如毛纤维、蚕丝、皮革等。

在商品加工生产、储运过程中,蛋白质要发生变化,这些变化对商品的质量是不利的。

6. 脂肪及脂肪酸

脂肪及脂肪酸在动物体内以及植物的种子和果仁中大量存在,是食品商品的重要原料,同时也是日用化学工业品的重要原料。

第二节 食品成分与食品卫生

一、食品成分

食品的化学成分,是构成食品的营养价值、决定食品质量的物质基础。食品的化学成分主要包括:水、蛋白质、糖类、脂肪、维生素、无机矿物质以及有毒成分七类。

(一) 水

1. 水在人体中的作用

水是食品中重要的化学成分。严格地讲,水不能算作是一种营养成分,但是在人类的生命活动过程中,水的作用极为重要,人体缺水比缺任何一种营养成分都可怕。水的重要作用包括以下几点:

(1) 是构成人体组织的重要物质。水是人体中含量最高的组分,成年人体内含水60%,新生儿体内含水75%以上,人体内的各种液体主要成分是水。当人体失水20%时,人类的生命活动就难以维持。

(2) 水参与人体的各种生理活动。人体内的各种生理活动,可将其看作是各种酶所发生的化学反应,这些反应的发生离不开水的作用。水或者直接参与反应,是反应的反应物或生成物,或者作为一种溶剂,使其他物质处于溶解状态,有利于反应的发生。在人类的生理活动中,水的作用是其他营养成分不可替代的。

(3) 水能够促进其他营养成分的消化、吸收,维持体内物质循环。人体对其他营养成分的消化、吸收需在溶解状态下完成,并且各种养分的输送、废弃物质的排泄都是由以水为主要成分的各种体液完成的。

(4) 水能够调节人体的正常体温。由于水的比热、潜热比较大,当人体内的热量发生变化时,水能起调节平衡作用。如通过血液循环可使热量迅速地在全身均匀分布;通过汗腺蒸发汗水时散发大量的热等等。

(5) 水在人体内能够起润滑作用。水的粘度小,可以使人体内各相邻的组织或器官接触变得润滑,减少摩擦。例如:在体内的骨关节、韧带、肌肉以及各种膜的接触面上,都有以水为主要成分的起润滑作用的液体存在。

2. 食品中水分的含量以及存在状态

食品中水分含量差别很大,含量最高的是蔬菜、瓜果以及某些饮料,一般含量在 80%～90%;肉、鱼含水量一般在 60%～85%;粮食、谷物含水量较低,一般在 12%～15%,含水量最低的是某些加工食品,如乳粉、食糖等食品,含水量不超过 4%。

食品中水分含量高低,对食品质量影响很大,当食品中水分低于正常含水量时,食品的品质要下降;当水分超过正常含水量,则有可能发生变质现象。

食品中的水分存在状态有三种,即游离水、结合水和半结合水。游离水又叫自由水,是食品中自由存在,没有与其他成分相结合的水。这部分水与自然界的普通水性质相同,在 100℃条件下汽化,0℃结冰,能够被微生物利用。游离水在食品加工、储运、流通过程中,容易被蒸发,引起干耗。结合水又称束缚水,是指食品中与其他营养成分通过氢键作用结合在一起的水。结合水不具有自然界普通水的性质,100℃不蒸发、0℃不结冰,不能被微生物利用。食品中的结合水对食品的风味起重要作用,如采取措施将食品中的结合水强行剥离之后,食品的食用品质下降。如某些水产干制品,在干制时若方法不当,将结合水破坏,食用前复水非常困难,影响食用品质。半结合水是指介于结合水与自由水之间的水分,这部分水分大多是通过食品表面的毛细管作用被吸附而存在。

对于食品中存在的各种状态的水,很难将其截然区分,通常只是根据其性质加以区别。

3. 食品含水量的表示方法

食品中含水量的表示方法,最常用的是水分的百分含量,它是指食品中含水重量的百分比。这种方法具有简单、明了、测定方法简便等优点。其缺点是不能区分食品中所含的水分有多少结合水,多少自由水。因此,近年多用水分活性 A_w 来表示食品中自由水的含量。所谓水分活性是指食品中的逸度与纯水逸度的比值。通常可用食品中水分的蒸汽压与纯水的蒸汽压比值来近似表示,即:

$$A_w = P/P_0$$

式中　A_w——水分活性；

　　　P——食品中水分的蒸汽压；

　　　P_0——纯水的蒸汽压。

由于食品中的水分能够被蒸发产生气压的只有自由水，因此水分活性表示的是食品中自由水的含量。这一点对食品安全储藏很重要，因为微生物只能利用自由水，而不能利用结合水。控制适当的水分活性，使食品中的水分含量水平保留在结合水范围内，可以避免由微生物引起的变化。

上式中，在相同条件下 P 不可能超过 P_0，即：$P \leqslant P_0$ 所以 $A_w \leqslant 1$。

食品中水分活性最高的是某些蔬菜、水果，一般 0.98 以上，最低的是一些食品加工制品，如饼干只有 0.33。

（二）糖类

糖类是食品中重要的营养成分，广泛存在于植物性食品中，是绿色植物经光合作用的产物。因其由碳、氢、氧三种元素构成，且氢氧的比例为 2:1（与水分子中氢氧相同），故又称其为碳水化合物。

1. 糖类的营养作用

食品中的糖类物质的营养作用包括以下几个方面：

（1）为人体生命活动提供能量。糖类在人体内除粗纤维外，大部分能被消化吸收，产生能量。糖类是人类最易获得，而且也是最经济的能量来源。

（2）参与人体组织的构成。在人体某些组织的构成中，有糖类物质参与。如血液中的血糖（葡萄糖）；肌肉或肝脏中储存的肌糖或肝糖，细胞中的核糖等。

（3）能够促进其他营养成分的消化、吸收。食品中的其他营养成分，如蛋白质，脂肪的消化吸收需要有能量供给，能量的主要来源是糖类物质。如果糖类物质供给不足，消化蛋白质和脂肪所需要的能量就要通过这两种营养成分自身氧化而获得。氧化蛋白质和脂肪无论是从营养还是从经济的角度讲,都是不合适的。

(4) 糖类中的粗纤维具有特殊的保健作用。由于人体内不存在使粗纤维消化的酶类,故粗纤维在人体内不能被消化、吸收。但是,粗纤维可以加快肠壁的蠕动,有利于其他食物的消化吸收和废物的排泄。近代营养学证明,粗纤维对某些疾病有一定的疗效。

2. 糖类物质的种类及其性质

糖类物质根据其分子的大小分为三类:

(1) 单糖。单糖是食品中最简单的糖类,根据分子中碳原子的数目的多少,分为六碳糖、五碳糖,最常见的是六碳糖,有葡萄糖、果糖、半乳糖等。

大部分单糖有甜味,能够被人体直接吸收,也能被微生物直接利用。如在酵母的作用下,可使单糖转化为酒精,这是生产饮料酒的过程中发生的主要变化;在乳酸菌的作用下,可以生成乳酸,利用这一变化可生产酸奶、酸菜等风味食品;在一些杂菌的感染下,也可使食品中的单糖转化为影响食品质量的物质,使食品的食用品质下降,以致完全丧失。

存在于蔬菜、水果中的单糖,在酶的作用下能够进行呼吸作用,生成一些小分子的产物,并且放出能量。呼吸作用的发生为延续蔬菜、水果的生命活动过程提供了能量,增强了抗病害能力。但是,发生呼吸作用时消耗了大量的糖分,使蔬菜、水果的营养价值下降。同时,呼吸作用产生的能量要以热的形式散发,从而提高了蔬菜、水果的温度,给蔬菜、水果的储存带来了困难。实践中,应适当地控制呼吸作用,以延长蔬菜、水果的储存期。

(2) 双糖。双糖由两分子的单糖缩合而成。食品中主要的双糖有蔗糖、乳糖、麦芽糖。

① 蔗糖。蔗糖是市销食糖的主要部分。因其最初从甘蔗中获得,故得其名。蔗糖是由一分子的葡萄糖与一分子的果糖缩合而成

的。蔗糖是食品加工的重要原料,具有甜味,是一种良好的味剂。通常在衡量有甜味的糖类物质甜度时,以蔗糖为标准,将其甜度定为100,其他糖类与之相比,得出各自相比的甜度,见表 7-1。

表 7-1

几种糖的甜度

糖 类	相对甜度	糖 类	相对甜度
蔗糖	100	果糖	150
麦芽糖	50	葡萄糖	70
乳糖	40	半乳糖	60

② 乳糖。乳糖由一分子的葡萄糖与一分子的半乳糖缩合而成。因其存在于哺乳动物的乳汁中,故称其为乳糖。不同动物的乳汁中,乳糖的含量有差异,牛乳中乳糖含量为 4%~5%,人类的乳汁中乳糖的含量较高,可达 7% 左右。

③ 麦芽糖。麦芽糖由两分子的葡萄糖缩合而成。由于麦芽糖可以利用麦芽中的水解酶水解淀粉而获得,故得此名。麦芽糖是糖果饴糖的主要成分,纯品为白色结晶,能溶于水。

上述三种双糖有能被人体直接吸收,需先水解为单糖,才能被人体吸收。同样,微生物作用于双糖时,也需先水解,后发生其他变化。

(3) 多糖。由多个单糖缩合而成的糖类称为多糖。多糖在一定的条件下可以发生水解,生成一系列的低聚糖,但水解的最终产物是单糖。食品中常见的多糖有淀粉、糖元、纤维素和半纤维素。

① 淀粉。淀粉是最重要的多糖,由多个葡萄糖缩合而成。淀粉是人类主要的能量来源,在主食中(如米、面以及其他谷物、薯类)大量存在。

淀粉没有甜味,不溶于水,不能为人体直接吸收,也不能为微生物直接利用。淀粉属于天然大分子化合物,其分子结构有两种类型,一种是直链型的,另一种是支链型的。淀粉含量高的谷物,若支链淀粉较多,食用时粘性较大;直链淀粉多时,粘性小。

在热水中,淀粉颗粒膨胀破裂,使原有的结构变得松弛,这种现象称为"糊化"。糊化后的淀粉水解性增强,更易被消化。将糊化后的淀粉放置一段时间之后,淀粉结构发生重排。重排后的结构较为紧密,难以水解和消化,淀粉制品也失去原有松软性,这种现象称为"淀粉老化"。

在酸性条件下或酶的作用下,淀粉能够发生水解,水解的过程如下:

淀粉──→各种糊精──→低聚糖──→麦芽糖──→葡萄糖

淀粉的水解在食品工业中具有重要的意义。通过水解可以得到葡萄糖,也可以得到具有实用价值的淀粉糖浆(转化糖浆)。淀粉糖浆由葡萄糖、低聚糖和糊精组成,有一定的甜度,并且甜度随转化率增大而增加,可用其做甜味剂代替食糖。

淀粉除用于食品工业外,还是制药、纺织、造纸工业的重要原料。

② 糖元。糖元也是由葡萄糖缩合而成的,它是动物体内多余的糖类的一种储存形式。因其结构与淀粉相似,且又存在于动物体内,故称其为动物淀粉。人体内糖元主要存在于肝脏和肌肉中,肝脏中的糖元水解为葡萄糖后经氧化酶的作用可生成葡萄糖醛酸,葡萄糖醛酸可以和一些有毒物质结合生成甙类排出,从而具有解毒作用,这一反应在生理上有重要意义。肌肉中的糖元在肌肉剧烈运动时发生不完全氧化生成乳酸,使肌肉有酸痛的感觉。

③ 纤维素和半纤维素。纤维素和半纤维素统称粗纤维,广泛存在于植物性食品中,是构成植物组织细胞的主要成分。粗纤维也是由单糖缩合而成的,其中纤维素与淀粉相同,是由葡萄糖缩合而成的,只是连接葡萄糖的化学键位置不同而已。动物体内有水解纤

维素的酶类,故可以吸收利用之。

当食物中粗纤维素含量较大时,食物有粗糙感,对其他营养物质的吸收也有影响。从食疗的角度出发,纤维素可以预防某些疾病的发生。

④ 果胶物质。果胶物质是广泛存在于植物性食品中的一种多糖类。其基本组成是聚半乳糖醛酸,与纤维素、木质素结合生成原果胶,是构成植物细胞壁的重要物质。原果胶发生水解生成果胶,果胶继续水解可生成果胶酸。通常所说的果胶物质包括上述三种形态。

水果在未成熟时,果胶物质主要以原果胶存在,由于原果胶不溶于水,因此果实表现出一定的硬度。随着果实成熟,原果胶水解,水解产物水溶性增加,故果实的硬度下降。

利用果胶物质,可以生产果冻、果酱等食品。果胶是亲水性物质,在一定的条件下,其水溶液可形成凝胶。例如,在 $PH=2.0\sim3.5$ 时,蔗糖含量为 $60\%\sim65\%$ 时,果胶含量在 $0.3\%\sim0.7\%$ 时,在室温下就可形成凝胶。

(三) 蛋白质

蛋白质是食品中的重要营养成分之一,广泛存在于各种生物体内。一般情况下,动物性食品中蛋白质含量较高,某些植物性食品,蛋白质的含量也很高,如大豆,蛋白质含量高达 40% 左右。蛋白质是一切生命体的重要物质基础,哪里有蛋白质哪里就有生命。

1. 蛋白质的营养作用

(1) 蛋白质是构成人体组织的重要物质基础。蛋白质占人体物质的 45% 以上,占血液干物质的 90% 以上。人体的组织细胞无一不是由蛋白质构成的。人体的新陈代谢实质上就是蛋白质的不断更新过程。人类只有从食物中获得充足的蛋白质,才能维持正常的生长发育。

(2) 能够为人体活动提供能量。在人体的新陈代谢过程中,蛋白质不断地被分解,同时又有新的蛋白质不断生成,蛋白质水解后得到氨基酸,一部分参与新的蛋白质合成,一部分经过脱氨脱羧之后进入能量代谢途径被氧化产生能量。蛋白质在人体内被氧化放出的能量与糖类物质产生的能量相近。

(3) 在生理方面具有特殊意义。蛋白质的特殊生理意义,表现在它能够催化人体内的各种生理变化,它是人体内的生物催化剂(酶)的主要成分。此外,人体内运输氧和二氧化碳的血红蛋白、调节生理功能的激素、抵抗病菌的抗体等都是由蛋白质构成的。

由于蛋白质对于人类具有重要的营养作用,通常,在研究人类的营养膳食结构时,将蛋白质摄取的数量和蛋白质的质量作为一个重要的指标来衡量。

2. 蛋白质的组成

组成蛋白质的因素主要包括 N、C、O、H,此外还有少量的 S、P。蛋白质的种类、来源不同,各种元素所占的比例也有差异,但是无论是哪种蛋白质,含 N 量都在 16% 左右。这一点对于测定计算食品中的蛋白质的含量有主要意义。通常把 16% 的倒数 6.25 称为蛋白质的系数。

蛋白质属于天然高分子化合物,构成蛋白质大分子的基本结构的单元是氨基酸,它是由多个氨基酸通过酰胺链缩合而成的。

$$\left[\begin{matrix} O & H \\ \| & | \\ C & N \end{matrix} \right]_n$$

构成蛋白质的氨基酸有 20 多种,通式可表示为:

$$R-\underset{\underset{NH_2}{|}}{CH}-COOH$$

蛋白质的结构分基本结构和空间结构。基本结构又称一级结构,是指由多个氨基酸通过酰胺缩合而成的大分子链,通常称其为多肽链。它是蛋白质结构的基础。构成蛋白质的氨基酸只有20多种,但在一个多肽链中却有多个氨基酸结构单元,因为同一种氨基酸有可能在一个多肽链中多次出现,经过不同的顺序排列,从而得到了多种蛋白质。对于同一种蛋白质,氨基酸的种类、数目、顺序都是相同的。

蛋白质的空间结构又称立体结构,它是在基本结构的基础上,通过多肽链的盘旋、折叠或卷曲而形成的。在形成蛋白质的空间结构时,多肽链上的各种基团的相互作用起了决定性的作用。这种相互作用包括化学链(如二硫键、酸脂、盐键、氢键等),也包括静电引力和其他类型的分子间力。

蛋白质的空间结构还可以分为二级、三级、四级结构。蛋白质的空间结构对蛋白质的生理活性具有重要的作用。当蛋白质的空间结构发生改变时,原有的生理活性丧失。

3. 蛋白质的性质

(1) 蛋白质的水解。在酸、碱或酶的作用下,蛋白质能够发生水解,水解的最终产物是氨基酸。蛋白质的水解不是一步完成的,在整个过程中,按水解程度不同,可得到一系列的中间产物,如胨、肽等。特别是以酶作催化剂时,得到的中间产物较多。采用酸、碱法对蛋白质水解时,有可能对某些氨基酸造成破坏或引起氨基酸的构型发生改变。

蛋白质的水解作用对于人类利用蛋白质资源具有重要意义。首先,蛋白质水解为氨基酸后,才能被人体吸收利用。特别是8种氨基酸,即色氨酸、赖氨酸、亮氨酸、异亮氨酸、苯丙氨酸、苏氨酸、蛋氨酸、缬氨酸,是人体需要较多并且是体内不能合成的,需要从食物中摄取。通常把这8种氨基酸称为必需氨基酸。通常以8种必需氨基酸的含量多少、种类是否齐全来衡量蛋白质食品的品质,如蛋白质中8种氨基酸齐全,含量符合要求,则称其为完全蛋白质或足价蛋白质;反之,称其为不完全蛋白质或不足价蛋白质。一般情况下动物性蛋白质大多为完全蛋白质,植物性蛋白质大多为不完全蛋白质。其次,蛋白质水解的产物对于改善食品的色、香、味有重要作用,如常用的味精就是谷氨酸钠盐;氨基酸与糖类发生美拉德反应也可形成食品的色、香、味;常用的酱类、豆豉、腐乳的制作,都要利用蛋白质的水解反应。

(2) 蛋白质的等电点。蛋白质是由氨基酸构成的,氨基酸分子中既有碱性基团—NH_2,也有酸性基团—$COOH$。因此在不同的酸、碱性条件下,氨基酸发生不同的解离方式,即:

$$H_2O-\underset{\underset{H}{|}}{\overset{\overset{R}{|}}{C}}-COO^{-} \underset{H^+}{\overset{OH^-}{\rightleftharpoons}} H_2N-\underset{\underset{H}{|}}{\overset{\overset{R}{|}}{C}}-COOH \underset{OH^-}{\overset{H^+}{\rightleftharpoons}} H_3\overset{\oplus}{N}-\underset{\underset{H}{|}}{\overset{\overset{R}{|}}{C}}-COOH$$

$$H_2\overset{\oplus}{N}-\underset{\underset{H}{|}}{\overset{\overset{R}{|}}{C}}-COO^{\ominus}$$

在酸性条件下,氨基酸的碱性基团发生解离带正电荷。在碱性条件,氨基酸的酸性基团解离带负电荷。在某一酸、碱度(用 PH 值表示)条件下,氨基酸所带的正、负电荷相等,将这一酸、碱度的 PH 值称为氨基酸的等电点,即 PH 值为 7。

由于蛋白质分子中存在有氨基和羟基,因此,蛋白质溶液中也存在上述两种解离方式,也存在可使蛋白质溶液正、负电荷相等的 PH。我们把使蛋白质所带正负电荷相等的 PH 称为蛋白质的等电点。在蛋白质分子中,氨基和羟基的数目是不相等的。故等电点不一定等于 7。

在等电点条件下,蛋白质的溶解度、粘度、渗透压都比较小,等电点条件下的蛋白质溶液也很不稳定。在食品工业中,可利用这一点分离蛋白质。

(3) 蛋白质的胶体性质。蛋白质溶液中的蛋白质颗粒大小在 10~1000A 之间,在胶体化学里,把溶质在这一范围内的溶液称为胶体溶液。蛋白质溶液是一种稳定的胶体溶液，因为蛋白质分子中存在大量的极性的亲水基团，与水有较强的亲合作用，在蛋白质溶液中蛋白质颗粒的外部形成一层水化膜，从而使其不易相互聚集沉淀。由于蛋白质颗粒带有电荷，在水化膜内外两侧能够形成双电层，从而使蛋白质胶体溶液更加稳定。

当采取措施将蛋白质颗料外部的水化膜或双电层破坏，胶体溶液会发生沉淀。通常使蛋白质胶体溶液发生沉淀的因素有：脱水剂、重金属盐、电解质等。

蛋白质的胶体性质在食品工业以及食品科学研究中有重要作用。

(4) 蛋白质变性。在外界条件作用下，使蛋白质的空间结构发生变化，从而导致其理化性质改变，生理活性丧失的现象，称为蛋白质变性。能够使蛋白质变性的因素有：酸、碱、有机溶剂、重金属盐类以及高温、高压、紫外线、超声波、剧烈振荡、搅拌等。

蛋白质发生变性之后，首先是物理性质发生改变，主要表现为粘度、溶解度下降，旋光值改变，有时甚至可以发生沉淀与凝聚。其次是化学性质也发生变化，如变性蛋白水解性能增强。最重要的变化是蛋白质的生理活性丧失，如酶的催化活性消失，激素失去作用等等。

蛋白质变性在食品加工储藏过程中常有发生，对于食品加工有利也有弊。如生产绿茶需要用热使鲜叶中酶变性失活，以抑制酶促反应的发生。而水产品干制后，蛋白质变性，使原有风味变劣。前者对于食品加工是有利的，后者却使食品的品质下降。

(5) 蛋白质腐败。在微生物作用下，蛋白质发生深刻分解的现象叫做蛋白质腐败。蛋白质发生腐败后，生成了一些带有恶臭味的小分子化合物，如氨、硫化氢、吲哚、粪臭素等。蛋白质食品发生腐败后，食用品质完全丧失。在食品的加工、储藏过程中要注意搞好卫生,严格操作规程,避免蛋白质发生腐败。

(四) 脂肪

脂肪是食品重要营养成分,广泛存在于植物的种籽以及动物体内,除此之外在哺乳动物的乳汁内也含有少量的乳脂肪。

1. 脂肪的营养作用

(1) 脂肪能够为人类生命活动提供能量,而且是发热量最高的营养物质,每克脂肪能够产生九千卡热能,是糖类物质的两倍多。脂肪还是人体内储存能量的适宜形式,与储存能量的另一种形式糖元相比,它具有体积小、对脏器具有保护作用等优点。但如果人体内脂肪过多,特别是皮下脂肪过多将使体型发胖,加重心脏负担,容易诱发其他疾病。因此要注意科学地调节饮食,避免体型过胖。

(2) 脂肪是脂溶性维生素的重要来源。能够溶于脂肪的维生素称为脂溶性维生素,如维生素 A、D、E、K 等。在食品中此类维生素大多与脂肪共存,因此,摄取脂肪或含脂肪多的食品,能够为人体提供脂溶性维生素。

(3) 为人体提供必需脂肪酸。必需脂肪酸是人体必需的一种营养物质,它参与人体组织的构成,同时对胆固醇的代谢起重要作用。人类所需要的必需脂肪酸只能从脂肪中获得。通常在植物油脂中,必需脂肪酸的含量较高。

(4) 脂肪能够增加食物的美味。在烹调、食品加工过程中,脂肪能够使食品酥松、香脆,同时还可以利用油脂去除腥气,传导热量。在营养物质的消化过程中,脂肪还具有乳化作用,能够使某些疏水性物质分散到水溶液,有利于消化吸收。

此外,脂肪还具有保护内脏、保持体温的作用。

2. 脂肪的组成

脂肪是由一分子的甘油与三分子的脂肪酸缩合而成的。

各种脂肪的差别在于脂肪的酸不同。脂肪酸有饱和脂肪酸和不饱和脂肪酸之分。所谓饱和脂肪酸是指脂肪酸的碳链中不存在不饱和键，不饱和脂肪酸是指脂肪酸的碳链中存在着不饱和键。当脂肪的脂肪酸中不饱和键较多时，脂肪在常温常压下呈液态，俗称油。脂肪中的脂肪酸中不存在不饱和键或不饱和键较少时，脂肪在常温常压下呈固态，俗称脂。

人类对于脂肪的营养的吸收，主要是利用其脂肪酸。在脂肪酸中，有几种不饱和酸对于人类肌体的健康发育起重要作用，而且必须由食物供给，通常称其为必需脂肪酸。常见的必需脂肪酸包括亚麻酸、亚油酸、花生烯酸。植物油中必需脂肪酸含量较高。

3. 脂肪的性质

纯净的脂肪无色无味，但从动、植物原料中提取的脂肪有时带有少量色素和某些有气味的物质，故带有深浅不一的色泽和气味。脂肪的比重小于1，一般在 0.9～0.98 之间，脂肪的熔点，因脂肪酸碳原子数目不同，碳链上不饱和链数目不同，存在较大的差异。脂肪的熔点与脂肪的消化率有关，当熔点低于 37℃时，消化率较高；反之，消化率较低。

脂肪的主要性质包括以下几点：

（1）脂肪的水解。脂肪在酸、碱或脂肪水解酶的作用下，能够发生水解反应，水解的产物是甘油和脂肪酸。在食品加工储藏过程中由于各种原因，可以导致脂肪水解，使脂肪中的脂肪酸增加，而游离的脂肪酸在一定条件下，可以发生酸败变化，使食品品质降低。因此，可用脂肪中游离脂肪酸的含量来判断脂肪的新鲜程度。

脂肪在碱性条件下水解，生成脂肪酸钠，这是生产肥皂的主要反应。

（2）脂肪酸败。脂肪水解后产生的脂肪酸在氧气、日光、微生物、酶以及较高的温度条件下发生变化，使脂肪的味道变得苦涩，产生不愉快的气味的现象称为脂肪酸败，俗称"哈喇"。脂肪酸败对食品质量影响较大。首先酸败破坏了食品中的必需脂肪酸和脂溶性维生素等营养成分,使食品的感官质量下降;其次酸败变化生成的醛酮酸等小分子化合物对人体健康有害,长期食用酸败脂肪,会导致肝脏发生病变。

影响脂肪酸败的因素有:温度、氧气、日光、金属离子、酶等。对脂肪酸败的预防,需要以上述因素为依据,通过提高脂肪纯度、控制加工储藏环境条件予以实施。

(3) 脂肪氢化。脂肪氢化是在一定条件下,在不饱和脂肪酸分子的双链上的加氢反应;随着加氢反应的发生脂肪酸的饱和度增加,最终导致脂肪的状态发生变化,即由原来的液态转变为固态。脂肪氢化后状态的变化在实践中具有重要的意义。在氢化时,如加入适当香料可生产人造奶油。同时,加氢固化后脂肪的稳定性增加,对防止酸败,方便流通都具有重要意义。但是,脂肪氢化后,对必需脂肪酸造成破坏,这一点需要引起注意。

(五) 维生素

维生素是维持人类生命和身体健康发育所必需的一类低分子有机化合物。大部分维生素不能在人体内形成,需要由食物供给。

维生素的营养作用主要在于促进其他营养物质的消化吸收,对人体内的能量转变以及正常的生理活动具有重要的功能。人体如果缺乏维生素,将会引起各种病变。目前在食物中发现的维生素约有 30 多种,对于其化学组成、结构已经有了深入的了解,并且能够以人工的方法合成之。

维生素的命名,通常是按其发现的先后,以 A、B、C、D……英文大写字母表示的。随着人们对维生素的认识、深化,出现了一些新的命名方式:如按其功能命名的有:抗坏血酸(维生素 C)、抗佝偻病维生素(维生素 D);或按其化学组成命名的有:硫胺素(维生素 B_1)、核黄素(维生素 B_2)等等。

按照维生素的溶解性,可将其分为两大类:

1. 脂溶性维生素

此类维生素只溶于脂肪或有机溶剂,不溶于水,在食物中多与脂肪组织伴生,常见的几种脂溶性维生素有维生素 A、D、K、E。

(1) 维生素 A 及 A 原(又称抗干眼病维生素、视黄醇)。其主要功能是保证正常视力,促进眼球内视紫质的合成与再生,防止眼盲症;预防表皮细胞角化,促进生长。缺乏维生素 A 容易引起上皮组织细胞萎缩,进一步角质化;容易引起眼角膜炎、溃疡以及夜盲症等疾病。

维生素 A 主要存在于动物的肝脏、蛋黄、乳品中,在绿色蔬菜以及黄花菜、杏、柿子中存在有大量的维生素 A 原。

(2) 维生素 D(又称抗佝偻病维生素、钙化醇)。其主要的生理功能是促进钙、磷的吸收,有助于牙齿和骨骼的形成。其缺乏时儿童易患佝偻病,成年人易患骨质疏松症、龋齿等疾症。

维生素 D 主要存在于动物的肝脏、蛋黄中。植物性食品中存在有维生素 D 的前驱物,一般较难吸收,但是经紫外线照射后,可促使 D 原转化为维生素 D。

(3) 维生素 E(又名生育酚、抗不育维生素)。其主要生理功能是促进生育能力,预防不育症。由于维生素 E 具有还原性,故在食品中抗氧化作用。

维生素 E 在多种食物中都有存在,一般食物中不缺乏维生素 E。

(4) 维生素 K(又称止血维生素)。其主要功能是有助于血液中凝血因子的形成,参与凝血作用。其缺乏时,人体组织受创伤后血液不易凝固。

维生素 K 广泛存在于绿色蔬菜,以及动物肝脏、乳品中。

2. 水溶性维生素

此类维生素不溶于脂肪以及有机溶剂中,在水中的溶解性较好。常见的水溶性维生素有维生素 B 族即 B_1、B_2、B_5、B_6、B_{11}、B_{12} 及维生素 C。

(1) 维生素 B_1（又称硫胺素、抗神经炎维生素）。其主要功能是参与人体的正常代谢，促进糖的氧化，维持神经消化和血液循环的正常机能。缺乏维生素 B_1，可以导致神经炎和脚气病。

维生素 B_1，主要存在于动物的肝脏、肌肉组织以及谷物的胚和糠皮之中，在酵母中也有大量的维生素 B_1。

(2) 维生素 B_2（又称核黄素）。它是人体中一种主要的酶的辅酶。其主要功能是有助于活细胞进行氧化，促进氧化，促进生长，维持人体健康发育。缺乏维生素 B_2 易患口、舌溃疡、角膜炎、白内障，以及脂溢性皮炎等病症。

维生素 B_2 主要存在于动物的内脏、乳品、蛋黄、酵母等食品中。

(3) 维生素 B_6（又称吡哆醇，抗皮炎维生素）。其主要功能是参与人体内多种代谢过程，是一种酶的辅酶。人体缺乏维生素 B_6 时，会导致皮肤发炎、口、舌生疮，严重时会损害中枢神经和造血机构。

维生素 B_6 分布较广，在动物的肝脏、肌肉、水产品、蛋黄、豆制品、谷物中都有存在。

(4) 维生素 B_{12}。因其有钴参与又称钴胺素或钴维生素。它是人体内核酸以及红血球细胞合成的必需物质，可以预防恶性贫血。缺乏维生素 B_{12} 会引起贫血、脊髓变性、神经退化等疾病。

维生素 B_{12} 在动物性食品中大量存在。如动物的肝脏、肌肉、蛋、乳等食物中含量较高。

(5) 维生素 C（又称抗坏血酸）。其是人体氧化—还原反应的递氢体，具有促进细胞间质形成，保护微血管、预防坏血病的功能。缺乏维生素 C，易使血管脆化、破裂导致坏血病，同时人体对疾病的抵抗能力降低。维生素 C 具有较强的还原性，故是一种重要的食品抗氧化剂。

在新鲜的蔬菜、水果中，存在有大量的维生素 C，特别是在深色蔬菜中含量较高。一些野生植物果实，如刺梨、沙棘等，维生素 C

的含量也较高。

食物中的维生素在食品储存、加工、烹调过程中要损失一部分,因此长期食用不新鲜的食物,或加工烹调方法不当是造成人体缺乏维生素的重要原因之一。此外,人体对维生素的需要还与职业、膳食结构、体质状况等因素有关。

(六) 矿物质

食品中的矿物质属于无机成分。将食品在高温下燃烧时,有机成分转化为各种气体被挥发,而无机物在高温下不易挥发,这些高温下不易挥发的残留物通称为灰分,灰分中各种元素统称为矿物质或无机盐类。

1. 矿物质的营养作用

(1) 矿物质参与人体组织的构成。如构成人体的骨骼、牙齿的主要成分是钙和磷,人体蛋白质中含有磷;血液中含有铁等等。

(2) 矿物质是维持和调节人体生理功能的重要物质。如人体内各种体液的渗透压、酸碱平衡,都要通过矿物质来调节;人体的甲状腺中必须有碘参与等等。此外,有些矿物质还是人体中酶的辅酶如氯、镁、铜、磷等。

(3) 某些矿物质与神经的兴奋有密切关系,如钾、钙、钠、镁等。

2. 食品中矿物质的种类

食品中的矿物质按其含量的多少可分做三大类。含量在 0.01% 以上的称为常量元素,如钾、钠、钙、镁、铁、磷等。常量元素是食品中矿物质的主要成分。含量在 0.01% 以下的称为微量元素,如碘、铜、锌、铅、铝、溴、钴、镍等。含量以微克表示的称为超微量元素,如铅、汞等。

根据矿物质的营养作用也可以将其分为三类。人体健康发育所必需的元素称为必需元素,此类元素在人体中起重要作用。缺乏时会引起各种病变。例如钙、镁、碘、钾、钠、铁等。与人体健康发育无关的元素称为非必需元素。如钡、溴等。对人体有毒害作用的元素称为有毒元素。如砷、铝、汞等。这种划分是相对的,某些必需元素的摄取量超过一定量后,也可以对人体产生毒害作用。

3. 几种重要的矿物质以及其营养

在人体的生理活动中,有几种矿物质元素的营养作用非常重要,而且人体对其需要量也比较大,这些矿物质元素包括:钙、磷、碘、铁等。

(1) 钙。钙是构成人体牙齿、骨骼的主要成分,也有少量钙与蛋白质结合存在于人体的血液中,对于凝血、肌肉伸缩、神经兴奋等生理活动起重要作用。人体因摄取不足或对钙的吸收发生障碍而容易出现缺钙现象,特别是婴幼儿发育快,对钙的需要量大,如得不到及时的补充,更易发生缺钙现象。人体缺钙最为明显的症状是骨骼畸形或软骨病。

人体对钙的吸收还与食物中钙的存在状态有关。当钙以溶于水的化合物状态存在时容易被吸收。当食物含酸并与钙共存时,其中的酸能够与钙发生作用,从而使含钙化合物的溶解度降低,则不利于钙的吸收。如菠菜中钙的含量较高,但因其中含有大量的草酸,容易与钙形成水溶性极差的草酸钙,故菠菜中的钙利用率极低。

含钙较多的食物包括:乳制品、豆制品、虾皮以及蛋类、绿色蔬菜等等。

(2) 磷。磷是构成人体骨骼、牙齿的重要成分,此外还有大约20%的磷存在于人体的肌肉、内脏、脑神经组织中,主要参与人体细胞以及某些酶的构成,同时对其他营养物质的代谢有促进作用,对体液渗透压和神经传导也具有重要作用。

磷广泛存在于食物中,一般情况下人体不会发生缺磷现象。磷的过多摄取,影响钙的吸收,故磷钙的摄取要保持一定的比例。

(3) 铁。铁是构成人体血液中血红蛋白的重要物质。人体中的铁大约有55%存在于人体的血液中,其余存在于人体的肌肉、内脏、神经组织中。人体若对铁的摄取吸收不足,会导致缺铁性贫血。铁还参与人体内一些重要的酶的构成,是人体内输送氧气的载体。

人体对铁的吸收与食物中铁的存在状态有关,一般规律是无机铁较有机铁吸收利用差;三价铁离子较二价铁离子吸收利用差。当食物中存在有使三价铁离子转化为二价铁离子的物质时,有利于铁的吸收。

常见的含铁多且吸收利用率高的食品有:动物的肌肉,肝脏,蛋黄,菠菜,海带以及某些水产品。

(4)碘。碘是构成人体甲状腺的重要成分。缺碘可导致甲状腺肿大,智力、体力下降,发育缓慢。

人体对碘的需要量较大,每日大约需要摄取100~200微克的碘。通常海水产品中碘的含量较高。如海带、哈俐、虾皮、紫菜以及海盐等等。

二、食品卫生

食品卫生就是为防止引起对危害健康而采取的一切卫生措施。它包括从食品的来源、生产、加工、流通直到消费者食用时,为确保食用安全,防止饮食引起食物性病害而采用的知识和技术。联合国专门委员会对食品卫生的定义是:"食品卫生就是在食品来源、生产、制造至最后被人摄取的各个阶段中,为确保食品的安全性、健全性及防止恶化的所有手段。"人类社会高度发展的今天,食品的来源之广,加工工艺之复杂,流通渠道之长,是过去任何时期都无法比拟的。因此,正确地运用食品卫生知识和技术,确保人类的生命安全、健康和繁衍,就显得尤为重要。

(一)食品中有毒物质的种类及其来源

食品中的有毒物质按其来源可分为以下几类。

1. 食品中天然存在的毒素

天然毒素引起的食物中毒,主要是指有些动物植物中含有某种有毒的天然成分,往往由于这些动植物与无毒的品种类似,容易混淆而误食,或食用方法不当而引起中毒。如河豚含有河豚毒素,毒蕈含有毒肽或毒蝇碱等。有些动植物食品,在一般情况下,并不含有毒物质,但储存不当,也会形成某种有毒物质,积累到一定数量,食用后也可引起中毒,例如马铃薯储存不当,发芽后可产生龙葵素。另外,由于某种特殊原因,例如蜂蜜是无毒的,但蜜源植物中含有毒素时会酿成有毒蜂蜜,误食后也会引起中毒。

(1) 发芽的马铃薯。马铃薯本身无毒,但若储存不当,使其表面发绿甚至发芽,则会在绿色表皮,特别是发芽部位产生一种毒素,叫做龙葵素或茄碱。龙葵素中毒发病与摄入量无关,而与食用者对龙葵素的敏感性有关。预防龙葵素中毒,首先要将马铃薯储存好,避免发芽。对发芽严重的马铃薯切勿食用。龙葵素对热稳定,一般烹煮不会受到破坏。

(2) 含氰甙的食物。桃、李、杏、枇杷等的核仁中都含有氰甙。这些食物被食用后,食物本身含有氰甙酶,它可将氰甙水解,生成氢氰酸,从而引起中毒。氢氰酸是剧毒物质。各种果核仁所含的氰甙都是苦杏仁甙,其中毒的轻重,主要与进食量的多少有关。苦杏仁甙加热后可被破坏。

(3) 含皂甙的食物。豆类如扁豆、菜豆、芸豆、四季豆等豆角,若处理不当,如蒸炒时间短,没有熟透,就会引起中毒。豆类的毒素成分是皂甙。皂甙易被水解生成糖类和皂甙原。因此食用时必须煮熟,以免中毒。

(4) 鱼类的组胺。某些可食用鱼类捕捞后在一定条件下,体内会产生组胺,人类食入一定量的组胺会引起中毒。预防措施是不吃腐败变质的鱼,尤其是青皮红肉的鱼类。购回鱼后要注意保鲜。加热可使组胺有不同程度的下降。

2. 食品污染

(1) 食品的生物性污染。食品的生物性污染包括微生物、寄生虫和昆虫的污染,其中以微生物的污染范围最广泛,危害也较大。微生物中的细菌和霉菌在食源性病害及食物腐败变质中占有重要地位,病毒一般只能在活的细胞内繁殖,故不容易在食物上繁殖,除肝炎病毒及脊髓灰质炎病毒外,一般的病毒很难通过食品传播疾病。

寄生虫污染食品的方式有二:一是寄生虫卵在非固定的食物上附着,摄入该食物即可能患病,例如蛔虫卵对蔬菜的污染;另一是以寄生虫作为活体,并作为固定宿主寄生在食物中,人们在进食这种食物后,就有可能患上寄生虫病,例如猪囊虫对肉的污染。经常污染食品的昆虫有螨类、谷蛾、谷象虫等,这些昆虫会降低食品质量。

(2) 食品的化学性污染。食品的化学性污染范围较广泛,包括有机物和无机物,后者有金属与非金属之分。化学性污染的来源有:农药使用不当,残留于食物;工业三废(废气、废水、废渣)不合理排放,致使汞、镉、砷、铅、铬、酚等物质污染食物;食品容器、包装材料质量低劣或使用不当致使其中的有害金属或有害塑料单体等溶入食品;N—亚硝基化合物、多环芳烃污染食品;滥用食品添加剂等。

(3) 食品的放射性污染。食品的放射性污染主要来自放射性物质的开采冶炼及核爆炸、核废物的污染。

(二) 食品卫生监督与管理

(1) 加强法制观念和卫生监督管理。对于食品卫生,我国通过制定法律、卫生标准管理条例进行管理。1995年10月30日颁布的《中华人民共和国食品卫生法》,把有关食品卫生的方针、政策,用法律的形式固定下来,使消费者在食品安全方面受到法律保护。要提高食品卫生的检测手段和检测水平,普及食品卫生知识,以有益于法的执行及达到治的效果。

(2) 要加强预防性卫生监督,同时加强食品生产环节的管理,减少食品污染。在食品生产经营活动开始前对企业地段选择、建筑配置、生产设备、产品以及从业人员状况进行卫生监督。

(3) 综合治理防止食品污染。造成食品污染的来源很多,必须进行综合治理,如对"三废"进行净化处理后排放,合理使用农药、化肥、塑料制品,对有害微生物活动的抑制等,尽可能地降低环境有害因子对食品的污染。

第三节 纺织品组成与性能

一、纺织纤维

(一)纺织纤维分类

直径细到几微米或几十微米,而长度比细度大许多倍的物体,一般叫做纤维。纤维中长度达几十毫米以上,有一定的强度、可挠曲性或具有一定的包缠性和其他服用性能,可以生产纺织制品的,统称为纺织纤维。

纺织纤维可分为天然纤维和化学纤维两大类。如表7-2所示。

表 7-2

纺织纤维分类

纤维种类		原材料种类
天然纤维	植物纤维	
	种子纤维	棉、木棉等
	果实纤维	椰子纤维等
	叶纤维	剑麻、蕉麻、菠萝麻等
	茎纤维	韧皮纤维(苎麻、亚麻、黄麻、槿麻、大麻、苘麻、罗布麻等),茎鞘纤维(棕榈鬃等)
	动物纤维	
	毛发	绵羊毛、山羊绒、骆驼绒、兔毛、牦牛绒、驼羊毛等
	腺分泌物	桑蚕丝、柞蚕丝、蓖麻蚕丝、木薯蚕丝等
	矿物纤维	
	无机物类	石棉

续表

	纤维种类		原 材 料 种 类
化学纤维	人造纤维	粘胶纤维 铜氨纤维 醋酸纤维	木材、棉短绒、蔗渣、芦苇、大豆、乳酪等。
	合成纤维	锦纶 涤纶 安纶 腈纶 维纶 氯纶 丙纶	煤、石油、天然气中提取的简单有机物,如苯、苯酚、糠醛、乙烯、乙炔、丙烯等。

(二)纺织纤维的成分与性能

1. 棉、麻纤维成分与性能

棉纤维与麻纤维的主要成分都是纤维素。纤维素含量前者达90%以上,后者为60%～70%。麻纤维素的聚合度稍高于棉纤维。纤维素含量决定了棉、麻织物的主要性能。

棉纤维为细长、中空、多孔而较扁的管状,天然转曲、纤维易抱合、可纺性好。棉纤维多孔且含有亲水基因,故吸湿性良好。多孔并具有中腔,又使棉纤维有较多的静止空气,因而具有保暖性。棉纤维对碱的抵抗力强,其制品可用强碱性洗涤剂洗涤。常温下用18%～25%的烧碱溶液处理,棉纤维直径膨胀,转曲消失而呈圆管状,长度缩短,若及时施加张力阻止其缩短,则纤维会出现丝状光泽,强度增加,吸湿性和染色性提高,这种加工方法工业上称为丝光。棉纤维有一定的耐热性,160℃以上发生氧化、分解,颜色变黄,强度和弹性下降,但棉纤维防燃性能较差。此外,棉纤维抗酸、抗霉性也较弱。

麻纤维强度高,居天然纤维之冠,抗碱、抗霉和防蛀性均较好,但不耐酸。麻纤维刚性大,伸长小,制成织物挺括、滑爽,但因弹性差、伸长率小而使纯麻织物不耐磨、不耐穿且易起皱,通过变性处理可使之改善。麻纤维吸水快,干燥也快,吸湿、散湿性很好,透气性好,是夏季衣着的适宜原料。

2. 纤维的成分与性能

用作纺织原料的毛纤维主要有羊毛、驼毛、兔毛等。在此以羊毛为例。羊毛纤维主要成分是蛋白质。羊毛纤维有较好的吸湿性、保暖性和弹性。羊毛强度虽不高,但因其变形大和弹性好可使织品耐磨经穿。羊毛纤维的耐酸性、耐污性和耐燃性,在各种纺织纤维中较为突出。羊毛及其织品的缺点是不耐碱,易虫蛀,湿洗易变形、毡缩等。羊毛纤维除用来制成用途各异、风格多样的纯毛织品以外,还可与化学纤维、特种动物纤维等混纺,取长补短,形成风格独特的混纺毛织品。

3. 蚕丝的成分与性能

蚕丝是蚕在结茧时吐出的丝缕。用作纺织纤维的主要是桑蚕丝(俗称真丝)和柞蚕丝。蚕丝的主要成分是丝朊,约占茧丝总量(干重)的72%~80%;其次是丝胶,约占18%~25%。此外,还含有少量色素、脂肪、灰分等。丝朊和丝胶都是蛋白质,前者主要由乙氨酸和丙氨酸构成,后者主要由丝氨酸构成。

桑蚕茧单丝细弱,不能直接用来织绸,所以通常将数根茧丝相互并合且靠其自身丝胶粘合成生丝。生丝含丝质蛋白80%左右和丝胶20%左右。生丝脱胶后称为熟丝。茧丝制成生丝的加工过程,称为缫丝。采用完善的机械设备和工艺缫制的生丝,又叫厂丝。手工缫制的生丝叫土丝。土丝富有天然的光泽,但品质低于厂丝,条分均匀度较差,糙节较多。桑蚕丝大多为白色,光泽独特柔和,手感滑爽,柔软而有弹性,吸湿性优于棉但不如羊毛,对人体无刺激性,是高级纺织原料。桑蚕丝强度和绝缘性良好,耐热性较高,对弱酸稳定,但不耐碱,耐日光性也较差,容易脆化泛黄、降低强度。

4. 粘胶纤维

粘胶纤维是用棉短绒、木材、甘蔗渣、芦苇等原料经提纯制取纤维素,用化学方法制成粘稠胶状溶液而形成的纤维。因其于纺丝前先制成粘胶液,故称粘胶纤维。

粘胶纤维吸湿性优于棉纤维,手感柔软,光泽和染色性均较好。其干态下强度与棉纤维接近,但湿态下强度则下降50%,而且因纤维直径在湿态下强烈膨胀,其织物缩水率高达10%。粘胶纤维与棉纤维一样耐碱而不耐酸,耐热性较好但不耐燃,弹性和耐磨性较差,织物易起皱变形。粘胶短纤维可以纯纺,也可以与其他纤维混纺,织物柔软光滑、透气性好,穿着舒适,染色鲜艳,宜做内衣、外衣和装饰用品。长丝织物质地轻薄,除做衣料外,还可织成被面。

5. 聚酯纤维

其商品名称为涤纶,俗称"的确良"。由于其分子结构中含有酯基,所以叫聚酯纤维。聚酯纤维的主要品种是聚对苯二甲酸乙二酯。聚酯纤维产量占合成纤维中的第一位。

涤纶强度高,耐磨性好,仅次于锦纶;弹性优良,与羊毛相似;耐晒性较好,仅次于腈纶;耐热性居合成纤维之首,而抗皱性优于任何纺织纤维。涤纶吸湿性差,其织物尺寸稳定性好,缩水小,易洗、快干、免烫,但透气性差,易生静电,易玷污,遇火星易熔孔,染色也较困难。纯纺的涤纶织品不多,涤纶多与天然纤维或其他化纤混纺,以弥补其不足,改善消费性能。

6. 聚酰胺纤维

其商品名称为锦纶。由于在分子结构中含有酰胺键,故称聚酰胺纤维。聚酰胺纤维是合成纤维中发展最早的品种,在世界合成纤维总产量中占第二位。锦纶的优点是比重较轻,弹性强,耐折挠性好、耐碱、耐霉、耐虫蛀,较易染色,尤其是强度和耐磨性优于其他纺织纤维。其缺点是吸湿性、耐热性和耐晒性均较差,其织物不如涤纶挺括,且容易变形。锦纶多与羊毛或其他毛型化纤混纺或纯纺织成各种衣料,也用长丝织制丝绸和各种针织品。

7. 聚丙烯腈纤维

其商品名称为腈纶,产量次于涤纶、锦纶,居合成纤维第三位。腈纶蓬松、柔软,保暖较好。腈纶弹性仅次于锦纶和涤纶,类似羊毛。强度高于羊毛,耐日光性优于其他纺织纤维,染色容易且色泽鲜艳,但其耐磨性差,吸湿性差,易产生静电。腈纶长丝很少,大多制成毛型或中长型短纤维,纯纺或与羊毛及其他化纤混纺制成各种织物、绒线、人造毛皮等。

8. 聚丙烯纤维

其商品名称为丙纶。丙纶比重小于水,是纺织纤维中最轻的纤维。丙纶强度高,弹性和抗皱性好,可与涤纶比美,耐磨性也较好,但次于锦纶。丙纶不吸湿,易起静电,穿着有闷热感。对光、热的稳定性差,不耐熨烫,难染色,近年来已有所改进。丙纶主要用做地毯、装饰布、包装材料、绳索、条带等,也用做混纺织物和外衣、运动衣、袜子等。

9. 聚氯乙烯纤维

其商品名称为氯纶。氯纶的最大特点是耐燃烧性能好,离开明火后能自行熄灭。对酸、碱、氧化剂具有很强的抵抗能力,是化学纤维中化学稳定性最好的一种。氯纶的突出特点是耐热性差,在60℃～70℃时开始软化收缩,因此织物不能熨烫,不能用热水洗。其强度低于其他合成纤维,也低于棉花。耐磨性比棉花和腈纶好一些,但低于其他合成纤维。吸湿性极小,接近于零。保暖性比棉花和羊毛好。

氯纶分鬃丝、长丝、短丝三种,鬃丝用来编织帘布纱、筛网、绳子、网带;长短丝可用于纯纺或混纺制成针织品,如毛绒、毛毡、衣料、棉絮等。由于耐燃烧性能好,故制成的毛毡和衣物适合作军用品。氯纶针织衣裤能产生静电,具有治疗关节炎的功能与作用。

10. 聚氨基甲酸酯纤维

其商品名称为氨纶。氨纶的最大特点是具有较大的伸长弹性

(大于400%)和回弹率。氨纶的强度较低,耐热性和耐日光性较好,对酸、碱较稳定,染色性能尚可。氨纶常用于劳动布、灯芯绒、运动衣等弹力织物以及针织服装的辅料(袖口,领口等)、袜子、贴身内衣、弹力织物等。

二、纱线与织物形成

(一)纺纱

1. 纱线的形成

把短纤维加工成纱的过程称为纺纱工程。根据纺织原料不同,纺纱工程常分为棉纺工程、毛纺工程、麻纺工程、绢纺工程等多种。各种纺纱工程又可根据不同的工艺流程分成若干纺纱系统,不同的纺纱系统对原料的要求及成纱的质量特征也有很大差异。各种纺纱工程和不同的纺纱系统,虽然选用的机械设备和工艺流程有很大差异,但各种短纤维的成纱过程却基本相同,大体经过开松、分梳、平行牵伸、加捻、卷取等环节后成纱。开松,是将紧压成包的纤维块通过各种开松机械的撕、扯、弹、打作用,得以松散,并去除杂质。分梳,是将松散的小纤维,通过机械分梳成单纤维。平行牵伸,是通过各种机械作用将单纤维排列成平行而均匀的纤维条子。加捻,是将纤维牵伸到一定细度后,通过加捻增加纤维间的互相抱合,使其具有一定的强度。卷取,是将制成的纱卷绕成规定的形状和大小,防止纱线紊乱。

2. 纱线的细度指标

细度是纱线重要的指标。纱线细度不同,纺纱时所用原料的规格、质量不同,纱线的用途及织品的物理机械性能、手感、风格等也就不同。纱线的计量单位主要用特克斯(号数)、公制支数、英制支数和纤度(旦)等指标来表示。现在按规定用特克斯表示。

特克斯:用1 000米长的纱线,在公定回潮率时的重量(克)表示。对于棉纱线而言则叫号数。它属于定长制,纱线越粗,号数越大。其用下式表示:

$$N_t = \frac{G_b}{L} \times 1\,000$$

式中　L——纱线试样长度(米);
　　　G_b——在公定回潮率时的重量(克)。

公制支数:在公定回潮率时,一克重的纱线所具有的长度的米数。它属于定重制,纱线越细,支数越高。其用下式表示:

$$N_m = \frac{L}{G_b}$$

式中　L——纱线试样长度(米);
　　　G_b——在规定回潮率时的重量(克)。

$$1\text{ 特克斯} = \frac{1\,000}{\text{公制支数}}$$

英制支数:在公定回潮率 9.89% 时,一磅重的棉纱线所具有的 840 码长度的倍数。英制支数属于定重制,纱线越细,支数愈高。其用下式表示:

$$N_e = \frac{L'}{840 \times G'_b}$$

式中　L'——纱线试样长度(码);
　　　G'_b——在公定回潮率 9.89% 时的重量(磅)。

$$1\text{ 特克斯} = \frac{583.1}{\text{英制支数}}$$

旦(纤度):9 000 米长的纱线,在公定回潮率时的重量克数。其用下式表示:

$$D = \frac{G_b}{L} \times 9\,000$$

$$1\text{ 特克斯} = 0.111\text{ 旦}$$

(二)织物的形成与组织

1. 织物的形成

通过机械作用将纱线交织或编结形成织物。织物形成的方法很多,若选用相互垂直排列的两个系统的纱线,在织机上按一定规律交织而成的织物称为机织物。其中与布边平行排列的纱称为经纱,与布边垂直排列的纱称为纬纱。若选用一个系统的纱线,按照一定顺序形成纱圈并相互编结而成的织物称为针织物。

无纺织物是利用绵、麻、粘胶及各种合成纤维的下脚料和再生纤维为原料,再用粘胶液如聚乙烯醇及天然橡胶等为粘合剂,通过气流成网、浸浆、熔烘工艺来完成型的织品,所以它不是经纬交织物。这类织品具有平整、硬挺、组织细密和缩水等特点。

2. 织物的组织

(1) 原组织。原组织是最简单的织物组织,它是一切组织的基础,因此又称基本组织。原组织有平纹组织、斜纹组织和缎纹组织三种,通常称为三原组织。

平纹组织由两根经纱和两根纬纱组成一个单位组织循环。经纱和纬纱每隔一根纱线即交错一次。所以平纹组织织物断裂强度较大,正反面特征基本相同,但手感较硬,花纹单调。属于平纹组织的织物有棉布中的平布、细布、粗布、帆布和府绸,毛织物中的凡立丁、派力斯和法兰绒等。

斜纹组织最少要有三根经纬纱才能构成一个组织循环,它的特征是在织物表面呈现出由经纱或纬纱浮点组成的斜纹线。在斜纹组织中,经纬纱的交错次数比平纹组织少,因而可增加单位长度内的纱线根数,使织物更加紧密、厚实而硬挺,并具有较好的光泽。但在条件相同时,它不如平纹组织织物结实耐磨。棉与棉型化纤织物中的卡其、华达呢、哔叽及毛型化纤织物中的华达呢与哔叽,均用斜纹组织或以斜纹为基础的组织织成。

缎纹组织循环中,一根纱线的各个单独浮点间的距离较远,织物的表面由另一组纱线的较长浮点所覆盖,所以一般在织物表面上显示不出浮点短的一根纱线。这种循环越大,浮长越长,织物越柔软、平滑和光亮,但其坚牢度越低。缎纹组织的正反面有明显区别,正面特别平滑而富有光泽,反面则比较粗糙、无光。缎纹织物在毛织品中有毛直贡呢、横贡呢,棉织品中有横贡缎、缎纹府绸等,丝织物中有素缎、缎地起花等。

(2) 变化组织。变化组织是以原组织为基础而加以变化获得的各种不同组织。其有平纹变化组织、斜纹变化组织和缎纹变化组织。

(3) 联合组织。联合组织是指采用两种以上的原组织或变化组织,按各种不同方法联合而成的新组织。常用的有条格组织、绉组织、透孔组织、蜂巢组织、凸条组织、平纹小提花组织等多种。

(4) 复杂组织。复杂组织是指经纬纱中至少有一种是由两个或两个以上系统的纱线所构成的织物组织。这种组织结构能增加织物的厚度,而表面密致。这种织物,或改善织物的透气性而结构稳定,或提高织物的耐磨性而质地柔软,或能得到一些简单织物无法得到的效果如模纹等。复杂组织有二重组织、双层组织、起毛组织、毛巾组织、纱罗组织等。

三、纺织品的性质

(一) 纺织品的结构性质

1. 织物的织纹组织

织纹组织对织物的外观、结构及其性质都有影响。织纹组织评定指标主要包括组织设计的合理性和组织的正确性。前者决定织物的花色品种和风格,后者涉及到织物的外观质量。织纹组织错乱会造成外观疵点,有时甚至影响织品的坚牢度。

2. 织物的重量与厚度

织物的重量一般是指织物的条件重量,如平方米重、米幅重、匹重等,对某些小件织品则可采用每件重、单位包装重来表示。由于天然纤维织物的吸湿性较强,在不同的温湿度条件下都会影响织物的重量变化,因此在计算重量时,折算成无水干燥重量。

织物厚度是指织物在一定压力下的绝对厚度,以毫米为计量单位。织物的厚度设计，主要决定于织物的用途。厚度对织物的某些物理机械性能有很大的影响，在其他条件相同的情况下，织物的强度、耐磨性、保暖性和原料耗量都随着厚度的增加而增加。

3. 织物的密度和紧度

织物的密度是指在单位面积的织物内所通过的经纱根数和纬纱根数。因此织物的密度应包括经纱密度和纬纱密度两组数值。一般用 10 厘米内经纱或纬纱的排列根数表示，表示方法为经向密度×纬向密度。如：236×220 表示织物经向密度 236 根/10CM，纬向密度 220 根/10CM。不同织物的密度可在较大范围内变化，从麻织物的 10 根左右到丝织物的 1 000 根左右，多数织物的密度在 100~600 根左右。

织物的紧度是指织物中经纬纱排列的紧密程度。织物的紧度包括经向纱线紧度（简称经向紧度）、纬向纱线紧度（简称纬向紧度）、以及总紧度。织物的经向或纬向紧度是指织物的经纱或纬纱的平均直径与两根经纱或两根纬纱间的平均中心距离之比，以百分数来表示。织物的总紧度是指织物中经纬纱所覆盖的面积与织物总面积之比，用百分数来表示。

密度与紧度对织物的厚度、风格、耐磨性、保暖性和透气性等都有很大影响。

4. 织物的幅宽和匹长

幅宽是指织物最靠外的两边经纱线间与织物长度方向垂直的距离。匹长是指一匹（或一段）织物两端最外边完整的纬纱之间的距离。织物的幅宽和匹长，是反应织物有效面积的指标。各种织物在标准中都明确规定有标准幅宽和匹长。

（二）纺织品的主要性能

1. 舒适性

衣着用织物要穿着舒适，表现在生理适宜性和合体舒适性两方面。生理适宜性包括微气候舒适性和触感舒适性和重量轻三个方面。

微气候是指衣服内层与人体皮肤之间空气层的温湿度状态。舒适性要求衣服内层与皮肤之间空气的温度保持在 $32\pm1℃$，相对湿度在 $50\pm10\%$ 左右。在微气候调节中，衣着材料的保温性、透气性、透湿性、吸水性以及衣着商品的式样与组合等都起着重要的作用。

保温性是指阻止人体热量通过衣着材料向外界流失的性质。衣着材料的保温性主要取决于其内部所含静止空气的量。一般地说，纤维的卷曲多，弹性好，织物厚且膨松，则含气量大，保温性好。起绒、起毛织物和毛皮含气量大，保温性好。保温性还与辐射热有关，材料表面越不平滑，光泽越弱，染色越深，吸收辐射热就越多。

透气性是指气体从衣着材料气孔中通过的性质。透气不仅可以排出人体皮肤表面的二氧化碳和汗气，也可以向外界散热。衣着材料的透气性大小决定于直通气孔的大小、厚度、组织结构等因素。通常棉、麻、丝制品透气性较好，而羊毛制品透气性相对较差；材料厚度大，层数多，透气性差；组织结构较疏松的，透气性较好。

透湿性和吸水性是指衣着材料从人体皮肤表面吸收水汽（汗气）和液态水（汗液），并向外界散发的性质。人体皮肤表面的湿度常常比外界空气高，水分通过材料向外扩散若不充分，就会产生不舒服的感觉。天然纤维制品的透湿性和吸水性较好，宜用作内衣。合成纤维制品透湿性和吸水性较差，穿用时有闷的感觉，多用作外衣。

触感舒适性。触感是人体皮肤与衣着材料接触时的感觉。主要表现为压感、温冷感、粘感、刺痒感等。压感是指人体皮肤因衣着压迫力所产生的感觉。实验表明，当压迫力超过 30 克/平方厘米时，人体就会感到不舒适。压迫力的产生在于衣着商品重量过重或宽裕量、弹性不足，因此，应有适当的压迫力，以减轻或避免压迫不舒适感。温冷感是皮肤接触衣着时,由于接触部位的材料从皮肤吸收热量的快或慢,使接触部位的皮肤温度与其他部分皮肤温度不同,从而产生冷或暖的感觉。粘感是指由于衣着玷污而使人体产生的不舒适感觉。及时洗去污物(皮屑、皮脂、汗液、尘垢等)就能消除粘感。有些衣着材料由于含有柔软剂、增白剂、防缩和防皱整理剂或杀菌剂等化学物质,还会刺激皮肤,引起不舒适感。

2. 耐用性

耐用性是指它们在穿用和洗涤过程中抵抗外界各种破坏因素作用的能力。耐用性决定着衣着商品的使用期限、寿命,它的内容主要有抗张强度、抗撕强度、顶破强度、抗疲劳度、耐磨牢度、耐日光性、耐热性、染色牢度、耐霉性和耐蛀性等。

抗张强度是指拉断规定尺寸的衣着材料试样所需的最大外力。撕裂是指织品在某一部位受到集中负荷,而使织品的某一向的纱线逐次地受到最大负荷,产生断裂。织品抵抗撕裂的最大能力称为抗撕强度,以公斤来表示。顶破强度是指织品抵抗集中的垂直负荷的能力。织品的顶破和其他负荷形式不同,它同时作用于织品的纵横向。顶破强度反映衣服的肘、膝部、手套、袜子和鞋子头部的坚牢程度。上述三种强度指标的大小都取决于织物中纤维的种类及其强度、纱线结构和纱线密度,它们反映了衣着商品在大于破坏力的外力一次性作用下的牢固性。但在实际穿用和洗涤过程中,衣着商品往往是经受远小于破坏力的外力的多次重复作用,其最终被破坏是多次重复作用累积的结果,这就是强度的疲劳现象。商品抵抗疲劳的能力称为抗疲劳强度,它对耐用性更具有普遍意义。衣着商品抵抗因外物反复摩擦而损坏的能力,称为耐磨牢度。将天然纤维与锦纶、涤纶等混纺,可大大提高其耐磨牢度。

色牢度是指印染织物在使用过程中,织物色泽对外界因素的抵抗能力,即颜色变化情况,褪色程度。织物在使用过程中,经常受到日光曝晒、皂洗、摩擦、汗渍、刷洗、熨烫及海水浸泡等作用,颜色会发生变化。与之相对应的有日晒牢度、皂洗牢度、摩擦牢度、汗渍牢度、刷洗牢度、熨烫牢度及耐海水牢度等,用以表示各种情况下的颜色变化情况。色牢度是由染料性质及所染织物原料纤维性质、织物组织结构决定的。染料的上染状态、助剂、后整理剂等对色牢度影响也很大。

耐霉、耐蛀性是衣着商品抵抗生霉变质和虫蛀的能力。纤维素纤维(棉、麻、粘纤)制品易吸湿霉变,丝绸及其服装耐霉性好。羊毛及其混纺制品易被害虫蛀食。在染整加工中加入防霉剂或防蛀剂,或者在保管中注意通风防潮和放置纸包卫生球,可获得防霉、防蛀效果。

3. 美观性

人们物质生活水平的提高,消费者购买衣着商品的基本利益是追求美观。美观性是吸引顾客注意力的第一要素。衣着商品美观性决定于色彩、式样、材料等。

"色彩的感觉在一般美感中是最大众化的形式。"色彩在衣着商品上的运用,既有其普遍性,又有其特殊性。所谓普遍性是指其色彩配合要遵循一般的对比、调和规律,并且其色彩的感觉功能和情感功能也没有特殊性。所谓特殊性是指衣着商品的色彩有其特殊的使用方法。衣着商品的色彩美,表现在三个方面。一是时尚性,二是环境协调性,三是人的个体特征的适宜性。

衣着商品的式样美是由点、线、面、体等式样构成要素按形式美的法则以及人体体型和活动特征组合而表现出来的美学特性。与色彩相同,式样也必须与时代潮流、穿着环境、人的个体特征相协调。色彩与式样是影响美观性的最重要因素,因此也是卖得出去的最重要因素。

衣着材料的美观性主要表现在外观疵点、起毛起球性、刚柔性、悬垂性、抗皱性和质感等方面。外观疵点是指织物表面上存在的一切缺陷,包括织疵、杂质、破损、班渍、染色不匀、条花、错花、纬纱或花型歪斜等,往往严重破坏美观甚至影响耐用性。刚柔性主要是指材料抵抗弯曲形变的能力,也称抗弯刚度。抗弯刚度越大,材料越刚硬;反之。材料越柔软。抗弯刚度适中则材料挺括。通常外衣材料要求有一定的挺括,内衣材料则要求一定的柔软。悬垂性是指衣着材料在自然悬垂状态下形成平滑的曲率均匀的曲面的性能。材料的刚柔性越小,各个部位的柔软程度和垂褶越均匀,越容易形成平滑和曲率均匀的曲面,其外观轮廓越优美,此即悬垂性越好。衣料在穿用和洗涤过程中不断经受摩擦,使其表面的纤维端露出,呈现许多毛茸,称为"起毛"。若这些毛茸在继续穿用中不及时脱落,就会相互纠缠,揉成小球,称为"起球"。起毛起球在合成纤维纯纺和混纺织物上尤为严重,它们严重影响织物的美观,大大降低了使用价值。质地是衣料中纤维、纱线和组织结构显露在表面的视觉和触觉特性,又称风格,如光泽、光洁度、匀染度、滑涩感、糙细感、松紧感、爽暖感、硬软感、厚薄感、轻重感等。

4. 经济性

经济性是指衣着商品的使用价值与价值的比值要高,即成本和价格在满足用途需要的基础上要尽可能低。这就要求尽可能降低成本,同时研究消费者对商品的认知价值。由此确定的商品价格应该与消费者期望的价值水平相吻合,既使消费者认为价格与价值相比是合算的价格,也为生产经营者带来较好的收益。

第四节　日用工业品组成与性能

一、日用工业品的化学成分

日用工业品商品种类繁多,化学成分各异。但概括起来可以分为无机物、低分子有机物和高分子有机物三大类。

无机物是指不含碳的化合物,但包括碳的氧化物和碳酸盐类。如水分、灰分、氧化物、酸、碱、盐等。玻璃搪瓷等硅酸盐制品和金属制品属于无机物商品,它们的主要成分都是无机物。

低分子有机物是指分子量在一千以下的含碳化合物及其衍生物,但不包括碳的氧化物及碳酸盐。如低分子烃、有机酸、有机碱和酯类等。肥皂、合成洗涤剂、石油的初级产品(汽油、柴油等)都属于低分子有机物商品。这些商品的主要成分都是低分子有机物。

高分子有机物是指分子量在一千以上,由许多有机单体以共价键相连而组成的物质。纺织品、塑料制品、橡胶制品、皮革制品等都是高分子有机物商品。它们的主要成分都是有机高分子。

二、日用工业品的结构

(一)日用工业品的结构层次

工业品商品的结构是一个广义的概念,它既包括原料的化学组成,分子、原子结构,也包括其外部造型以及各部件之间的位置关系。通常我们把日用工业品商品的结构归纳为三个层次。

1. 宏观结构

这是指用人的眼睛能够观察到的商品外形构造。如:服装的样式、纺织品的织纹组织、家用电器的零部件构造等均属宏观结构的范畴。商品的宏观结构是多种多样的,宏观结构不同,决定了商品外观形态的差异,其对商品的物理性质,使用性能有一定影响。

2. 显微结构

这是指借助于光学显微镜才能观察到的结构。如纺织纤维的断面构造,皮革的胶原纤维结构,金属制品的晶相结构等等。研究商品的显微结构可以鉴别商品的品质质量,也有助于我们探索结构与商品使用价值的关系。

对商品的显微结构进行观察时,需借助于一定的光学仪器,由于光学仪器的种类多且功能差异较大,因此显微结构所包括的范围也较大。如用普通显微镜观察到的结构与高倍显微镜观察到的结构显然有较大的差别。实践中需根据需要,选择合适的光学仪器。

3. 微观结构

这是指构成商品的原子、分子结构以及原子、分子在空间的排列状态结构。商品的微观结构用普通的光学仪器无法对其观察，要用仪器分析方法测定。

(二) 高聚物的大分子形状

1. 线型结构

线型结构是指大分子呈链型、自由卷曲状。线型大分子又有两种形状，一种是不带支链，称为直线型结构，如图 7-1a 所示。另一种是带支链，即在线型大分子链上具有分枝，称为支链型结构，如图 7-1b 所示。

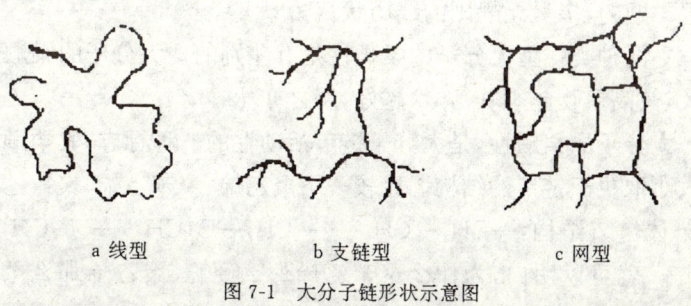

a 线型　　　　　b 支链型　　　　　c 网型
图 7-1　大分子链形状示意图

在溶剂中或在加热熔融状态下，大分子可以彼此分离开来，因此，具有弹性和可塑性、可溶性和可熔融性、硬度和脆性小等特征。此类高分子材料在加热软化后，能塑成各种形状，故亦可以称其为热塑性高聚物。

2. 网型结构

网型结构又称为体型结构，是由线型大分子间生成化学键而形成的，如图 7-1c 所示。

在体型高分子中，没有独立存在的大分子，分子链无序排列，故这类高聚物没有弹性和塑性，不能溶解和熔融，只能溶胀，硬度和脆性较大，一经加热成型后，就不能再受热熔化。因此，称其为热固性高聚物。

(三) 线型高聚物的结构和性质

1. 线型高聚物的大小

线型高聚物是由线型大分子聚集而成的。线型大分子彼此间靠分子间力(本质上是一种静电吸力,也称范德华力)聚集在一起,即大分子间并没有化学键。

2. 线型大分子的柔顺性

对于分子量为 2.5×10^6 的聚乙烯大分子,其长细比相当于一条长 50 米、直径只有 1 毫米的铜丝。由经验可知这样细长的物体是不能刚直的,而必然是弯曲、柔软的。事实正是这样,线型大分子是很柔顺的,多呈无规则的线团状。

不同种类线型大分子的柔顺性是有差别的。大分子的柔顺性越大,其高聚物越柔软、弹性越好,反之亦然。

大分子的柔顺性,是大分子链节活动性的一种标志,其柔顺性的大小取决于链节的结构。比较一下聚乙烯、聚苯乙烯、聚氯乙烯的单体链节结构:$-CH_2-CH_2-$、$-CH_2-C(CH_5)-$、$-CH_2-CCl-$,就可以明白,为什么聚苯乙烯那么硬脆、聚乙烯那么柔软而聚氯乙烯那么强韧了。因为聚苯乙烯大分子单体链节上的"庞大"取代基($-CH_5$),阻碍着链节的运动,降低了大分子的柔顺性。

当然,大分子的柔顺性,不仅与取代基的体积有关,而且也与大分子间作用力等其他因素有关。

3. 线聚高聚物的物理状态与温度的关系

同一种线型高聚物,可因温度不同而呈现不同的物理状态。当温度低到某种程度时,高聚物呈现硬、脆的状态,这种状态称为玻璃态。此时不仅大分子间不能相对移动,就是大分子链节也失去了活动性。当温度升高一定程度时,高聚物呈现柔软而有弹性的状态,称做高弹态。此时大分子间并不能相对移动,但大分子链节开始活动。如果温度再继续升高,高聚物呈现粘性流动状态,称做粘流态。此时不仅大分子链节运动激烈,而大分子间也彼此相对移动。

对应上述三种力学状态的两个转化温度,由高弹态转变为玻璃态的温度和由高弹态转变为粘流态的温度分别称为玻璃化温度和粘流温度。

玻璃化温度和粘流温度是高聚物的重要性质。各种高聚物因玻璃化温度不同,在室温下呈现不同的力学状态。一般地说,在室温下呈现高弹态的高聚物称为橡胶,而呈现玻璃态的则称为塑料。

玻璃化温度取决于大分子的柔顺性,大分子柔顺性越大,则高聚物的玻璃化温度越低。

粘流温度取决于大分子间的作用力,分子间作用力越大,则粘流温度越高。粘流温度是确定塑料成型温度的重要根据。

4. 线型高聚物的聚集态结构

(1) 相态结构。物质的相态结构有两种,即结晶态和非结晶态,非结晶态又称为无定形态。线型大分子间排列有规律的,称为结晶态,其高聚物称为结晶高聚物;线型大分子间排列无规律的则称为非结晶态,其高聚物称为非结晶高聚物或无定形高聚物。

聚乙烯、聚丙烯都是结晶高聚物。高聚物的结晶性与低分子物的结晶性有很大的不同:其一,结晶度不高,不能百分之百的结晶,总是晶区与非晶区相间存在;其二,同一大分子可以一端伸入晶区,而另一端则伸入非晶区。结晶高聚物的结晶度越大,它的使用温度、熔点、耐热性、密度、气密性、强度、化学稳定性越高,而弹性、断裂伸长率、冲击强度和透明度等则降低。

(2) 取向态结构。高分子材料在加工过程中,由于受到拉伸、冲击、挤压等作用,其分子沿着外力作用的方向排列,这种现象就叫取向。取向以后,物质中分子沿某一方向的排列数目增多,使得物质在取向的方向上强度和韧性都会增加。

聚苯乙烯,聚氯乙烯、聚甲基丙烯酸甲酯等都是无定型高聚物。经过定向拉伸,可以提高分子定向排列的程度,使受拉方向的强度大大提高。如生产薄膜时进行双向拉伸,则会得到高强度的薄膜。

纺织纤维的生产,也是利用取向的原理,对它们进行牵伸,使得产品的强度提高。

5. 体型高聚物的结构和性质

体型高聚物都是由线型高聚物分子间产生交联键而形成的。因此体型高聚物的性质主要取决于交联前线型分子分子量的大小以及交联后交联键的密度。如果交联前分子量很低,那么交联后,无论交联密度大小,这类体型高聚物都是较脆而缺乏弹性的。如果交联前分子量较大,则交联后,因其交联密度不同而有不同的性质:交联密度小、弹性大、脆性小、受热容易软化;交联密度大、弹性小、脆性大、受热不容易软化,在有机溶剂中也不容易膨胀。

三、日用工业品的性质

日用工业品商品的性质包括物理性质、化学性质和机械力学性质。这些性质是决定日用工业品商品质量的主要因素,也是流通、消费领域中,确定储、运条件和消费条件的依据。

(一)日用工业品商品的物理性质

商品的物理性质是指在商品的成分不发生化学变化的前提下所表现的性质。商品的物理性质包括:比重、容重、密度、熔点、沸点、透汽性、吸湿性、导热性、耐热性以及商品的颜色、光泽等。

1. 比重、容重、密度

日用工业品商品的比重、容重、密度是其最基本的性质之一。通常可用其评价某些商品的质量,也可以用来衡量商品生产时原料的利用情况。

比重是指商品单位体积的重量。某些情况下也可用单位面积重量或单位商品重量表示商品的重量性质。

容重是用来表示多孔性商品的一项重要指标,它是指在自然状态下多孔性商品单位体积重量。对于紧密体,其容量和比重是相同的。

密度是用来衡量构成商品体的材料单位体积内所包含的物质量的多少,其表示方法同比重,通常用密度来表示高聚物聚集状态,也可以用来表示纺织品单位面积内纱线的数目,以说明纺织品的紧密程度。

2. 熔点、沸点

商品的熔点是指构成固体商品的物质在一定的大气压力下,由固态转化为液态时的温度。对于一种单纯的物质,其熔点是一个确定的常数,当混有其他物质时,熔点下降并且呈一个温度范围。因此,可以通过测熔点来判断某些商品的真伪或纯度。但是当构成商品体的物质是冰晶体时,不存在固定的熔点。

商品的沸点是指液体在一定的压力下,由沸腾转化为气体的温度。它是液体商品的一个重要的物理参数。对于纯净物质沸点是一个确定的数值,当一种纯净的物质沸点下降,说明其混有其他杂质。故可用测沸点来判断液体商品的纯度和质量变化情况。

3. 吸湿性

商品的吸湿性是指商品体在一定的温度、湿度条件下吸收和放出水分的性质。具有吸湿性的商品,环境潮湿时吸收水分,环境干燥时放出水分。这种变化使商品的含水量改变,最终导致商品质量发生变化。

当商品吸收水分时,有两种吸附:一种是由于商品体表面存在有不对称力场而形成的表面吸附,这种吸附与商品体的结构有关,结构多孔、松散、表面积越大,吸附水的能力越强。另一种是由商品的化学成分中亲水性物质与水发生亲合作用而形成的分子(离子)间吸附。此类吸附由商品的化学组成决定,当商品含有较多的亲水物质时,吸附水的能力增强。

商品的吸湿过程,是一个动态变化过程。在某一条件下,吸附速度与放出速度相等时,吸湿达到平衡。通常我们所说的含水量是指在吸湿平衡条件下商品的含水量。当温度改变时,原有的平衡被打破,经过一段时间之后又达到新的平衡。

商品的吸湿性通常用含水率和回潮率来表示:

$$含水率(\%) = \frac{商品湿重 - 商品干重}{商品湿重} \times 100\%$$

$$回潮率(\%) = \frac{商品湿重 - 商品干重}{商品干重} \times 100\%$$

4. 透汽性和透水性

商品的透汽性和透水性,是指商品体能使水蒸汽和水透过的能力。商品透汽、透水性质,实质上都是水的传递过程,所不同的是透汽时,传递的是气体的水,透水时传递的是液态的水。

商品的透汽性和透水性,主要取决于商品体的结构,结构疏松、孔隙较多的商品透汽、透水性较大,结构紧密的商品体,透汽、透水性较差。

商品的透汽性或透水性是针、纺织品、服装、鞋帽等商品的一项重要的指标。用于穿着日用商品一般都要求具有一定的透汽性,这样才能将人体分泌的各种挥发性物质散失。对于防潮、防湿用品,则要求具有不透汽、不透水的性能。

商品的透汽、透水性可用单位时间、单位面积透过水或汽的量来表示。

5. 导热性和耐热性

导热性指商品传导热能的性质,耐热性是指商品承受温度大幅度变化而不被破坏或使用性能不发生改变的性质。一般情况下,导热性好的商品,耐热性也较强。如金属制品其导热性与耐热性优、劣是一致的。

商品的用途不同,对导热性的要求也不一样。如烹饪用具锅要求具有良好的导热性,而防寒用品、保温瓶则要求导热性越小越好。而耐热性对于所有的商品,都是需要的,都要求具有一定的热稳定性。

6. 颜色、光泽

商品的颜色、光泽是商品体在光的作用下,所表现出来的性质。商品的颜色、光泽与商品的化学成分、结构、光源的色相有关。当光作用于商品体时,对光的反映有三种情况,即透射、反射、吸收。若商品对光全吸收,呈黑色;全反射呈白色,全透射,为透明体。大多数情况下,商品吸收自然光中某一波长范围的光,反射另外一波长范围的光,商品的颜色就是由反射光的色相决定的。如商品吸收橙色光,反射蓝绿色光,则商品呈蓝绿色。商品吸收或反射哪种光,是由商品的化学组成、结构决定的。通常,我们讲商品的颜色是指商品在自然光下呈现的颜色,事实上,在不同的色光照射下,商品表现出不同的颜色。如白色物体在红色光照射下,呈红色,在蓝色光照射下呈蓝色。因此,对商品的颜色作出判断时,要注意光源色相。

商品的光泽主要取决于商品表面的光滑程度。商品表面光滑,对光的反射较强时,光泽好;反之,光照射时易发生散射,光泽较差。

(二) 日用工业品商品的化学性质

由于商品的流通、使用条件较为适宜,商品一般不容易发生剧烈的化学变化。主要表现在化学稳定性、耐热性和耐酸、碱性几个方面。

1. 化学稳定性

商品的化学稳定性是指商品在正常的流通、使用条件下,抵抗空气中的氧气、水分以及光线的作用,保持原有的化学性质不发生变化的性质。

商品在光、氧气或热的作用下发生化学变化时,商品原有的使用性能下降以致完全丧失。因此,化学稳定性是日用工业品商品的一项重要性质。

根据影响商品化学成分稳定性的因素,将商品的化学稳定性分为耐氧化性、耐水性、耐日光性等。其中以耐日光、耐氧化性最为重要,因为商品在流通和使用条件下,受日光的照射和空气中氧的作用是非常普遍的。如塑料、橡胶制品在日光、氧气以及温度等因素作用下,极易发生"老化",老化的实质就是由于构成这些商品的化学成分分子发生断裂或交联所致。老化的结果使塑料、橡胶制品品质下降。

2. 耐酸、耐碱性

耐酸、碱性是商品重要的化学性质。如金属制品、普通硅酸盐制品,都要求耐酸、碱性。提高商品的耐酸碱性主要从材料、生产工艺着手,但也要注意改善流通、使用条件,尽可能避免商品与酸、碱性物质接触。

3. 热稳定性

热稳定性是指商品在某一温度条件下,其化学成分抗裂解的性能。商品的热稳定性与商品的耐热既有联系又有区别,从商品发生变化的原因和变化的结果看是相同的,即都是由于温度变化的起因,最终导致商品品质下降以致使使用价值丧失,但是变化的机理完全不同,前者是由热引起的变化,后者是属于物理变化。

4. 金属制品的易腐蚀性

金属腐蚀的机理是因金属材料发生一系列化学变化所致。因此金属制品的易腐蚀性是极为主要的化学性质之一。

金属制商品腐蚀对商品的破坏程度极为严重,通常主要通过改善金属材料的组成,提高其抗腐蚀能力;或对制品表面进行处理,如镀层、涂层等方法,防止金属制商品腐蚀。

(三) 日用工业品的机械力学性质

日用工业品商品的机械力学性质是指商品在外力的作用下所表现出来的各种性质。实质上,商品的机械力学性质反映的是商品体抵抗外力作用的能力。商品的机械力学性能是否优良,直接影响商品的坚固耐用性,也是商业部门确定流通条件的重要依据之一。

1. 弹性与塑性

当外力作用于商品体时,商品的形状要发生改变,通常称为形变。如果外力消除后,商品形变随之消失,恢复原状,这称为弹性形变;如果将外力消除后,商品的形变仍然能持续下去,这种形变称为塑性型变。商品的弹性和塑性是反映商品适用性和耐用性的重要性质之一。

商品的形变性质主要取决于商品的内部结构特点,同时也受使用条件的影响。有些商品的材料在一定的条件下受力时表现为弹性,而在另外一条件下则表现为塑性,尤其是高聚物材料更是如此。

商品的弹性和塑性常用伸长率、弹性形变值、塑性形变值表示。

$$伸长率(\%)=\frac{物体受拉力时伸长的长度}{物体原有的长度}\times 100\%$$

$$弹性形变值(\%)=\frac{伸长长度中所回缩的长度}{物体原有长度}\times 100\%$$

$$塑性形变值(\%)=\frac{伸长长度不回缩的长度}{物体原有长度}\times 100\%$$

2. 强度

强度是指受外力作用时,商品内部产生的抵抗外力引起的变形、变坏的力。当外力作用于商品时,商品内部要产生内应力与外力抗衡,随着外力不断增大,内应力也随之增大,商品体同时发生形变。当外力增加到某一值时,内应力因结构所限无法继续增大与外力抗衡,导致商品体破裂。通常因内应力不易测得,故使用商品引起破裂的外力来表示商品的强度。

决定商品强度的因素主要表现在以下三个方面:其一,构成商品的化学物质中化学键的键能的大小;其二,分子之间作用力的大小;其三,商品的宏观结构受力均匀程度。商品体发生破裂时,往往是先从结构上较为薄弱的环节开始,如杂质、气泡、裂纹、结构上的结合部等处。

商品的强度还与外力作用的形式有关,如受力面积、受力时间、外力作用时的速度,作用力的方向变化等等。通常根据外力作用的形式以及对不同用途的商品所具有的意义,可将商品的强度区分为抗张强度、抗弯曲强度和抗磨强度。

(1) 抗张强度。抗张强度是指商品体抵抗拉伸力作用的能力。通常用使商品体断裂的外力大小来表示其抗张强度,有时亦称断裂强度。抗张强度的大小可用单位截面所能承受的最大拉伸力表示,单位为公斤/厘米^2。也可以用断裂长来表示之,如纺织纱线强度可用本身重量使其断裂的长度来表示。

(2) 抗弯曲强度。抗弯曲强度是指商品抵抗外力弯曲作用的能力。当商品受到外力作用时,商品体内要产生作用方向相反的内应力,即弯曲的外层拉伸,内层压缩,从而导致商品体内部分子产生不同的位移;当弯曲超过一定限度时,商品体断裂。一般情况下弹性材料的抗弯曲强度较大,脆性材料的抗弯曲强度较小。

对于质地柔软的商品,可用反复弯曲时,使商品断裂的弯曲次数表示之;对于质地较硬的商品,则用弯曲一定角度,使商品产生裂纹所用的力来表示其抗弯曲强度。

(3) 抗磨强度。抗磨强度是指商品抵抗外物摩擦作用的能力。当商品受到外物摩擦时,受力的情况复杂。一般情况下,较硬的商品,抗耐磨强度较好。抗磨强度有两种表示方法:一种是用一定条件下商品体被磨耗的重量来表示;另一种是以一定的条件摩擦商品使其破损的次数来表示。

3. 硬度

硬度是指商品体抵抗其他硬物压入其表面的能力。硬度对与鉴定金属、塑料,特别是对要求表面有光洁度的透明物体具有实际意义。这些产品的使用范围、使用过程中的性状以及外观的保护都与硬度有关。

测定物体的硬度有多种方法,最常用的是划痕法。其方法是用十种不同硬度的矿物质组成标准硬度等级(称为摩氏硬度等级,见表 7-3),十级为最硬,用此十种标准矿物质依次在待测物表面划痕,就可以确定材料的相对硬度,即看待测物的刻痕出现在哪两种矿物质之间。

表 7-3

不同石料摩氏硬度

标准矿物质	滑石	石膏	方解石	萤石	磷灰石	长石	石英	黄玉	刚玉	金刚石
摩氏硬度	1	2	3	4	5	6	7	8	9	10

另外,压入法也是衡量材料硬度的一种方法。其方法是用一定硬度的小钢球,施以一定的压力使其在待测物表面形成凹形,最后以下陷部分每单位面积的荷重来表示其硬度,单位是千克/厘米^2。

此外,用邵氏硬度计也可以测试商品体的硬度。

4. 抗疲劳强度

抗疲劳强度是指商品抵抗外力反复作用的能力。商品在使用过程中,经受外力的反复作用,其强度必然要逐步下降,这种现象称为"疲劳现象",它是影响商品耐用性的一项重要机械力学性质。抗疲劳强度通常用商品承受一定次数的外力拉伸后,抗张强度降低的百分率来表示。

第八章 商品包装与装潢

第一节 商品包装概述

一、商品包装的涵义

我国国家标准(GB4122-83)《包装通用术语》中,对现代商品包装作出明确的定义:"为了在流通过程中保护产品,方便储运,促进销售,按一定技术方法而采用的容器、材料及辅助物等的总称。"也指"为了达到上述目的而采用容器、材料和辅助物的过程中施加一定技术方法等的操作活动。"

商品包装概念反映了商品包装的实体形态和商品包装的目的以及商品包装与商品的关系。

商品包装的实体形态有两种,即实物产品和操作过程。前者是实物,如包装容器、装潢、涂料、粘合剂、材料等;后者是方法和技术,如对商品进行打包、捆扎、装箱、灌装等具体的包装方法、包装防锈技术、防霉技术、印刷技术和装潢设计等各种技术。

商品包装的目的有三,即保护商品、方便商品储运和消费、促进商品销售。

根据商品整体概念,包装是商品的组成部分,属于有形商品。如,包装的容器功能,对液体、粉末状商品来说,是实现商品使用价值的必要条件;包装的保护功能,使得疫苗得以完好保存;包装的美化、信息功能促进了商品销售,满足了人们的心理需求。

综上所述,商品包装概念具有三个方面的涵义,即商品包装与商品的关系,商品包装的实体形态和商品包装的目的。

二、商品包装的意义

第一,发展商品包装,能够减少商品损耗,节约社会资源。绝大多数商品,只有经过包装后才获得有效的保护。如,牛痘疫苗有了包装才能被安全地送到人们身边;农作物有了包装才防止了30%~50%的损失;出口瓷器改进包装后,破损率由45%降到10%以下;水泥因包装不善直接造成的经济损失仅1997年一年就达20多亿元,等等。发展商品包装可以最大限度地维护商品的使用价值,从而减少浪费,节约社会资源。

第二,发展商品包装,可以提高生产、经营效率,取得良好的经济效益。

第三,发展商品包装,是实现商业现代化的前提条件。商品包装提供商品信息,便于自动售货和计算机汇总,还应该在商品不付款而被带出店外时发出警报,即防止偷盗。商品包装的形状、结构、大小,要适应物流自动化。商品包装的保护功能要能满足自动化操作的要求。

总之,在物流自动化过程中,包装要能防破损、易识别、易搬运存放,有了这样的包装,才可能实施商业现代化。

第四,发展商品包装,可以提高商品的竞争力。包装处于商品的最外层。顾客接触商品时,首先见到的是包装,顾客认知商品时,第一要素是包装。包装的视觉吸引力、诉求力在很大程度上影响着人们的购买心理,影响着商品是否卖得出去。包装的加工、操作水平使人们想到内装商品的生产加工精度。包装的档次习惯被认为是内装商品的档次。粗糙、低档的包装易被人们认为是低质、低价、落后地区的商品,而精致、高档的包装会被认为是高质、高价、发达地区的商品。牢固、标识清晰准确的包装,会让顾客感到商品内在质量的可靠和企业对客户的责任,即给顾客放心的感觉。直到今天,我们还以包装的精度判定商品的真伪,就可说明包装对内在商品的影响。

包装是一国或地区文化的反映,是科技水平的标志。包装不仅影响商品销售,还影响企业信誉,影响国家信誉。提高包装水平,是提高商品质量、提高商品竞争力、树立企业形象、提高国家声誉的重要内容。

三、商品包装的功能

商品包装的功能是指它与外部环境间相互作用的能力。人和社会需要的不是包装物本身,而是商品包装的功能。例如人们购买商品而需要包装,是因为包装给人们带来了方便携带、方便使用,提供某些心理满足的功能等等。从这个意义上来说,分析包装的功能就是分析包装的使用价值。

商品包装在不同的环境中具有不同的功能,这些功能的总和就是它的整体功能。如果把包装的功能按时间序列划分,就可以分为以下几个阶段:商品包装的生产领域,进入流通领域,再进入商品生产领域,再进入商品流通领域和商品消费领域以及商品包装的废弃回收领域。以上各阶段又可划分为两个大阶段,即包装作为独立商品的阶段和包装进入商品生产领域以后,发挥包装商品的功能(使用价值)阶段。它在作为独立商品的阶段,包括本身的包装操作适应性功能,进入了流通领域后的运输、装卸适应性功能。商品包装从进入商品生产领域开始,便发挥出商品包装的功能,包括包装对商品生产的适应性功能;包装对商品运输、装卸、储存的适应性功能;包装对商品销售适应性功能;包装对商品消费适应性功能;包装对环境的适应性功能。按时间序列分析商品包装在各种环境中的适应功能,可以发现一些可能被忽视的功能,并有助于分析各种功能的主次,从而求得整体功能的最大化。

商品包装的功能需要动态地、辩证地来考察,以更好地满足人和社会的需要。如,10年前人们购买胶水时对包装的要求主要是盛装、保护功能,而现代则侧重于方便使用和满足个人嗜好的功能。再如,瓶装啤酒和听装啤酒在不同的消费地区有不同的销售量(其他影响因素相近时),低消费地区瓶啤销量好一些,高消费地区则听啤的销售看好。

商品包装的功能是包装企业的生产目标,也是发展商品包装的切入点。

商品包装具有容纳、保护、传达、方便、社会适应等五大基本功能,其他种种功能都可看作是在它们的基础上不断延伸发展而成的。容纳、保护、传达、方便、社会适应之所以称之为基本功能,是因为缺少其中任何一个,都不可能成为现代商品包装。当然,五个基本功能之间也存在着相互制约、相互协同的关系,而且你中有我,我中有你,不能绝对地区分,例如,有了容纳就能提供保护,方便也能转化为保护,等等。

(一) 容纳功能及其延伸

包装是一种特殊的容器,包装必须具有容纳功能。对于具体商品销售包装来说,常常碰到两种情况,一是一些商品与包装容纳关系非常密切,如牙膏、香水、墨水、饮料等,没有销售包装的容纳基本功能,商品是无法消费或使用的。二是另一些商品,其销售包装的容纳功能仅与商品流通有关,不参与商品消费,如日用器皿、五金工具等的销售包装。

销售包装容纳功能的延伸就发展为成组、配套、适量等功能。

成组功能是将两个以上相同产品集合于一个包装内,以便于消费者购买、携带,并可促进销售。有些商品运用成组功能就组成中包装,如 20 支香烟组成一包,10 包香烟组成 1 条;饮料商品有 2、4、6、8 瓶成组包装;还有一些商品组成礼品包装,如酒就有两瓶装、四瓶装的礼品包装。

配套功能是将几种有关联的产品放置于同一包装内。像小学生用的各种彩色笔的组合,有利于一起销售一起使用;还有像全套系列化妆品组合，婴儿服装像帽子、上衣、裤子、袜子、鞋子等的组合；也可按一定规则为发挥产品协同作用而进行的配套，如酒和酒具、香皂与毛巾等。

适量功能是将适量物品置于小包装供一次使用，像袋泡茶，小包装餐巾纸，一次一袋洗发膏等都是科学适量包装，既节省也很方便。

（二）保护功能及其延伸

保护功能是指包装对商品施加保护的功能，它应防止商品在生产、运输、储存、销售、消费的过程中因空间和时间变化的作用而损坏变质。在商品生产、销售和消费中，商品主要靠销售包装来保护；在物流（运输、储存）中，商品既靠销售包装，又靠运输包装，是由两者组合成运输包装件来保护商品。

商品包装的保护功能应包括：防潮、防水、防挥发、防霉、防锈、防氧化、防高温、防低温、防光、保鲜、防污染、防震、防压、防冲击、防泄漏等内容。

商品包装保护功能的延伸又发展为防盗、保险等功能。例如，为了防止在销售中有人偷盗，常把包装纸板的面积做得大于服装口袋，可以防盗，也有利于展销；有的为了防止打开包装盗走或换掉里面的物品，通常采用防盗盖。

保险功能主要靠保险封盖提供。如有些药品包装的保险盖能起到防止儿童误食的作用。

（三）传达功能及其延伸

现代商品包装需要传达的信息越来越多，主要有商品品名、牌号、特色、性能、成分、容量、使用方法、生产厂家、档次等等。所采用的方式是以视觉设计的形式创造独特风格，从而达到强烈的感染力。

销售包装的传达功能的延伸就发展成广告宣传、装饰（美化）等功能。

广告宣传功能是包装信息传达的强化而达到的广告宣传作用的功能,通常叫做"包装广告"。包装广告是商品和顾客最接近的广告,它比远离商品本身的其他广告媒介更有亲切感。商品包装随商品一同进入消费者家庭。如果消费者对某一商品产生爱好,向他人推荐时可能会带上包装,此时包装会发挥极大的宣传作用。由广告宣传功能进一步发展而来的所谓 POP 包装,即销售点导购广告。这是在销售点用销售包装配合商品实物进行宣传,把商品的特色视觉设计、使用方法、价格等介绍给顾客。它利用富有感染力的和能影响顾客的广告用语,能起到比一般广告更直接、更生动的宣传效果。

装饰(美化)功能是指销售包装在传达信息的同时,能给人以一定艺术享受,对商品、对环境起到一种装饰作用。在实际生活中常有商品销售包装在商品用完后,被用作陈设或收藏品的情况,例如五粮液酒的十二生肖包装,有的人甚至为了购买包装而买这种酒。

运输包装的传达功能,是传达物流管理所需要的信息,以实现物流的有效管理。

(四) 方便功能及其延伸

包装的方便功能紧紧地与人们在不同领域里追求效率联系在一起。方便的意义集中在一个"省"字上,包括省力、省时、省事、省心。

包装的方便功能包括的范围非常广泛,涉及到几个领域,诸如在生产领域有方便操作、方便自动化生产;方便装卸、方便运输等。在物流领域有方便运输、方便装卸、方便储存、方便统计、方便开箱、方便空箱储运等。在销售领域有方便陈列、方便销售、方便计价、方便计数、方便利用自动售货机等。在消费领域有方便携带、方便开启、方便操作使用、方便重新密封、方便存放等。在环保领域里有方便回收、方便处理、方便操作等。

包装方便功能的延伸又发展成复用功能和改用功能。复用功能是指商品包装用完以后，销售包装仍可重复使用，如桶装食用油包装，当食用油用完后，可不断加入食用油而反复使用。改用功能是指包装商品用完以后，销售包装可作其他用途。例如手提式纸包装袋、塑料袋、织物袋等，取出商品后被用作日常生活用的手提袋。

（五）社会适应功能及其延伸

包装的社会适应功能是指它在满足全社会整体需要上所具有的种种功能，包括卫生安全功能、节省资源功能、环境保护功能等。卫生安全功能主要指包装食品、药品及化妆品时，应能保证商品卫生安全，即符合卫生法规。节省资源（包括能源）功能是指包装本身的原料、生产和包装的应用应有利于全社会资源的合理利用。环境保护功能是指包装应有利于环境的保护，包括节省用料、清洁生产、可回收利用，其最后废弃物最少，并且在最后处理时不应造成公害等，包装要遵守目标市场的环境保护法规。

四、商品包装的分类

商品包装会因商品流通的不同需要和商品本身的不同需要而有不同种类的包装。为了分析研究不同种类商品包装使用价值的特点，商品包装常按商品流通中的作用、按包装的销售市场、按包装材料、按商品种类来分类等。

（一）按包装在流通中的作用分类

以包装在商品流通过程中的作用分类，分为销售包装和运输包装。

销售包装主要以满足销售的需要为目的，通常随同商品卖给顾客，也有很多销售包装参与商品消费。销售包装一般要与商品直接接触，在生产中与商品装配成一个整体。例如墨水瓶、牙膏管、饮料瓶等等。销售包装起着直接保护、美化、宣传和促进商品销售的作用，还可方便商品陈列展销和方便顾客识别选购，对促进销售起重要作用,同时对于消费者也能起到便于携带、使用、保存、识别等作用。运输包装主要以满足运输、装卸、储存需要为目的,通常不随商品卖给顾客,一般不与商品直接接触,而是由许多小包装(销售包装)集装而成。例如烟、酒、化妆品等。商品先装进小包装,然后集装于纸箱或木箱内。但也有一些运输包装,如装水果或家用电器的纸箱等,直接与商品接触,甚至还随同商品卖给顾客。

运输包装在运输、装卸、储存中首先起保护商品的作用;其次起方便运输、装卸和储存,以提高物流效率的作用;再其次起传达信息作用而方便管理等等。

(二)按包装的销售市场分类

商品包装可按销售市场不同而区分为内销商品包装和出口商品包装。

内销商品包装是指用于国内市场的商品包装。出口商品包装是指用于出口商品的包装和包装本身是出口商品的包装。内销商品包装和出口商品包装所起的作用基本是相同的,但因国内外物流环境和销售市场不相同,它们之间会存在差别。内销商品包装必须与国内物流环境和国内销售市场相适应,要符合我国的国情。出口商品包装则必须与国外物流环境和国外销售市场相适应,满足出口国的不同要求。

(三)按包装材料分类

以包装材料作为分类标志,是研究商品包装材料的主要分类方法。一般可分为纸与纸板、塑料、木材、金属、玻璃与陶瓷、纤维制(织)品和复合材料等包装。

(四)按商品种类分类

商品包装可按商品种类不同而区分成建材商品包装、农牧水产品商品包装、食品和饮料商品包装、轻工日用品商品包装、纺织品和服装商品包装、化工商品包装、医药商品包装、机电商品包装、电子商品包装、兵器包装等。

此外,商品包装的分类方法还有以下几种:按包装技术方法分类,有防潮包装、防水包装、防锈包装、遮光包装、防气包装、保香包装、防热包装、真空包装、充气包装和防冻包装等。按包装容器的结构形态分类,常把商品包装区分为箱、桶、筐、篓、缸、袋、瓶、罐、盒等。

第二节 商品包装要求

一、包装材料的要求

包装材料是指用于制造包装容器和包装运输、包装装潢、包装印刷、包装辅助材料以及与包装有关材料的总称,既包括纸、塑料、金属、玻璃陶瓷、竹木与野生藤类、天然纤维与化学纤维、复合材料、缓冲材料等主要包装材料,又包括涂料、粘合剂、装潢与印刷材料和其他辅助材料等。

包装材料是形成商品包装的物质基础,是商品包装各种功能的具体承担者,是构成商品包装使用价值最基本的要素。因此,分析与研究包装材料和制品,是发展包装工业的重要内容。

我国的包装工业主要包括纸、塑料、玻璃、金属、印刷、机械六个子行业。

其中,前四个子行业都是包装制品,其总产值比重在 1997 年为 68.32%,各行业总产值比重变化见表 8-1。

表 8-1

1982～1997 年包装工业各行业总产值比重变化情况(%)

	1982年	1985年	1990年	1995年	1997年
纸包装制品业	18.6	19.7	23.7	26.7	25.97
塑料包装制品业	35.1	34.4	29.3	28.7	27.31

续表

	1982年	1985年	1990年	1995年	1997年
玻璃包装制品业	13	13.5	10.7	7.3	5.25
金属包装制品业	8.1	7.9	9.1	10.9	9.79
包装装潢印刷业	18.4	17.2	18.3	18	15.68
包装机械制造业	6.8	7.3	8.9	8.4	7.85

(一) 包装材料应该具备的性能

1. 保护性能

保护性能是指对内装商品的保护性能。包装材料应具有一定的机械强度,能适应气温变化,能防潮、防水、耐腐蚀、耐热、耐寒、耐光、耐油等,本身应无毒、无异味等。

2. 加工操作性能

包装材料的加工操作性能包括切削钉着性、可塑性、可锻性、可焊性、可粘性、涂覆性和印刷性等。

3. 方便使用性能

方便使用性能主要指便于开启和取出内装物,便于再封闭,开启性能好,不易破裂和损坏。

4. 节省费用性能

节省费用性能包括节省包装材料费用及包装机械设备费用、劳务费用、自身重量等,要使用最合适的材料,采取最合理的包装方法,取得最佳效果。

5. 易处理性能

易处理性能是指包装废弃后,在回收处理过程中表现出来的对环境的适应性,如可回收复用或再生、焚烧时不产生二次污染、回收时易于分类等等。

(二) 主要包装材料的性能特点

包装用主要材料有纸、塑料、金属和玻璃,被称为四大包装材料。

纸、塑料、金属包装制品的产量见图8-1。

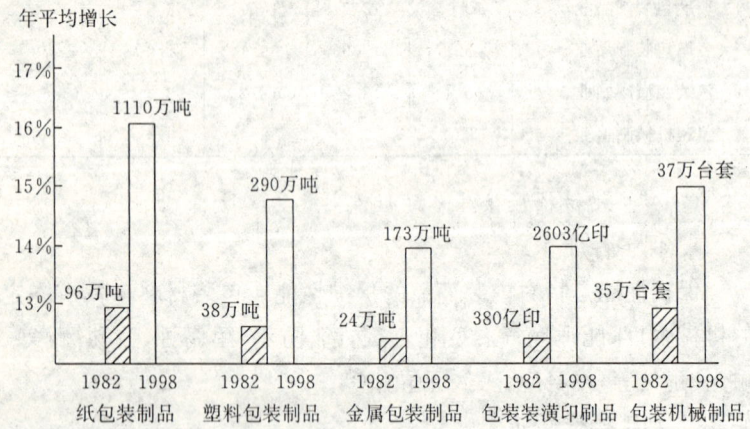

图8-1 包装工业主要产品产量

1. 纸与纸板

纸是植物纤维经过一系列加工过程,加适量胶料、填料、色料等制成的。纸主要成分为纤维素,并有不同程度的半纤维素、木素、树脂与色素等。纸张具有透气、热绝缘,化学性能稳定、折叠灵活,价廉和良好的环境适应性等特点,是商品流通与销售不可缺少的主要包装材料,占整个包装材料使用量的45%以上。

纸和纸板是按定量(指单位面积的重量,以每平方米的克数表示)或厚度(厚薄程度,以毫米表示)来区分的。凡定量在200克/米^{2}以下或厚度在0.1毫米以下的统称为纸;定量在200克/米^{2}以上或厚度在0.1毫米以上的纸称为纸板或板纸。有些产品定量虽达200~250克/米^2,由于习惯的原因仍称为纸,如白卡纸、绘图纸等。

纸主要用作包装商品、制作纸袋和印刷装潢等,纸板则主要用于生产纸箱、纸盒、纸桶等包装容器。

包装用纸的分类如表 8-2 所示。

表 8-2

包装用纸分类

```
       ┌ 一般包装用纸:牛皮纸、包装纸、包裹纸等。
       │ 特殊包装纸:邮封纸、鸡皮纸、羊皮纸、上蜡纸、透明纸、半透明
       │           的玻璃纸、沥青纸、油纸、耐酸纸、抗碱纸、防水带胶
   纸 ─┤           纸、多层铝塑复合纸、接触防锈纸和气相防锈纸等。
包装纸 ─┤ 包装装潢用纸:书写纸、胶版纸、铜版纸、压花纸、肋纹纸。
       │
  纸板 ─┬ 纸板:箱板纸、黄板纸、白板纸、卡纸等。
        └ 瓦楞纸:瓦楞原纸、瓦楞纸板。
```

(1) 纸和纸板的性能特点。纸和纸板区别于其他包装材料,具有下列几个特点。

优点主要有:容易达到卫生要求;成型性和折叠性优良,便于采用各种加工方法,机械加工时能高速连续生产;有最佳的可印刷性,便于介绍和美化商品;废物容易处理,可回收复用和再生,不造成公害,节约资源。

缺点主要有:受潮后牢度下降以及气密性、防潮性、透明性差等。目前已开发出功能特殊的纸制品,如耐水性、导电性和防锈产品。

(2) 趋势与市场。1997 年中国纸品总消费跃居世界第二,达 3 269.5 万吨。而人均消费量仅 26.5 千克,略高于世界平均水平的一半。可见市场潜量很大。1997 年包装用纸产量达到 397.9 万吨,包装纸板产量达 1 081 万吨,两者总和占全国纸及纸板总产量的 54%;由图 8-1 可知,从 1982 年至 1998 年,纸包装制品由 96 万吨增加到 1 110 万吨,从行业发展速度上也反映出纸包装材料和制品有了较快增长,"七五"期间纸制品包装发展速度为 12%,"八五"期间纸包装制品有了更快发展,发展速度达到 14%。在我国包装行业"九五"发展规划及 2010 年远景发展目标中也已明确将绿色包装列为重点。经预测,我国纸包装制品到 2010 年的需求量将超

过1 900万吨。纸包装工业应该向减消耗、增效益、重环保、赶(国际)先进方向发展。

2. 塑料

塑料是一种人工合成的新型的高分子材料。它是指以合成树脂为主要成分,并加适当的增塑剂、着色剂、稳定剂、填料、抗静电剂和润滑剂等,在一定温度、压力条件下,塑造一定形状,并在常温下保持其形态不变的材料。

目前我国塑料制品主要有六大类:塑料编织袋(约占2.5%),塑料周转箱、钙塑箱,塑料打包带、捆扎绳,塑料中空容器,塑料包装薄膜(约占46%),泡沫塑料(约占2%)。

(1) 塑料的性能特点。塑料的基本性能特点主要如下:塑料具有优良的物理性能,化学稳定性好,质轻、节能,加工成型简单、多样、价格低廉等等。塑料的主要缺点是:如强度不如钢铁;耐热性不及玻璃;在外界因素长期作用下易发生老化。有些塑料还带有异味,其内部低分子物有可能渗入内装物;塑料还易产生静电而容易弄脏;有的塑料废物处理燃烧时会造成公害;其价格受石油价格影响而波动等等,所有这些限制了塑料的应用。

(2) 包装常用的塑料。聚乙烯塑料(PE),是应用最普遍的塑料。在包装常用的塑料中,聚乙烯的应用最普遍,它区分为高密聚乙烯(HDPE)和低密聚乙烯(LDPE)两类。通常,高密聚乙烯可用来制造重包装袋以及塑料成型的各种包装容器如瓶、杯、盘、盒等。低密聚乙烯广泛用作包装袋薄膜,并常与其他材料复合生产各种复合材料,聚乙烯塑料还可用来生产软管、泡沫塑料及涂层等包装材料。

聚丙烯(PP)塑料可制成各种瓶、杯、盘、盒等容器,还大量用于制造编织袋、打包带和薄膜。双向拉伸聚丙烯薄膜可用来代替玻璃纸,成本低,可用于糖果和食品包装。

聚氯乙烯(PVC)塑料分为软质和硬质两类。软质薄膜多用来制作各种包装袋;硬质的可塑制成各种瓶、杯、盘、盒等包装容器。

聚苯乙烯(PS)塑料属硬质塑料,包装工业中常用改性聚苯乙烯(抗冲聚苯乙烯和高抗冲聚苯乙烯)注塑成型各种深杯、盘、盒等容器,也用拉伸聚苯乙烯和泡沫聚乙烯制成浅杯、盒、盘等包装容器。聚苯乙烯还大量地用来制造包装用的泡沫缓冲材料。

聚苯二甲酸乙二醇酯(PET),俗称聚酯,主要用作盛装软饮料的瓶类,近年用作啤酒瓶。PET 瓶是中空容器最主要的品种,它的增减直接影响包装容器的增减。目前,我国 PET 瓶总生产能力已超过 15 万吨/年(45 亿个),1998 年产量已达 30 亿个,比 1997 年有较大增长。主要原因是饮料、饮用水市场需求的迅速发展及 PET 瓶回收技术的进步。

我国塑料包装材料自 1980 年以来,在改革开放政策指引下获得迅速发展。1980 年产量仅 19.1 万吨,经过十年的发展到 1990 年产量达到 85 万吨。据不完全统计,1998 年产量为 203 万吨,比 1997 年 185.8 万吨增长 9.31%,但经济效益略有下降,部分企业出现亏损。

(3) 趋势与市场。塑料包装材料的发展趋向为:重点发展食品包装。有资料表明,仅食品包装薄膜使用量就在 100 万吨以上,占塑料包装材料的 50% 以上,到 2000 年底包装薄膜已达 150 万吨以上。随着食品包装要求的不断提高,功能性阻透性包装材料将成为发展热点。在编织制品方面,要努力开发大米、面粉、水泥、化肥、邮件等包装袋,开发用于水利、公路建筑工程的防水、防震等多功能无纺布和防渗膜、编织布、土工布;采用多层共挤、注、吹、内涂覆等先进技术,提高塑料包装瓶、包装桶、包装箱三大类包装容器的耐热性、透明性、阻透性和耐油性;开发高、精、美、中空瓶及日用化妆品容器。

3. 金属

包装所用的金属材料主要指钢材和铝材,其形式为薄板和金属箔,前者为刚性材料,后者为软性材料。包装用金属材料分类如表 8-3 所示。

表 8-3
包装用金属材料分类

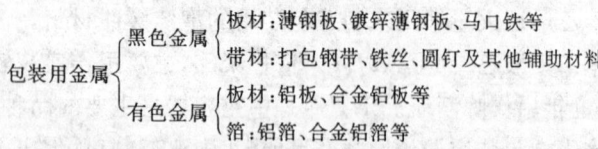

(1) 金属的性能特点。优点主要有:牢固,阻隔性好,有良好的延伸性,容易加工成型,表面有特殊的光泽,可再生利用。缺点是:耗能大、流通中易产生变形、容易生锈(指钢材)等。

(2) 包装用钢材。包装用钢材主要有以下三种。

薄钢板俗称"黑铁皮",是普通低碳素钢的一种。其厚度在 0.25~2.00 毫米范围内。

镀锌低碳薄钢板,简称镀锌钢板,俗称白铁皮,它是在酸洗薄钢板表面上,镀上一层厚度为 0.02 毫米以上的锌保护层,从而大大提高了薄钢板的抗腐蚀性。其具有强度、密封性好等特点,主要用作桶状容器,盛装粉状、浆状和液状商品。镀锌钢板的厚度为 0.44~1 毫米。

镀锡低碳薄钢板,简称镀锡薄钢板,俗称马口铁,是在薄钢板两面镀耐腐蚀的锡层。马口铁呈银白色,光泽明亮,具有便于焊接、冲压、表面涂层和印刷等优良性能,且基本无毒、无害,符合卫生要求,广泛用作听、罐和小型桶状容器。马口铁厚度为 0.22~0.55 毫米。

目前,铁质包装制品在欧洲市场上得到了不断开发,钢质二片易拉罐就是成功的一例,主要用于啤酒及其他非碳酸型饮料的包装。目前,英国市场上易拉罐年销量 160 亿只罐中就有三分之二是以马口铁为原料制成的,而在德国与法国,二片易拉罐的市场几乎全部被钢质易拉罐所占有。欧洲市场上钢质罐市场占有率仍呈增长态势。

(3) 金属包装制品发展状况。我国金属包装制品从 1982 年至 1998 年,由 24 万吨增加到 173 万吨。在印铁方面,金属薄板印刷在金属容器中发展较快。印铁专用设备以进口为主,目前,品种从单色机发展到双色机、四色机、七色机。国产自动印铁机质量较差。我国二片罐目前已有 26 条生产线,生产能力达 100 多亿只,而市场需求量不足 60 亿只,故部分企业半停产,三片罐也是这种状况。

各类产品产量为 1997 年二片罐 55 亿只,三片罐 54 亿只,气雾罐近 7 亿只,印花印铁达 145 亿只,各类瓶盖 380 亿个,各种易拉盖 95 亿只。

4. 玻璃

玻璃是以硅酸盐为主要成分的无机性材料,用于销售包装主要是玻璃瓶和平底杯式的玻璃罐,用来存装酒、饮料、其他食品、药品、化学试剂、化妆品等。

(1) 玻璃的性能特点。玻璃阻隔性能优良,化学稳定性高,无毒无异味,透明性好,易于造型。可制成的品种规格多样,易于回收复用、再生,不会造成公害,原料资源丰富且便宜,价格较稳定。缺点是耐冲击强度低,重量大,运输成本高,能耗大。

(2) 发展状况。玻璃用于包装,其产量和总产值等呈不断下降的趋势。我国从 1992 年到 1997 年,玻璃制品年产量由 600 万吨减少到 443.55 万吨;自 1982 年到 1997 年,玻璃包装制品业在包装行业中的比重,总产值由 13% 降至 5.25%,固定资产和流动资产由 13.3% 降为 5.16%。以上数值表明了玻璃包装制品业大幅度的下降状况。

二、运输包装的要求

商品运输包装是以满足商品运输、装卸、储存需要为目的的包装。它既是保证运输、储存安全的条件,又是提高运输装卸、储存作业效率的物质基础。

(一)运输包装的设计要求

运输包装的设计程序应该是:确定商品的特性和档次,确定储运环境的气候特征,确定储运期限,从而确定包装防护等级,选择包装方式和技法,规定标志等。

运输包装设计的目的,是用最少的费用保证商品的最大安全。所以,运输包装的任务,首先,是保护商品。其次,要有合理的尺寸,使运输包装及其相关要素的规格尺寸能够相互对接,从而达到空间利用的最大化。再次,要有明确的标志,以使商品准确、安全地到达目的地。运输包装应能对商品提供合理的保护。

运输包装件在物流过程中主要受到机械环境和气候环境的作用,所以运输包装的保护功能包括防冲击、防震、防水、防尘、防照射、防潮、防高温、防低温、防霉、防低气压等等。如果从所包装的货物的角度来看,那就包括防破碎、防漏、防腐败、防虫蛀、防锈蚀、防异味、防自燃、防爆炸等功能。

1. 运输包装功能的合理性

运输包装功能的合理性,是指在合理地保证产品安全的基础上,尽量降低包装成本和减少物流费用。

运输包装保护功能的提高,将导致材料费、设备费、人工费、技术引进费等的增加,结果是包装费用加大。运输包装保护功能的提高,将使内装商品破损率降低,当包装费用低于破损的商品金额时,运输包装的保护功能是合理的。

运输包装保护功能的提高,将导致物流(运输、储存)为包装不可靠而支付的费用的降低;当包装费用低于节省下来的物流费用时,运输包装的保护功能是合理的。

2. 运输包装尺寸应模数化

模数是指在某种系统的设计、计算和布局中,普遍重复应用的基准尺寸。一般用米表示。模数确定了该系统中各个组成部分之间的尺寸组合关系的基础。因此,模数是协调系统内外尺寸组合关系的基础。

运输包装模数化的大系统可分为运输包装系统和物流系统。运输包装系统由集装箱、运输包装、销售包装三个层次组成。物流系统包括运输设备、装卸设备、仓库设备、货场、站台、港口码头等要素。运输包装模数化就是对运输包装系统和物流系统的诸要素进行尺寸协调,使各要素之间取得尺寸系列的最佳效果。

包装模数的依据是托盘的尺寸,因为它是最小的集装单元。

包装模数系列和物流模数系列都是根据包装模数计算得来的。我国的 BG4892-1985《硬质直方体运输包装尺寸系列》规定模数尺寸为 600mm×400mm。包装模数系列和物流模数系列的计算方式如下。

首先,由包装模数 600mm×400mm 设计出集合包装(集装箱或托盘),然后以集装箱或托盘的内部尺寸作为最大基数,乘以所选用的优先分数系数,就得到包装模数系列。如果以集装箱或托盘的外部尺寸作为最小基数,乘以所选用的优先整数系数,就得到物流模数系列。这样,根据包装模数系列来设计运输包装以及内包装的尺寸,在集装时就能产生最佳的协调关系。如果根据物流模数系列来设计运输设备、装卸设备、仓库设备、货场、站台以及港口码头的尺寸,就能在物流中,即可在各种设备设施与运输包装件之间产生最佳的协调关系。有了以上两种最佳的协调关系,就能产生最佳的效益。

3. 运输包装标志

运输包装标志是指在运输包装外部所作的特定记号或说明,主要是赋予运输包装件以传达功能。它的主要作用有三个:一是识别商品,实现商品的收发货管理;二是明示物流中应采用的防护措施;三是识别危险商品,暗示应采用的防护措施,以保证商品安全。与此相对应的运输包装标志也有三大类:一是收发货标志,或叫包装识别标志;二是储运指示标志;三是危险货物标志。这三类标志可详见图8-2、图8-3、图8-5。

(二)运输包装容器的要求

商品运输包装的容器主要有瓦楞纸箱、木箱和集装箱等。

1. 瓦楞纸箱

瓦楞纸箱是采用具有瓦楞波纹的夹心纸结构,即瓦楞纸板,经成型工序制成的包装容器。它是目前使用最广泛的一种包装容器,在整个纸制包装中占50%以上。

瓦楞纸箱的应用范围是非常广泛的,几乎包括所有的日用消费品,包括水果蔬菜、加工食品、针棉织品、玻璃陶瓷、化妆品、医药品等各种日用品以及自行车、家用电器、精美家具等。瓦楞纸箱的优点是具有优良的保护功能、方便功能、传达功能、经济合理功能和节省资源功能。缺点是抗压强度和防水性能较差,从而影响了它的保护功能。

2. 木箱

木箱(包括胶合板和纤维板箱)是用木条作衬架,用木板或胶合板、纤维板做器壁和底盖结合起来的长方体容器。

木箱作为传统的包装容器,虽已逐步被瓦楞纸箱所取代,但木箱与瓦楞纸箱相比,仍在某些方面有其优越性和不可取代性。其优点是:结构坚固,强度高,保护能力强,适用于装笨重物资或脆弱精细的电子设备,承重力强,可以装载重量大的商品。缺点是:本身虽无害于环境,但取材于森林而不利于环境,易虫蛀。

3. 集合包装

集合包装是指能够装入若干件包装好的商品的专用于周转的大型容器。集合包装主要有集装箱、集装袋、集装托盘、集装架和无托盘集装等。

(1)集装箱。集装箱是用钢板、铝板、高分子材料纤维板制成的大型长方形箱子,最小体积1.2m^3,可装一吨;最大的达64m^3,

可装 40 吨。国际上常用的集装箱是 20 英尺和 40 英尺两种。

集装箱按用途不同,可分为通用集装箱和专用集装箱两种。

通用集装箱适于装载对运输条件无特殊要求的商品。集装对象广泛,以装运杂货为主,如百货、文化用品、医药、五金、交电器材等,这一类占集装总数的 70%～80%。

专用集箱是根据某些商品对运输条件的特殊要求而专门设计的集装箱。主要可划分为两类:一类是专门运输液态商品的罐式集装箱;另一类是针对商品储运条件要求,设有特殊装置的集装箱,如装载鲜活、易腐、怕热、怕冻商品,箱内设有通风或空调设备。如运输丝绸服装,箱内设有吊挂装置,服装采用吊装方式,从运输包装中取出,可将服装直接上架销售,不需要再熨烫整理。在这里,集装箱将包装、运输、储存三者统一了起来。

集装箱属于大型集合包装,具有既是运输工具,又是包装方法、包装容器的特点。根据国家标准规定,集装箱应具有如下特点:材质坚固耐久,具有足够强度,能反复使用;提供良好的保护,不怕机械外力作用,其密封性使它不怕风雨;适应于各种运输形式,便于货物运送,在一种或多种运输方式进行运输时,中途转运,箱内货物无需更换;具有便于装卸和搬运的专门装置,能进行快速装卸与搬运;形状尺寸标准化,便于货场装卸和堆码,能充分利用车、船、货场等的容积。

集装箱是集合包装容器中最主要的形式,它能为铁路、公路和水路运输所通用,是干杂货和散装货实行联运的比较理想的成组工具。

(2) 集装袋。集装袋是用合成纤维或复合材料编织成的圆形或长方形的大口袋,它的容量有多种规格,根据使用的包装材料和生产工艺的不同而有所区别,一般可容纳重量 1～4 吨的商品,最高可达 13 吨。这种集装袋适用于粉装、粒状的化工产品、矿产品、农产品及水泥等产品,集装袋又分为一次性使用和可回收周转使用两种。

集装袋的主要特点是：最适宜装运粉粒商品，结构简单，使用方便，便于周转和回收复用，节省费用，降低运输成本。

（3）集装托盘。集装托盘简称托盘。是用木材、塑封、钢材等材料制成的一种垫板，下有插口，可供铲车的铲叉插入，便于将已包装好的商品放在托盘上进行装卸。一般托盘的重量为1～1.5吨。为防止托盘上面货物松散，需要用收缩薄膜、拉伸薄膜或其他捆扎方法，将货物牢固捆扎于托盘上，组成一件托盘包装。它具有保护商品，减少损耗，便于装卸与运输，提高装卸效率，合理堆码与储存，节省包装材料，简化包装手续，推动包装标准化等优点。

（4）集装架。集装架又叫框架集装。它是由一层或多层金属筐架（筐笼）在托盘上组装，不用时可以拆卸折叠的集装运输工具，是水果、蔬菜专用的集合包装。筐笼通过框架的四个周边分散压力，因而承重较大，并可以堆码较高的高度。集装架具有轻便、牢固、易于搬运，提高装卸速度，减少包装与运输费用，降低商品损耗的优点。

（5）无托盘集装。无托盘集装即不用托盘的托盘化组装。它是利用收缩薄膜将堆集的货物，集装成一个牢固的整体，形成一种特殊的集合包装。具体作法是：先用通用型托盘机将货物组装，然后送入自动捆扎机，从垂直方向把收缩薄膜包裹在组装货物上，并将薄膜搭缝烫封，再从平行方向包裹一层，在货物最上一层留出两个插口，以便叉车操作。货物裹包后，经热收缩烘箱内进行收缩、冷却、卷边等工序即成。

无托盘集装的结构简单，可节约大量包装物料，包装牢固，节省仓容，自动化程度高，便于运输，且具有防潮作用，最适宜于化肥、水泥等商品的包装。使用后的包装物处理比托盘集装方便得多。

(三) 对进出口商品运输包装的要求

商品运输包装最终仍离不开人力搬运,所以木箱包装一般以 50 千克左右为宜,纸箱包装最好不超过 30 千克。单件包装如重量过重,应使用托盘或装有滑材,便于机械装卸,避免商品破损。但是,各国在这方面还有些特殊的规定和要求。如新加坡和马来西亚对货物装卸是按件收费的,故对单件包装要求越重越好;沙特阿拉伯规定,袋装货物每袋重量不得超过 50 千克,除非装有托盘或其他吊装设备,否则当局不提供码头仓储便利,如因此影响卸货,将按照当地海港搬运费率按每班组时间征收 200 沙特里亚尔延误费。

三、销售包装的要求

销售包装使用价值体现于两个方面,即对销售包装的环境适应性和内装商品的流通适应性。销售包装使用环境即销售包装使用中产生效用的环境,涉及到生产、流通、消费领域和生态环境。销售包装是依据内在商品而存在的商品,它是独立的商品,因为它是人类社会必要劳动的产物,是为了满足人和社会的需要而生产的产品,同时又是商品的一个有机组成部分。所以,销售包装必须服从于内在商品对它的要求,这也是对销售包装的第一要求。

(一) 使用环境对销售包装的要求

1. 生产领域对销售包装的要求

生产领域对销售包装的要求可划分为两个阶段:一是包装本身的生产阶段,如原材料是否丰富易得,成本是否合理;二是商品生产阶段,商品放入包装时,包装是否与生产线协调,是否可利用原有设备来填充封装。

2. 储运对销售包装的要求

运输、装卸和储存对包装的要求有:是否具有合理的保护功能,即以较低的成本,较好地保护商品的功能;尺寸是否标准化,以使销售包装与运输包装、储运设备之间取得尺寸系列的最佳协调效果。

3. 销售对销售包装的要求

商品销售包装主要是以满足商品销售为目的的包装,因为商品销售出去,其价值和使用价值才能得以实现,所以满足商品销售是商品销售包装诸功能中的核心功能,销售对包装的要求也是销售包装总要求中的核心部分。销售对包装的要求有:是否具有强烈的视觉效用,能否显示出商品特色,是否强调了足够的销售策略,与同类商品比较是否更具竞争力,是否适于陈列,能否减少被偷窃的可能性。

4. 消费对包装的要求

消费对包装的要求有:包装所使用的材料是否安全,包装的大小、容量是否适合消费者的需要,价格是否合理,是否能满足情感、心理需求,是否方便携带、开启、封存、计量,是否坚固耐用,是否可以复用或有其他用途,是否具有欣赏价值。

5. 社会对销售包装的要求

社会对销售包装的要求包括四个方面:一是增加社会财富,如减少商品损失,节省资源、能源,提高生产效率和管理效率,防止过度包装,减轻消费者负担,节省社会资源等;二是有助于提高文化修养,包装是社会风貌的写照,是时代的先行者,销售包装应该给人以美感、品味,及至陶冶人的情操,提高文化修养;三是节省资源,减少环境污染;四是符合政策法律和目标市场的消费习俗。

品牌的不同,形成不同的档次,所用包装必然也应有档次差别。商品不同的物态、不同的外形,要求包装选用适宜的材料、结构与造型。商品不同的性质要求商品包装提供不同的保护功能和不同的物理、化学稳定性。

随着新商品的不断出现,对商品销售包装会提出新的要求。商品自然属性对包装提出的要求是推动包装发展的重要因素。

(二) 市场营销决策对销售包装的要求

1. 实施包装决策应该遵循的原则

包装只是产品的一个构成要素,包装化也只是产品战略的一个组成部分。尽管如此,仍有许多业内人士把包装化(Packaging)称为市场营销中的第 5P,与产品(Product)、价格(Price)、地点(Place)和促销(Promotion)并列起来。包装是营销策略中的一个要素,没有包装就没有品牌,没有品牌就无法开展市场竞争。在制定包装决策时,要遵循这样的原则:首先,包装要与商品质量、特征协调一致,包装物的大小、形状、材料文字说明、品牌标记以及颜色都必须相互协调。其次,包装要素要与订价、广告、宣传、促销、分销渠道等营销工具相互协调,保持一致性。第三,包装策略的运用要与产品的生命周期相吻合。如:在产品成熟期,善用包装策略可以更好地满足顾客的基本利益,以努力延长产品的生命周期。

2. 销售包装策略

在市场营销中,企业通常根据不同的市场营销要素采用不同的包装策略。常用的主要有以下几种。

(1) 与产品相适应的包装策略。主要有系列包装策略、等级包装策略、组合包装策略、套标包装策略等。

(2) 与促销相适应的包装策略。主要有方便包装策略、再使用包装策略(包括复用包装策略和多用途包装策略)、附赠品包装策略、绿色包装策略、更新包装策略。

第三节 商品包装技法

商品包装技法是指包装操作时所采用的技术和方法。只有通过包装技法,才能使包装体和商品体形成一个整体。商品包装采用的技法,以包装的保护功能为基础,兼顾其他功能。商品包装技法按包装主要功能不同,可以划分为两大类,即销售包装技法和运销包装技法。

一、商品销售包装技法

商品销售包装技法主要有泡罩包装技法、贴体包装技法、收缩包装技法、拉伸包装技法、真空包装技法、充气包装技法、吸氧剂包装技法、无菌包装技法等等。

商品销售包装技法的选用主要决定于被包装物的性能特点、包装使用环境的要求、包装材料和包装造型结构的性质等等。

（一）泡罩包装技法

泡罩包装技法所形成的包装结构主要由两个构件组成：一是塑料透明罩壳（不与商品贴体），另一部分是纸板，罩壳固定在纸板上。罩壳的形状按商品的形状而定，整体包装可平摆、斜放和悬挂。罩壳透明、光亮，防潮、防磨损性能良好，装配容易，成本低，在超级市场已成为重要的包装形式。

泡罩包装分单面和双面，装配方法都简便易行。如一个狭长的小泡罩可包装铱金笔；一个双面泡罩可包装瓶装商品，装封、开启都很方便。

泡罩包装按照泡罩型式不同，可区分为泡眼式、罩壳式和浅盘式三类。泡眼是一种尺寸很小的泡罩，常见的如药片泡罩包装；罩壳是一种用于玩具、文具、小工具、小商品的泡罩，类似于贴体包装的形式；浅盘是杯、盘、盒的统称，主要用于食品如熟肉、果脯、蛋糕，此时底板已成为盖子。

泡罩包装的封合方法，主要是用外加热进行热封，或热量透过纸板与塑料予以热封，以及采用电子热封和高频热封等。

泡罩包装技法的特点：具有良好的陈列效果，能在物流和销售中起保护作用，可适用于形状复杂、怕压易碎的商品，可以悬挂陈列、节省货位；可以形成成组、成套包装。泡罩包装有较好的阻气性、防潮性、防尘性，用于食品时，清洁卫生，可增加货架寿命。

（二）贴体包装技法

贴体包装技法是将单件商品或多件商品,置于带有微孔的纸板上,由经过加热的软质透明塑料薄膜覆盖,在纸板下面抽真空使薄膜与商品外表紧贴,同时以热熔或胶粘的方法使塑料薄膜与涂敷粘结剂的纸板粘合,使商品紧紧固定在其中。

贴体包装技法的特点:通常形成透明包装,顾客几乎可看到商品体的全部,加上不同造型和有精美印刷的衬底,大大增加了商品的陈列效果;能牢固地固定住商品,有效地防止商品受各种物理机械作用而损伤;也能在销售中起到防止顾客触摸以及防盗、防尘、防潮等保护作用;往往使商品能悬挂陈列,提高货架利用率;可包装成组、成套的商品。但因费工较多,包装效率较低。

(三) 收缩包装技法

收缩包装技法是将经过预拉伸的塑料薄膜、薄膜套或袋,在考虑其收缩率的前提下,将其裹包在被包装商品的外表面,以适当的温度加热,薄膜即在其长度和宽度方向产生急剧收缩,紧紧地包裹住商品。

收缩包装技法的特点及其应用:它所采用的塑料薄膜通常是透明的,经过收缩后紧贴于商品,能充分显示商品的色泽、造型,大大增强了陈列效果。它能包装用一般方法难以包装的异形商品如蔬菜、玩具、工具、鱼、肉类等;利用薄膜收缩特性,可将零散多件商品很方便地包装在一起,如几个罐头,几盒录音磁带等,有的借助于浅盘,可以省去纸盒;对商品具有防潮防污染的作用,对食品能起到一定的保鲜作用,有利于延长货架寿命;可保证商品在到达消费者手中之前的整个流通过程中保持密封,可防止启封、偷盗等。

收缩包装方法也有缺点:它需热收缩设备,需一定的投资和费用,会增加能源消耗;它对一些颗粒、粉末或形状规则的商品,就不如装盒装袋方便和速度快;对冷冻的或怕受热的商品不适应。

(四) 拉伸包装技法

拉伸包装技法是用具有弹性(可拉伸)的塑料薄膜,在常温和张力下,裹包单件或多件商品,在各个方向牵伸薄膜,使商品紧裹并密封。它与收缩包装技法的效果基本一样。

它的特点是:采用此种包装不用加热,很适合于怕加热的产品,如鲜肉、冷冻食品、蔬菜等;可以准确地控制裹包力,防止产品被挤碎;由于不需加热收缩设备,可节省设备投资和设备维修费用,还可节省能源。

(五)真空包装技法

真空包装技法是排除包装内的气体,使密封后的容器内达到一定真空度。此法也称减压包装技法。

真空包装技法的特点:用于食品包装,能防止营养成分的变化,能抑制微生物生长繁殖,能防止虫害,能加速热量的传导,提高了高温杀菌效率,还能避免包装膨胀破裂。它用于松泡工业品包装,能使包装体明显缩小(约缩小50%以上),同时还能防止虫蛀、霉变。

它对于粉状和液态物品不适用,对易破碎、易变形以及有硬尖棱角的物品也不适用。

(六)充气包装技法

充气包装技法是将产品装入气密性的包装容器内,在密封前充入不同惰性气体(N_2),置换内部的空气,从而使密封后容器内仅含少量氧气(1%~2%),故亦称为气体置换包装技法。

充气包装技法的特点:对于粉状、液状以及质软或有硬尖棱角的商品都能包装;用于软包装,外观不起折皱而美观;用于日用工业品包装,能起防锈、防霉的作用。因内部充有气体,不适宜进一步加热杀菌处理。

(七)吸氧剂包装技法

吸氧剂包装技法是在密封的包装容器内,使用能与氧气起化学作用的吸氧剂,从而除去包装内的氧气,使内装物在无氧条件下保存。通常先将吸氧剂充填到透气性的小袋中,然后再放进包装内。

吸氧剂包装技法的特点：采用吸氧剂包装技法时，方法简便，不需大型设备。吸氧剂氧化时有水，还有对化学反应生成物需要注意防止污染。吸氧剂包装会造成容器1/5的收缩。吸氧剂包装技法的成本较高。

二、商品运输包装技法

运输包装的技法区分为两大类：一类是针对产品（包括小包装）的不同形态特点而采用的技术和方法（技巧）；另一类是针对产品的不同物性而采用的技术和方法。

（一）一般包装技法

针对产品不同形态特点而采用的技术和方法，是多数产品都要采用的，因而称为一般包装技法。对于不同形态的产品如何进行包装，一个中心问题是如何合理选择内外包装的形态和尺寸。所以，一般包装技法通常包括以下几种：

内装物的合理置放、固定和加固；

对松泡产品进行压缩体积；

内、外包装形状尺寸的合理选择；

包装外的捆扎。

（二）特殊包装技法

特殊包装技法有缓冲、保鲜、防潮、防锈、脱氧、充气、灭菌等等技法。

1. 缓冲包装技法

缓冲包装又称防震包装，是为减缓内装物受到冲击和振动而免受损坏，采取一定防护措施的包装方法技术。

缓冲包装技术方法主要有妥善衬垫、现场发泡、浮吊包装和机械固定。

（1）妥善衬垫。衬垫的作用是在包装系统中，在内装物间、内装物与容器之间、包装件与地面、外物之间，受外来冲击、振动作用时,保持适当的缓冲余地和阻尼力。典型的衬垫方式有全面衬垫、二端与四角和八角的衬垫、侧衬垫与底衬垫等。

家用电器、精密仪器等,常用泡沫塑料衬垫;玻璃、陶瓷器皿等,常在包装箱内加放瓦楞纸板衬垫和格档,如瓦楞纸箱制成多层折叠式盛装玻璃器皿与瓷器;或用带有固定内格的塑料箱来盛装瓶装商品;精密仪器、电子产品等包装容器内塞满防振填充料,如胶粘丝、木纤维、纤维素填料、泡沫塑料颗粒、软木颗粒、木丝、藤丝、碎纸等。

(2) 现场发泡。现场发泡适用于玻璃陶瓷制品、各种机器、仪器、家用电器、工艺品和其他不规则商品的包装。它是在包装的现场就地生产,使商品封固在包装箱内。现场发泡的塑料为聚氨酯。

(3) 浮吊包装。浮吊包装适用于防震要求较高的产品,如精密仪器、仪表、机电设备等。方法是:将产品放入纸盒,产品与纸盒间各面用柔软泡沫塑料衬垫,盒外用帆布包缝或装入胶合板箱,再用弹簧张吊在外包装箱内,使内装物悬浮吊起,通过弹簧及泡沫塑料起缓冲作用。

(4) 机械固定。机械固定可用橡胶模压件将物品的金属部件连接,把橡胶件紧扣包装箱内。大型工具可利用其底脚孔,经螺栓与箱底或滑木连接固定或木框固定,再将木框拴在箱板上。

2. 防潮包装技法

防潮包装是为防止潮气侵入包装件,影响内装物质量而采取一定防护措施的包装。潮湿会损坏包装,并使内装物受潮而发生霉变、虫蛀、溶化、水解等物理、化学和生物学的变化,因此大多数商品包装都须采取防潮措施。

防潮包装技法就是采用防潮材料对产品进行包封,以隔绝外部空气相对湿度变化对产品的影响,使得包装内的相对湿度符合产品的要求,从而保护产品质量。

为了使防潮适度,应正确地根据产品性质、储运地区的气候条件和储运期限来区分防潮等级,然后进行合理选用。国家标准(GB5048—85)《防潮包装》对防潮包装进行如下分级。见表8-4。

表8-4

防潮包装等级与储运条件

等级	包 装 储 运 条 件		
	储运期限	气候种类	内 装 物 性 质
I	一年以上两年以下	A	贵重、精密、对湿度敏感、易生锈、长霉变质的产品
II	半年以上一年以下	B	较贵重、较精密、对湿度轻度敏感的产品
III	半年以下	C	对湿度不甚敏感的产品

在选择包装等级中,应首先分别根据产品的性质、储运环境气候特征和估计需要的储运期限,确定包装等级;然后从所确定的三种等级中选择最高的等级作为防潮包装件设计的等级;最后,根据所选择的等级来选择防潮阻隔层材料的透湿度及容器。国家标准中推荐优先采用的防潮阻隔材料的等级标准见表8-5。

表8-5

包装用防潮阻隔材料的透湿度

防潮包装等级	薄膜 $g/(m^2 24h)$	容器 $g/(m^2 \cdot 30d)$
I	<2	<5
II	<5	<120
III	<15	<450

防潮包装类型和方法的选用。对于上述三类防潮包装等级,都可采用不同类型的包装和方法来达到。如何选用防潮包装类型和方法,不能仅根据防潮需要这一要素,还需根据其他因素,如所要求的销售包装和运输包装形式,所要求的机械强度、封口方法等来全面考虑,并据此选用保护性、经济性、操作便利性等均较优越的防潮包装类型和方法。

3. 防锈包装技法

金属锈蚀对金属制品质量带来很大的危害,为防止金属制品锈蚀而采取一定防护措施的包装,称为防锈包装。

防锈包装技法主要有:金属材料的表面处理、涂油防锈、气相防锈、塑料封存等。

(1)金属材料的表面处理。钢铁制品的表面处理,有镀金属法、化学防护法和涂漆处理法。铝合金的表面处理,有阳极化处理和化学氧化法。

(2)涂油防锈。金属表面涂油也是一种包装方法。防锈油是以油脂或树脂为主体,加入油溶性缓蚀剂组成的暂时性防锈涂料,有成膜物质与缓蚀剂两个基本组成部分。

(3)气相防锈。它是采用气相缓蚀剂进行防锈的方法。气相缓蚀剂必备的两个条件:常温下具有一定的挥发性;化合物分子结构中与水作用时能分离出具有缓蚀作用的基团。常用的气相防锈剂有:己酸、辛酸、苯甲水杨酸等有机酸;乙胺、丁胺、戊胺、二环己胺、单乙醇胺和羟基胺;环己基苯甲酸胺、二乙醇苯甲酸胺、亚硝酸二环己胺等有机酸复合物和无机酸的胺盐。

(4)塑料封存。塑料封存法有普通塑料袋封存、收缩或拉伸薄膜封存、可剥性塑料封存、茧式和套封式防锈包装。

此外,包装防锈方法还有充氮与干燥空气等封存法。充氮封存是金属容器内充以干燥氮气;干燥空气封存是容器内置入干燥剂后密封,或达到平衡干燥度后取出干燥剂再予密封。

第四节 商品包装标志与商标

一、商品包装标志

商品包装标志是在商品包装外表面用文字、符号、图形制作的特定记号或说明。商品包装的标志按其功能及用途大致可分为三大类,即运输标志、生态标志、商检标志。

(一)运输包装标志

运输包装标志是指在运输包装外部制作的特定记号或说明。

运输包装标志的主要目的有三个:一是识别商品、实现商品的收发管理;二是明示物流中应采用的防护措施;三是识别危险商品,暗示应采用的防护措施,以保证商品安全。与此相对应的运输包装标志也有三大类:一是收发货标志,或叫包装识别标志;二是储运图示标志;三是危险货物标志。

运输包装标志所采用的图形、色彩、符号、文字都应按标准规定来使用,由买卖双方共同确认。运输包装标志标准化是现代化管理的重要组成部分,也是发展国际贸易的必要措施。

1. 收发货标志

运输包装收发货标志是为在流通过程中辨认商品而采用的。具体内容详见表8-6中规定的14个项目,其中分类标志一定要有,其他各项可合理选用。外贸出口商品要用中外文对照印制相应的标志,并标明原产国别。国内销售的商品包装上不填英文项目。

表8-6

运输包装收发货标志内容

序号	项目			含义
	代号	中文	英文	
1	FL	商品分类图示标志	CLASSIFICATION MARKS	表示商品类别的特定符号
2	GH	供货号	CONTRACT No	供应该批货物的供货清单号码(出口商品用合同号码)
3	HH	货号	ART No	商品顺序编号,以便出入库、收发货登记和核定商品价格
4	PG	品名规格	SPECIFICATIONS	商品名称或代号;标明单一商品的规格、型号、尺寸、花色等
5	SL	数量	QUANTITY	包装容器内含商品的数量

续表

序号	项目			含义
	代号	中文	英文	
6	ZL	重(毛重)量(净重)	GBOSS WT NET WT	包装件重量(Kg)包括毛重和净重
7	CQ	生产日期	DATE OF PRODUCTION	产品生产的年、月、日
8	CC	生产工厂	MANUFACTURER	生产该产品的工厂名称
9	TJ	体积	VOLUME	包装件的外径尺寸:长×宽×高(cm)=体积(m³)
10	XQ	有效期限	TERM OF VALIDITY	商品有效期至×××年×月
11	SH	收货地点和单位	PLACE OF DESTINATION AND CONSIGNEE	货物到达站、港和某单位(人)收(可用贴签和涂写)
12	SH	发货单位	CONSIGNOR	发货单位(人)
13	YH	运输号码	SHIPPING No	运输单号码
14	IS	发运件数	CESHIPPING PIECES	发运的件数

2. 储运图示标志

包装储运图示标志是依据商品特性,在储运过程中,对于怕湿、怕震、怕热、怕寒等特殊商品,用文字和图形所作的特殊标记,又叫指示标志。按照国家标准 GB191—85 规定,包装储运图示标志分为 10 种,见图 8-2。

用于未曝光和已曝光但未冲洗的摄影及射线照相胶卷、底片及感光纸的运输包装,以使搬运人员识别内装物为对热源和放射源敏感的产品,应将其存放在远离热源和放射源处。此标志可采用印刷或涂打两种方式,印刷标志应采用图 8-3 的标志图形,涂打标志应采用图 8-4 的标志图形。

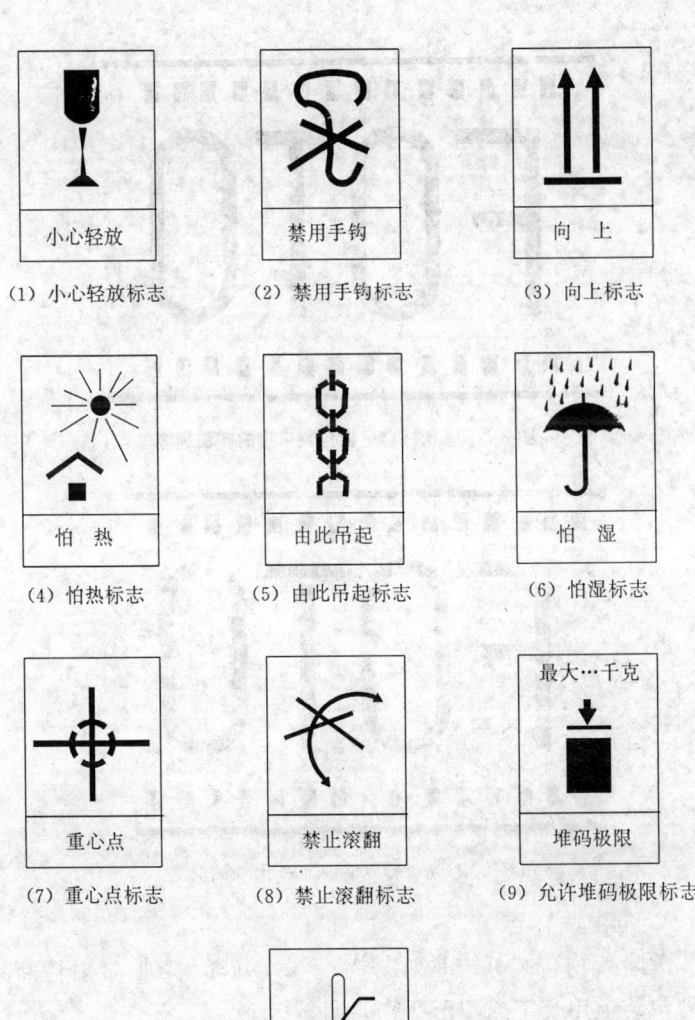

图 8-2 包装储运图示标志(均为白纸印黑色)

图 8-3 感光材料运输包装采用的印刷标志

图 8-4 感光材料运输包装采用的涂打标志

3. 危险品标志

危险货物包装标志是对易燃、易爆、有毒、腐蚀、放射性商品，在外包装上用文字或图形所作的明显标记。

国家标准(GB190—85)《危险货物包装标志》对危险品包装标志的图形、适用范围、颜色、尺寸、使用方法等均有明确规定。

危险货物包装标志必须指出危险货物的类别及危险等级。危险货物包装标志共分为 18 种，见图 8-5 危险品标志。

(1) 爆炸品标志

(橙红色纸印黑色)

(2) 易燃气体标志

(正红色纸印黑色或白色)

(3) 不燃压缩气体标志

(绿色纸印黑色或白色)

(4) 有毒气体标志

(白纸印黑色)

(5) 易燃液体标志

(正红色纸印黑色或白色)

(6) 易燃固体标志

(白色红条底印黑色)

(7) 自燃物品标志　　　　　　　　(8) 遇湿危险标志
（上白下红印黑色）　　　　　　（蓝色纸印黑色或白色）

(9) 氧化剂标志　　　　　　　　(10) 有机过氧化物标志
（柠檬黄色纸印黑色）　　　　　（柠檬黄色纸印黑色）

(11) 剧毒标志　　　　　　　　(12) 有毒标志
（柠檬黄色纸印黑色）　　　　　（柠檬黄色纸印黑色）

图 8-5 危险品标志

(二) 生态标志

生态标志是一种反应环保意识的商品包装标志。商品上标有"生态标志",表示该商品具有环保意识,是绿色的商品。

1978年,原联邦德国建立了官方的生态标志,其图案为"蓝色安琪儿",是借用联合国环保署的标志,为蓝本的。一个产品如果想使用"蓝色安琪儿"标志,必须通过全面审查,证明该产品和包装符合环境保护的要求。1985年,加拿大环保署也设计了加拿大的生态标志,它是三只鸽子互相盘绕而形成的一片枫叶。1989年2月,日本公布了双手环抱地球图案的生态标志。挪威、瑞典、荷兰和法国等国家的生态标志基本上与原联邦德国的"蓝色安琪儿"相似。图8-6为日本和加拿大的生态标记。

日本的生态标记

加拿大的生态标记

图8-6 日本和加拿大的生态标志

(三) 商检标志

"商检标志"是我国进出口商品检验标志的简称。商检标志分为"卫生标志"、"安全标志"、"质量标志",如图8-7,为中国进出口商品检验标志。

H-卫生标志
(白底蓝色)

S-安全标志
(白底黄色)

Q-质量标志
(白底红色)

图8-7 中国进出口商品检验标志

标志中,"CCIB"为"中华人民共和国进出口商品检验局"的英文缩写,"H"、"S"、"Q"分别为卫生(Health)、安全(Safety)、质量(Quality)的英文缩写。

二、商标

(一)商标的特征与作用

1. 商标的概念

商标俗称"牌子"。其在我国历史上曾先后出现过几个名称,如"牌"、"贸易牌号"、"货牌"、"商牌"、"品牌"等,到鸦片战争以后,才开始使用"商标"一词。对商标的定义,我国商标法律制度中没有明确规定,其他国家的法律规定不尽相同,学术界的解释也其说不一,世界知识产权组织在其宣传物《WIPO 概况》上定义为:"商标是用来区别某一工业或商业企业或这种企业集团的商品的标志。"商标是商品生产者或商品经营者为了使自己生产或销售的商品,在市场上与其他商品相区别而使用的一种标记,这种标记通常用文字、图形或文字、图形的组合图案构成。

2. 商标的特征

(1)商标具有从属商品经济的属性。商标是商品经济发展的产物,是随着商品生产、交换的发展而出现了商业性标记。商标的使用者是商品生产者或经营者,而不是消费者。标志物是商品,而不是物品。标记的目的是为了出售商品。

(2)商标具有显著性。商标必须具有能够与其他商品相区别的显著特征,使不同厂商的商品能够区别、比较和鉴定。商标是商品生产者或经营者的独特标记,是企业名声、商品信誉和评价的象征。

商标使用的文字、图形或者其组合,应当有显著特征,便于识别。使用注册商标,应当标明"注册商标"或者注册标记如"注册"、"R"等。

(3)商标享有专有性。经过注册的商标使用在"一定范围"和

"一定质量"的商品上,他人不得冒用和侵权。"专用"、"排他"是注册商标最本质的含义。

(4) 商标具有竞争性。商标在消费者心目中形成的形象,反映了商品生产者或经营者的信誉,标志着商品的一定质量。商标在市场竞争中,可以起到广告和推销员的作用,使消费者认商标选购。

3. 商标与品牌的关系

美国市场营销协会对品牌的定义是:品牌是一种名称、术语、符号或设计,或是它们的组合运用,其目的是藉以辨认某个销售者或某群销售者的产品或服务,并使之同竞争对手的产品和服务区别开来。

品牌标志和名称是品牌的一个组成部分,但并不是品牌的全部。品牌标志是指品牌中可被识别但不能用语言表达的部分,包括符号、图案或专门设计的颜色、字体等。品牌名称则是指品牌中可用语言表达的部分。

商标是品牌或品牌中的一部分,一般是品牌标志和品牌名称。商标依法登记注册之后,便成为注册商标。通常品牌价值用商标价值来表现。

4. 商标的作用

商标是商品的记号,它代表向消费者提供的一组特定的属性、利益、服务、价值、个性以及文化。它具有以下作用。

(1) 识别商品的不同生产者或经营者。区别不同的商品生产者、经营者是商标最重要、最本质的功能。市场上,同类商品竞争激烈,消费者可以通过商标识别厂家,指"牌"购买。

使用商标可以增加顾客对商品的信任感,如果商品质量发生问题,商标可以使消费者利益得到保护。

(2) 有利于保护企业利益。注册商标受法律保护,可以防止竞争对手的仿制侵犯。

(3) 有利于保持老客户。消费者一旦对某种商品的属性产生偏好以后,就会形成"品牌忠诚"现象,即在相当长的时间内保持对这一品牌的购买选择。

(4) 有利于树立企业形象。品牌总是与企业形象联系在一起的,良好的品牌有利于使消费者对企业产生好感。

(5) 有利于经济发展。商标是厂家信誉的一种标志,往往成为消费者选择商品的重要依据。商标信誉的好坏决定了商品的竞争力。优胜劣败的市场竞争规则,促使企业不断提高商品质量,保证了名优商品的市场占有率。国家通过"驰名商标"的评定,使市场更加健康繁荣发展。商标的实施使国家、企业、个人三者的利益得到合理的维护,促进了经济发展。

(二) 商标的分类

商标的分类,尚无统一划分标准。我们通常是以商标的外观结构、用途,商标的使用者和商标管理等作为标志来划分。

1. 按商标的结构划分

从商标的结构分类,大体上可分为文字、图形、记号和组合商标。

(1) 文字商标。文字商标,是指由文字构成的商标。文字包括各种文字、数字和字母。如,汉字商标"全聚德"(烤鸭),英文商标"IF"(化妆品),字母商标"SONY"(电器),数字商标"999"(药品)。

文字商标易读、易记,不易混淆,准确度高。但对不识该种文字的受众来说,这些优点就不存在了。文字商标要尽量简短,在不同语系的目标市场,要译成该目标市场的文字,并且词意最好符合当地人们的喜好。

(2) 图形商标。图形商标,是指由图形组成的商标。因为图形商标不受语言文字的限制,不论任何国家,只要能识图形就会叫出商标的名称。如"长城"商标,给人一看就有明白的感觉。图形商标不便于称呼,所以使用较少。

(3) 记号商标。记号商标,是用某种记号构成的商标。记号作为产品的标志起源很早,据史书记载,一万多年前的一些古陶器上就刻有各种记号。古代一些产品有不少用记号标志,就是现在也有简单的记号作为商标的,不过我国商标法没有规定记号商标,但在实践中仍然有人使用。

(4) 组合商标。组合商标是由文字、图形或记号组成的商标。如:法国一家体育用品公司的"雄鸡"商标文字是"Le Coq Sportif",意为"雄鸡",是商标名称,上方印有一只昂首挺立的雄鸡,是品牌标志。这种商标在我国也是普遍采用的形式。组合商标易于识别,便于呼叫,所以容易被人们接受。但由于包含内容多,不易记忆。

2. 按商标的用途分类

按照商标用途可以分为:营业商标、商品商标、等级商标、保证商标、服务商标。

(1) 营业商标。营业商标,是指以生产或经营的企业的名称、标记作为商标,即用商号或厂标作为商标。如我国的"盛锡福"帽子、"同仁堂"中药,美国的"福特"汽车等。营业商标有特殊的作用,在宣传商品的同时宣传了企业,有助于提高企业的知名度。

(2) 商品商标。商品商标,又叫"个别商标",是指为了将一定规格、品种的商品与其他规格、品种的商品区别开来,在个别商品上使用的商标。如不同规格的轮胎,分别使用"骆驼"、"金鹿"、"工农"牌等商标。

(3) 等级商标。等级商标,是指同一企业、同一类商品因不同规格、质量而使用的系列商标。如青岛同泰橡胶厂生产的轮胎,因规格不同,分别使用"骆驼"、"金鹿"、"工农"等商标。

(4) 保证商标。保证商标,亦称证明商标。证明商标主要是指专为说明质量而使用的商标。通过提供质量证明,使商品对消费者具有巨大的吸引力,便于打开销路,占领市场。如纯羊毛标志,绿色食品标志,真皮标志等。

(5)服务商标。服务商标,是用于区别提供不同的服务项目或行业的商标。服务商标在国际分类中,主要有以下8类:广告与实务,保险与金融,建筑与修理,交通,运输与储藏,教育与娱乐,材料处理,杂务。服务商标的表现形式有图形、字母、符号、呼号、乐曲等等。服务商标(服务标记)一般不用于商品进入流通,不随着商品交换,是服务行业所使用的标记,如金融、运输、广播、建筑、旅馆等服务行业及其各企业使用的行业标志和企业标志。

3. 按商标使用者划分

按照商标使用者可以分为制造商标和销售商标。

(1)制造商标。制造商标,是指表示商品制造者的商标,又称"生产商标"。这种商标往往与厂标一致。如日本"日立"电器公司的"日立牌"商标。使用这种商标是为了区别制造者与销售商。

(2)销售商标。销售商标是指销售者(经营者)销售商品而使用的商标,也称"商业商标"或"推销商标",是销售者为了使自己的经营的商品与其他经营的商品相区别而使用的商标。这种商标常在生产者实力较弱,销售者享有盛誉的时候使用。

4. 按商标的管理需要划分

按照商标的特殊管理需要可以分为防御商标和备用商标。

(1)防御商标。防御商标,是指为了防止他人侵权而申请使用的一些相近似的商标,又叫"联合商标"。此种商标不一定全部使用,其目的是防止别人冒牌影射,保护自己的名牌商品。如美国食品"乐口福"商标,同时注册"口乐福""福口乐""乐福口"等相近似的商标。用于万金油上的"虎"牌商标,同时又注册"豹"、"猫"、"猪"等14种动物牌子的商标。

(2)备用商标。备用商标,是企业内部以储存为目的而没使用的注册商标。这种商标虽然已注册,实际没使用,其目的就是为备用,为企业发生变化应急之用。

(三) 商标的设计原则

1. 根据《中华人民共和国商标法》的要求,商标设计必须遵守的原则

(1) 注册商标应有标记。为了区别注册商标,注册商标应该有标记,以便消费者识别。注册的商品标记方法是在商标旁加注"注册商标"、"注册"、"注"、"R"(REGISTERED TRADEMARK 的缩写)。

商标的设计要根据《中华人民共和国商标法》的要求,注意充分发挥商标的作用。

(2) 商标的设计应符合商标禁用条款。商标禁用条款规定了10种情况不得用于商标:

同中华人民共和国的国家名称、国旗、国徽、军旗、勋章相同或者近似的;

同外国的国家名称、国旗、国徽、军旗相同或者近似的;

同政府间国际组织的旗帜、徽记、名称相同或者近似的;

同"红十字"、"红新月"的标志、名称相同或者近似的;

本商品的通用名称和图形;

直接表示商品的质量、主要原料、功能、用途、重量、数量及其他特点的;

带有民族歧视性的;

夸大宣传并带欺骗性的;

有害于社会主义道德风尚或者有其他不良影响的;

县级以上行政区划的地名或者公众知晓的外国地名,不得作为商标,但是,地名具有其他含义的除外;

已经注册的使用地名的商标继续有效。

(3) 商标要具备显著性特征。在同一种商品或类似商品上,不

能使用与他人的注册商标相同或者相似的商标,否则将构成侵权行为。

2. 为了充分发挥商标作用,商标设计应该遵循的原则

(1) 商标要具有审美性。商标设计要符合消费者审美心理的要求,达到形象性、艺术性、新颖性、时代性、民族性、象征性的高度统一。为此,商标名称要能启发联想,商标的标志要具有艺术感染力。

(2) 商标要适应市场环境。具体地说,是要适应目标市场上消费者的文化价值观念。商标不仅要适应目前目标市场的文化价值观念,而且也要适应潜在市场的文化价值观念。文化价值观念是一个综合性的概念,它包括风俗习惯、宗教信仰、价值观念、民族文化、语言习惯、民间禁忌等。不同的地区具有不同的文化价值观念。因此,品牌经营者要想使品牌进入新市场,首先必须入乡随俗,要设计适应当地市场文化环境并被消费者认可的商标。根据环境适应性原则,设计商标时要考虑其适应性越宽越好,这样才有利于商品的发展。

(3) 稳定适时原则。商标要为消费者熟知和信任,就必须长期使用,长期宣传,在消费者的心目中扎根。但也要不断改进,以适应市场环境变化的需要。有的标志用得过久,已不能与时代的步伐合拍,其发挥的作用也就大打折扣了。日本花王公司的月亮标志,就随着时代的变化,不断地演进。自 1890 年创业迄今,共有 7 次重大的变化。从演进的轨迹来看,显示出越靠近现代,越符合现代人的感受(见图 8-8)。图 8-9 是美国西屋公司品牌标志的演变。

(四) 商标管理

商标管理是国家商标主管部门为了保护商标权,维护消费者的利益和社会经济秩序,根据商标法律制度,对商标注册和商标使用有关行为进行监督、检查、协调、控制和服务的活动。

图 8-8 日本花王公司品牌标志的演进

图 8-9 美国西屋公司品牌标志的演变

1. 商标管理的基本原则

商标管理的基本原则是保护商标所有者权益和保护消费者利益。

(1) 保护商标专用权原则。商标设计、宣传都是社会必要劳动的产物。商标越受人喜欢、知名度越高,所花费的社会必要劳动时间就越多,其价值也越高。保护商标专用权,就是从法律上承认企业在商标信誉里凝结着"个别劳动"、"特殊劳动"的差别,进而承认并保护由于这种差别所带来的不同利益,促进企业着眼于市场需求,在商品质量上下功夫,从而促进经济的健康发展。

(2) 维护消费者利益原则。商标是商品的标志。商标信誉的高低主要取决于商品质量的优劣。企业凭借商标信誉占领市场,消费者则凭借商标选购商品。维护消费者利益原则,是指商标主管机关通过商标管理监督商品质量,查处利用商标损害消费者利益的行为,从而保证消费者得到高质量的商品。

2. 商标使用管理

(1) 对注册商标的使用管理。商标管理机关依法保护注册人行使商标专用权,同时监督注册,履行其应该承担的义务。

商标专用权的内容包括商标的使用权和禁止权。商标使用权是指商标注册人有权在核定的商品上使用其注册商标。商标禁止权是指商标注册人有权禁止其他人在同一种商品或者类似商品上使用与自己的注册商标相同或者相近的商标。商标管理机关通过对商标的管理,使商标权人的利益得到法律保障。

商标权人的义务有三项:第一,必须在法律规定的范围内行使权利,履行法定手续,而不得滥用权利;第二,必须对使用商标的商品质量负责;第三,必须按规定缴纳各项费用。商标管理机关监督商标权人履行其义务,以保证商品质量,维护商标的有效性。

此外,商标管理局还要指导注册人规范地使用商标。

(2) 对未注册商标的使用管理。商标实行自愿注册制度,企业可以根据其生产经营能力和需要自行决定注册与否。没有注册的商标(品牌)也是商品上的一种标志,但不享有商标专用权,当该商标与他人的注册商标相同或近似时,便构成侵权行为;当他人未注册的商标与之相同或近似,也得不到法律的保护。商标管理机构从保护商标权、维护社会经济秩序出发,应当对未注册商标进行管理。

对国家规定必须使用注册商标的商品加强检查。为了保护人民群众的生命健康,国家对少数与人民生命健康和安全密切相关的商品实行严格管理。规定必须使用注册商标的商品,必须申请注册商标。未经核准注册的,不得在市场销售。工商行政管理机关应加强对未注册商标使用行为的监督检查,主要是检查有无擅自在商品或包装上加注注册标记,冒充注册商标的;检查有无违反商标法的规定,将禁用标记和县级以上行政区划名称以及公众知晓的外国地理名称作为商标使用的。除此以外,还应检查并督促未注册商标使用人在其生产经营的商品上标明企业名称、地址等责任标记。凡发现未注册商标与他人注册商标相同或近似的,应坚决禁止使用。

第五节　销售包装视觉设计

销售包装视觉设计是视觉信息传递设计的简称,是运用视觉语言进行商品信息沟通,目的是争取更多的信息接受者,从而促使购买行为最大化。此概念有三层含义:一是视觉设计的内容是商品信息;二是商品信息沟通的方式,即商品信息传递的手段是视觉语言;三是视觉设计的目的为争取更多的信息接受者,从而实现购买行为的最大化。

包装视觉设计就是包装装潢设计,后者是我国传统的、习惯的称谓。在卖方为主的市场上,并不要求以包装外表的美化来促进推销商品,包装只是盛装商品的容器,仅作适当的美化装饰而已。在买方为主的现代市场,为在竞争中求生存、图发展,必须高度重视包装外观设计的科学性与艺术性。特别是为了满足销售包装"自我销售"的要求,则要通过包装一定的色彩、图形、文字等迅速吸引顾客视线,传递商品信息,促使顾客产生购买的意念。"包装装潢设计"和"包装视觉设计"都是指包装的表面设计,是同一内容的不同称谓。但装潢设计是从包装本身考虑的设计,视觉设计是从顾客出发进行的设计。前者是被动的,后者是主动的。国际上一般采用包装视觉设计的概念。

视觉设计的组成要素有色彩、图形、文字、肌理、品牌和条码等。前四者可以形成一个完整的画面,称为构图要素。其中,色彩依附于图形、文字、肌理而表现出来,图形、文字需要肌理的衬托。

一、视觉设计定位

"定位设计"这个名词是近些年由国外引进的,其英文为"Position Design",Position 意即位置、方位,Design 为设计。因此,定位设计是指目标明确的设计,它主要解决设计的构思方法问题。如在商品的包装视觉设计中,可以强调特定的消费者,也可以强调商品或品牌。视觉设计定位的基本思想是把准确的商品信息传递给消费者。设计定位的基本要素是品牌定位、商品定位和消费者定位,即谁卖,卖什么,卖给谁。

(一) 品牌定位

品牌(包括商标)定位的含义是谁卖的商品。品牌的作用是表明"我是谁"。无论是新商品,还是人们熟知的老商品,品牌定位都是很重要的。在设计中要考虑品牌名称、品牌图形、品牌含义等三个要素。

(二) 商品定位

商品定位的含义是直接告诉消费者卖的是什么商品,使消费者能迅速地识别这是一种具有什么特点的商品。商品定位的内容可以是多方面的,可以根据商品的产地定位,根据商品的特点定位,根据商品的用途定位,根据商品的档次定位等。

(三) 消费者定位

消费者定位的含义是告诉消费者是为谁生产的产品,目标往往针对某一消费群,让他们感觉到,这种产品是专门为他们而设计生产的。消费者定位可以按消费者的不同类型和不同心理因素等进行定位。

视觉设计定位可以是上述的某一项定位,也可以是几项有机的结合,但是视觉设计定位必须要有重点。

定位设计只能解决设计中的构思方法,而不能解决包装所带给消费者的艺术感染力,如何使正确的视觉定位通过艺术语言来传递商品的信息,还有待于在其他方面的努力。

二、确定视觉设计的主题

根据消费者购买心理的研究,在消费者心目中,最满意、最与众不同的往往只有某一两点,也就是说,往往是某一两点引发消费者去购买这一商品。商品销售包装要适应消费者的购买心理,突出定位重点。包装装潢设计是在极为有限的方寸之地上进行并发挥其作用的,在销售过程中也只能在有限的瞬间与消费者接触。它在空间和时间上的这些局限性,要求主题必须集中而鲜明。因此,视觉设计要力求突出主题。

确定设计主题亦即确定定位重点。其方法一般是这样的:如果商品的品牌在社会上已经有相当的影响,可以把品牌作为主题;如果商品具有某种特色或特性,可考虑从商品本身的范围内选取设计的主题;如果商品是面向特殊需求的消费群,就可考虑围绕消费者的特点来选取设计主题。集中而鲜明、生动的主题,可以使消费者在一晃而过的瞬间或接触的刹那,对商品产生深刻的印象,进而影响购买。

三、选择视觉设计的表现方法

确定了设计的主题之后,要选择适当的方法来表现这个主题,才能使包装产生活力与生机。视觉设计的表现方法通常有三种,即形象表现法、意象表现法和抽象表现法三种。前者属于事实传递,后两者属于体验传递,即艺术中的传"形"和传"神"。事实传递应力求"形"似而真实感人,体验传递要力求"神"似而让人理解。

(一)*形象表现法*

形象表现法也称具象表现法,是指直接的、具体地表现商品的方法。形象表现方法能达到直观、鲜明、逼真,使人对商品的性质特点易于认识和理解,适用于那些实用性、艺术性兼具的商品,如色形俱佳的食品、玩具类、床上用品等。形象表现法常用写实摄影和写实绘画等方法来体现。

（二）意象表现法

意象表现法是一种体验传递，虽然也采用形象表现形式，但不是逼真地表现商品本身的具体形象，而是以其他事物的具体形象来寓意商品的特点，通常包括象征、比喻、联想等。

（三）抽象表现法

抽象表现法是运用点、线、面的变化组合所创造出来的新的抽象的图形。它能把商品内容实质含蓄地、神似地表达出来，是商品形象的高度概括与升华，其意为"抽取"。

商品的外形是具体的，商品的性质和特点是抽象的，如芳香、悦耳、舒适、坚实、轻柔、可口、质量高、加工精、效用大等等，不是通过眼睛，而是需通过其他人体器官才能感觉到的。抽象表现方式就是通过视觉抽象图形，让人们通过心理反应而感觉到。尤其是对那些外形特征性不强、形象不美、形态游离的商品如化妆品、医药品等，还有那些现代化科技产品如录音带、计算器等，采用抽象表现方式就能把商品特性神似地表现出来，相反如采用形象表现方式，则会感到力不从心。

四、视觉信息传递的一般规律

视觉信息传递的指标主要有信息包含量、吸引力和记忆强度。根据这三种指标分析视觉设计的组成要素，结果是这样的：按信息包含量来看，按照图形——文字——色彩——纹样的顺序递减；按吸引力和记忆强度来看，按色彩——图形——文字——纹样的顺序递减。视觉设计要按此信息传递规律来运用各组成要素，达到视觉设计的要求。

五、视觉设计中各组成要素的选用

（一）色彩要素的选用

在视觉设计画面上，色彩是影响视觉吸引力和记忆强度最活跃的因素。因此,在包装装潢设计中,色彩设计尤为重要。它不仅起着美化商品的作用,还能提高商品的竞争力。

包装装潢的色彩设计,从一般的角度来说,应使消费者从包装色彩上就能辨认出某种商品的信息。因为在消费者的心目中原有的商品形象色已根深蒂固,而一旦使用了与之相背逆的颜色,就可能会出现两种截然相反的结果:或给人以新鲜、独特,别有创意的感觉;或与初衷相去甚远,而得不偿失。这是争取信息接受者最重要的因素。

一般来说,包装表面的色彩设计,应使人从包装色彩上就能辨认出内装商品。通常形象色或与商品属性相关的颜色,都能起到很好的效果。另外,商品色彩要能体现消费者心理需求,采用象征色或流行色可以达到这种效果。还有,色彩的选用必须符合销售策略,这往往会突破色彩的禁忌,用创造性的思维给商品以独到的色彩意境。以上三项往往也是色彩设计的原则。

在着手视觉设计时,必须先调查一下同类包装的形态和色彩倾向,以及这类商品给人的印象,是浓烈还是清爽,是暖热还是寒冷,是坚硬还是柔软,会使人产生何种感觉。有了这些信息后,根据色彩的信息传递特点和设计原则,按商品的销售策略进行设计,就会很好地发挥色彩的作用。

(二) 图形要素的选用

图形是一连串视觉语言——形、色、光同时作用于人眼的结果。在视觉设计中,图形经常作为主体要素出现。如果说色彩的信息传递速度快,最能吸引人的话,那么图形的信息含量大,传递能力大,最能感动人。

在传统性商品和名贵商品中常采用古典风格的绘画(包括装饰性绘画),来创造一种古老、传统的气氛,藉以显示商品的古老名贵。儿童食品和玩具常采用充满情趣的卡通或漫画,从而对儿童产生高度的心理诱导力。商品的性能特点常采用象征、比例、夸张等意象表现法和抽象表现法,能激发人的情绪和联想,产生强烈的心理效果。

（三）文字要素的选用

装潢画面可以不用图形,却不可以没有文字。文字是人们在社会生活中接触最多、最直接、最有效的纯符号的视觉信息。它用于包装装潢的特点是:一切不能用视觉形象直接表达的信息都可用文字来表达;文字的独特艺术性,使其信息传递独具风格;文字表达的信息要比图形间接,信息量相对较少;当文字用于品牌、商标时,信息含量大大增加;作为画面主体的文字,不宜超过5个字。

包装装潢上的文字可区分成主体文字和说明文字两大类。主体文字指商品品牌名、品名等标题字,常常是装潢画面的主体部分。主体文字应具有最醒目的视觉效果,常从各个方面如面积,位置、色彩、明暗等方面突出地表现它们,使它们在画面中占有优势的地位。说明文字是用来介绍商品的规格、数量、成分、产地、用途、功效、使用方法等。这些文字往往在人们购买决策中起重要作用,故必须用端正的字体书写,以免辨认不清。

包装装潢上文字的选用,主要包括中国书法、印刷体、美术体等的正确运用。

完美的文字排列能使文字更具表现力,能增加画面的感染力。文字排列应遵循有主有次、清晰醒目、符合视觉流程规律、符合整体感要求等原则。

（四）肌理要素的选用

肌理的原意是指物体表面质感特征的纹理。例如大理石、木材、皮革的纹理。而肌理作为包装装潢的要素,应看作是包装装潢的衬底装饰,它是由构图中的纹样和材料的质地、纹理相结合而成的。

几千年来,中国书法艺术已达到炉火纯青的地步,成为世界一绝。从甲骨文到篆、隶、草、楷、行,各具风格。其中典雅古朴的篆书,来源于象形,接近于绘画;草书,变化多姿,线条流畅,气韵生动,有如音乐。但其均因缺乏易读性,较难识别,在包装上用得较少,仅部分用于工艺品的包装。而隶书,稳重秀丽;楷书,端庄大方;行书,潇洒流畅,具有较好的识别性,经常用于传统商品的销售包装。

六、视觉设计中的民族风格

民族风格是民族性的外部特征,是本民族特有的,并为本民族多数成员所喜闻乐见。民族风格有时被称为民族形式、民族特色等。

通过一定的装饰手法反应区域性文化特色,是传统商品和地方特产以及出口商品的包装设计常用的手法。

民族风格设计的一般程序是:首先要寻找民族风格的有关资料。从历代的衣食住行和文化习俗等方面着手,于文献资料上寻求中国或某个少数民族的"文化之内涵",在图形资料中探索其"形象之代表"。接着以这些图形为资料进行平面造型设计,可采用打散再组合的手法对原有图形进行整理;或以视觉艺术的创作方式再创作。然后对经过以上处理后的新图形,加以编排配置,使之形成所需要的包装构图,再配以必要的文字及色彩,便形成了较完整的设计。

在民族风格的设计中,可供运用的传统素材非常之多,常见的有书法、绘画、篆刻、生活用品、民间工艺、园林艺术、建筑艺术等。将传统素材用于设计有两种做法:一种是直接植入;另一种是根据构图的要求对素材进行择取、组合、变异,使其融为一个完整的画面。

第六节 商品包装有关法规

一、商品包装法规的沿革

关于包装法规的渊源,可追溯到很久以前,在公元前 3500 年已经产生了食品的公平交易法规,据有关资料记载,当时已有了官方的度量单位,这是最初和包装有关的法规。

古罗马时代,政府对食品卫生十分注意,他们还建立了一套较完整的度量制度,在每个市场内设立了"重量检察官",其职能是监督出售商品的重量和各项交易的货币支付。在古希腊时代,也有一些度量的规定,到公元600年至公元1000年之间正式建立了重量和度量制度的法规,这些法规包含的内容比较广泛,如规定包装内应有适量的填充物。但是这些最早的法规并非是为了保护消费者的安全和健康,而只是为了保护商人的利益和税收。直到欧洲开始形成各个国家之后,各国才纷纷建立起一套自己的法规,首先是食品法规,其中包含食品本身及其包装需要遵守的条款,比如"面包法规",以书面形式规定了面包商必须遵守的规则。

美国的包装法规主要有:1906年制定了第一个食品和药品法令,即《1906年法令》;1938年,在补充修正基础上,制定了《联邦食品、药品和化妆品法》,其内容突出了安全要求,对药品、食品和化妆品的添加剂使用量作了规定,提出了该类商品的特别标准、各种填充物的规定要求等;1958年,在细分化基础上又制定了《食品添加剂修正案》;1921年颁布了《有关腐蚀性毒物的法令》(FFA),这是美国的第一个安全法规;1960年,制定了《危险品运输法令》,明确规定了危险品运输过程中的包装要求。此外还有1914年的《纺织品标志法规》、1941年的《羊毛标志法》等。

我国在解放初期,由于种种原因,当时经济处于封闭的经济体系中,商品生产很不发达,对包装问题也不够重视,包装立法问题更没有明确,只在出口商品包装方面考虑到了国际包装的法规,如《国际海上危险货物运输规则》,各界人士对其他方面的包装法规都没有引起太大的注意。1991年试行的《出口商品运输包装检验管理办法》,以行政法规的形式对出口商品运输包装的检验工作做了强制性规定。凡是《种类表》内的商品及法律、法规规定必须经商检部门检验的出口商品运输包装,必须经商检局检验合格才能使用,经过商检机构考核并获得质量许可证的工厂,才能生产用于上述出口商品的包装容器。该法规对提高出口商品包装起到极大的保障作用。

二、商品包装的安全法规

保护消费者的安全,是制定包装安全法规的宗旨。美国国会于1921年颁布了《有关腐蚀性毒物的法令》,1953年又颁布了《易燃织物法令》,对易燃织物的包装做出了规定。此后,相继公布了一系列有关法规,如:《联邦危险品法令》(FHSA),由FDA监督执行;《玩具安全法》,对玩具包装及制作玩具的材料均作了相应的规定;《消费品安全法》(CPSA),其中包括"防止有毒包装"的内容,该法因十分重要,故被编入美国的《联邦法典字典》中;1970年制定的《防止毒害包装法》,对药品的包装进行了具体的法规规定。美国卫生部门对"柜台出售商品"包装也做出了相应规定,即应有保护性包装,拆封时需有痕迹(即用透明薄膜封住封口)。

近年来,世界各国对玩具安全也引起了极大的重视,美国规定玩具的包装必须标示有关的安全内容以资安全。如必须标出年龄分组(即适合该玩具的最低年龄)、使用说明、警告性标示、安全标示等。欧洲各国于1991年1月1日颁布了欧洲市场玩具安全法令,要求玩具加贴安全(CE)检验标志,目前,法国、西班牙等国已开始执行,其中法国对该项法令的实施最为严格,如销售未标示CE标志的玩具,要处以2 500～5 000法郎的罚款。

(一)食品包装的安全法规

在美国,和包装有关的食品安全法规有《联邦肉类监察法》、《有益健康肉类法》、《禽类食品监察法》、1986年的《有益健康禽类产品法》等,其中都对肉禽包装需注意的问题作了规定。1906年的《食品和药品法》和1938年的《联邦食品药品和化妆品法》,是食品包装的基本法,该法规规定"禁止不卫生的包装","建立公平包装","食品添加剂不是十分必要时可不用","装过毒品的容器不能装食物"等。1958年的《食品添加剂修正案》也对食品包装提出要求,规定"添加剂必须按法令办","选择安全的物质进行包装"等等。1986年通过的《公平包装标示法》,是有关包装的最完备的法规之一。该法令由三个专门部门执行与实施。

(二)危险品包装和运输安全的法规

危险品是指易燃、易爆、有毒,具有腐蚀性、辐射性等一类的特种商品。美国1960年制定的《危险品运输法令》,1966年运输部(DOT)制定的《公共法规89-670》就是关于运输和装运危险品的法规,这些规定由危险品法规局监督执行。现行广泛实施的《国际海上危险货物运输规则》(IMDGCODE)、《国际海洋运输法典》(SCCAS)、《国际民航组织指南》、《中型散装容器》(IBCS)等,都是对危险品进行分类严加管理的具体法规。

第九章 商品储运与养护

第一节 商品储运管理的重要意义

一、商品储运管理及其性质

商品储运管理是指对仓库所保管的各类商品的进、出、运、存业务进行的计划、组织、监督、控制与核算等活动。

商品储运的性质表现在以下几个方面：

1. 商品储运的生产性

从事物资收发、储存、运输、装卸搬运、包装、流通加工等储运业务经营工作，与从事物资生产的工业企业，虽然在生产内容和生产形式上有区别，但也具有生产性质。

商品实物的运输和储存是社会化生产的客观要求，是在社会分工和专业化生产条件下解决商品生产和消费在时间与空间上的矛盾的必然，是社会再生产过程得以顺利进行的必要前提和条件。商品储运虽然不能使商品的使用价值因储运劳动的消耗而增加，但它能够保持已创造的使用价值不受损失，为商品的使用价值的最终实现创造条件，所以，商品经保管后，其价值会相应增加，因此商品储运具有生产性质。

2. 商品储运的不均衡性和不连续性

商品出入库不像生产企业的产品生产那样持续和均衡，因为商品一般都要通过运输部门运输，它是成批地，集中地进入仓库，再加上交通运输条件的限制和商品的不同供应方式等，必然造成仓库的出入库任务时紧时松、不均衡和不连续。

3. 商品储运的服务性

储运工作的服务性是由其自身特点决定的。它是生产消费的桥梁，必须根据国民经济各部门、各企业的需要，及时、准确、保质、保量地供应所需物资；必须从生产和人民生活两方面出发，坚持为生产和人民生活需要服务的原则。

二、商品储运的重要意义

其一，商品运输使物资的产、销和供、需有机地联系起来，把商品从产地或供应地源源不断运往销地，对于实现商品的价值和使用价值，促进社会再生产的顺利进行有着重要作用。马克思说："在产品从一个生产场所运到另一个生产场所以后，接着还有完成的产品从生产领域运到消费领域。产品只有完成这个运动，才是现成的消费品。"商品运输从流通角度上观察，它使商品产、供、销的实际运动过程连成一体，成为整个商品流通过程中非常重要的组成部分；从社会再生产的角度加以考察，它又为生产、分配、交换、消费四个再生产的环节之间提供了一个商品实物运动的通道，以完成商品从生产到消费的物资运动过程，促使社会生产畅通无阻，循环往复，成为国计民生中极为重要的组成部分。列宁对此也作过重要评价，他说："运输是我们整个经济的主要基础，也许是最主要的基础之一。"

其二，商品储存对于弥合商品产、销和供、需在时间上的背离，保证市场供应不致中断，促进生产、满足消费、维护消费者的利益有着积极作用。商品储存在发展生产、做好收购的基础上，及时地购储商品，成为商品流通的"蓄水池"，以保证市场供应不致中断。

其三，商品储运可以使企业改善经营管理，降低储运费用，降低储运成本，使商品价格降低，是国家增加积累的重要部门。它为国家增加积累的作用，表现在两个方面：首先，从事商品储运的劳动不同于一般的商品劳动，它是商品生产过程中流通领域的继续，它在劳动过程中能创造新价值，具有开源的作用。其次，通过合理组织物资储运,对于减少社会财富的占用,降低储运费用,具有节流的作用。流通领域内所占用的社会财富极大部分集中在物资储运环节之中。储运企业的劳动耗费同生产过程的劳动耗费一样,它所消耗的活劳动和物化劳动最终都要追加到商品价值中去,成为商品价格形成的一个因素。因此,提高和改善储运业务,以最少的劳动耗费,取得最大的经济效果,不仅能降低储运活动中的生产成本,而且还可以降低商品价格,提高商品的市场竞争力。

第二节 商品储存的基本要求

一、商品仓储的现代化

仓储现代化是将现代自然科学和社会科学的最新成果,综合应用于储存活动中,使储存技术设施和管理水平能符合现代化大生产客观需要的发展过程。储存现代化主要包括储存技术和储存管理两大内容,前者主要表现为采用现代化仓储设施和装卸搬运设备等,如建造自动化立体仓库、储运作业中运用电子计算机等;后者主要表现为管理思想、管理组织、管理方法、管理手段的现代化。

(一)自动化立体仓库

立体仓库就是高层立体型仓库。自动化立体仓库,是指采用高层货架储存货物,用巷道堆垛机配以其他机械作业,通过电子计算机进行总体控制的仓库。

1. 自动化立体仓库的产生和发展

自动化立体仓库是第二次世界大战以后科学技术的巨大进步和经济建设迅猛发展的产物。1950年美国一家公司的仓库开始建造了高层货架。1959年美国另一家公司在仓库安装了堆垛高度8.5米,巷道宽度1.2米的人工驾驶的巷道式堆垛机,缩小了通道的宽度,节约了一定的空间,大幅度地提高了仓库空间利用率和机械作业效率。1962年联邦德国将电子计算机技术应用于自动化立体仓库的巷道式堆垛机的控制,建成了一座计算机控制的自动化仓库。这是世界上自动化仓库的开端。由于自动化立体仓库有很多优点,发展十分迅速。据不完全统计,目前各国自动化仓库总数约有上万座。自动化立体仓库高度普遍为10～20米,有的在30米以上。目前我国投产运行的自动化仓库已达18米以上。

2. 自动化立体仓库的特点

自动化立体仓库有许多优点:存储量大,占地面积小,在相同的土地面积上,建设自动化立体仓库比建设普通仓库储存能力高达几倍,甚至十几倍;可方便、迅速地进行货物的入出库作业,缩短了作业时间;作业准确程度较高;节约劳动力,减轻劳动强度;货物的破损率低;自动化立体仓库有很好的密封性能,库内湿度容易进行控制,有利于物资的保管;提高了仓库的管理水平,在完成相同的物资周转量的情况下,其库存量最小,减少了资金占用。自动化立体仓库虽然有许多优点,但它主要用于出入库频繁的均衡的小件货物。如果货物出库不频繁,自动化立体仓库的优点就不能充分发挥;对于长大笨重货物必须单独设立储存系统;自动化立体仓库结构复杂,配套设备多,需要大量的基建和设备投资,而且施工难度大,精度要求高;对仓库管理和技术人员的素质要求比较高,必须具有相应的知识才能胜任。

(二) 仓库管理现代化

仓库管理现代化,是指随着科学技术和管理实践的发展,在管理的全过程,不断吸收和应用管理科学的最新成果,合理而有效地组织、监督和调节商品储运工作,以较低的储运成本达到较高的顾客满意度。储运管理的现代化是不断发展的过程,要不断地适应现代化储运生产的客观需要,因而是一个动态的概念,其具体内容随生产的不断发展而变化。储运管理现代化主要包括下面几个内容。如仓储管理中的 ABC 分类法、库存控制理论、决策论、线性规划、图论等数学方法在仓储中的应用。现代仓储是高度分工与协作的生产体系,无论是商品的装卸搬运保管、保养,还是质量管理、经济核算等都已发展成为一门独立的学科,并出现了许多专业性很强的技术与方法。因此,要搞好现代化商品仓库的储运管理,必须具备专门的知识和技能。人是现代仓储的第一要素,要有专门从事仓库建设和储运管理的、具有现代化科学管理知识和管理技术的队伍,才能不断提高储运现代化的管理水平。

二、商品储存的基本要求

(一) 仓库的类型

商品性质的不同,储存时间及质量要求的不同,对仓库的要求也就不同。选择适宜的仓库储存商品,是保证商品质量完好的重要条件。目前仓库种类主要有以下几种划分方法:

1. 按照仓库的主要职能划分

(1) 储存仓库。主要职能是储存从生产部门收购代销的出口商品、援外储备物品、国家储备物资。

(2) 转运仓库。主要职能是收存中转运输货物,库址一般设在商品集中的地方和运输方便的交通枢纽地带。

(3) 加工仓库。主要职能是承担存储与加工的双重任务。如对农产品、畜产品、中药材等一类商品进行存储和加工的仓库。

另外,还有批发仓库、零售仓库、港口周转仓库等。

2. 按商品的存储性能划分

(1) 通用仓库。通用仓库又称综合性仓库,只同时存储一类以上商品的仓库,这些商品之间理化性能互不影响。如一般的工业品、农副产品等。

(2) 专用仓库。被存储的商品要求库房具有一定的条件。如保温仓库专门保管存放一些怕冻的商品,冷藏仓库则是存放保管一批怕热的商品。

(3) 特种仓库。这种仓库一般多指危险品仓库,这是根据各种危险品的不同性能建造的具有特殊功能的库房。

3. 按仓库建筑结构和保管条件不同划分

(1) 库房。也称仓库,凡有顶盖和围墙,门窗严密,并有通风孔道,用以储存商品的房屋,均称库房。

库房存放既怕雨淋,又怕风吹、日晒等保管条件要求高的商品。库房的建筑形式可采取地下形、平房形、多房形和高层货架型。地下仓库有隐蔽、安全的特点,一般用于战备物资的储存。

(2) 货棚(或料棚)。这是指有顶棚,四周可以有墙,也可以没墙,能防止雨淋、日晒侵袭的棚子。一般可分为固定和活动货棚两种。

(3) 货场。货场又称露天仓库,地面经过适当处理,其上没有任何建筑物的存货场地称为货场。

(二) 商品的出入库管理

1. 商品入库管理

商品入库是指仓储部门根据商品入库凭证,接收商品,入库时所进行的一系列作业活动。

(1) 商品入库业务。商品入库阶段的操作程序是接运、交接和验收。商品接运是商品入库的第一道工序,接运业务包括准备、初验、办理交接等。商品交接业务包括接收单据、核对、签收和暂存待验等。验收入库业务包括验收准备、核对凭证、检验实物、码垛、立卡、登帐、建档、签单等。

(2) 入库商品证件。商品入库时必须具备和核对的证件有三类:一是存货单位提供的入库通知单、订货合同或协议书等。入库通知单是仓库据以验收物资的凭证。订货合同是验收的依据,保管员应严格按照合同规定和入库通知单进行验收。二是供货单位提供的质量证明书、合格证、装箱单、磅码单、发货明细表等。三是承运单位提供的运单、提运通知书。若在接运时,对在运输过程中发生残损或运前有原损时,必须有笔录内容。

核对证件是将上述方面的证件进行核实、查对。供货单位的证件与存货单位的证件相符合时,才能进行实物验收,否则按验收中出现问题处理。

2. 商品出库管理

商品出库管理是指根据业务部门开出的商品出库凭证所进行的业务凭证核对、备料、出库、复核点交等业务活动的总称。

(1) 商品出库业务。商品出库程序与方法包括:出库前的准备、核对出库凭证、备料复核、点交、清理等。其中,特别要抓住"复核"和"点交"两个环节。"复核"是防止是否出现差错出库的重要环节。

商品出库方式有三种:一是用户自提方式,是用户持出库凭证,自备交通工具,前来仓库提货。也有的用户委托承运部门来仓库提货。两种情况均属用户自提方式;二是代提代发运方式,是仓库根据用户开出的提货单,代办提货和承运手续;三是送货到用户方式,是用户委托仓库送货到需要单位,其交接手续在货车卸货地点办理。

(2) 出库商品证件。商品出库时必须具备的和核对的证件有四项:一是随车单,由发货方的发货员填写,经运输人员确认,最后由收货方签收。随车清单有法律效用,三方职责分明。二是商品进出仓通告牌,通告牌一般放置在显眼的地方,使有关人员能一目了然。三是"四联单",第一联为保管员帐页;第二联为仓库帐统员留存,以便汇总统计;第三联是货主的存储凭证,由仓库帐统员核实后送货主,货主凭此开提单;第四联挂在货垛上,以备查验。四是日报表,通过日报表,可以对商品的进、出仓以及仓库结存情况进行动态反映,为检查仓库计划执行情况提供可靠的依据。

(三) 商品储存管理

商品储存业务及其操作程序是合理安排保管场所、堆码苫垫、保管保养、检查和盘点。

1. 合理安排保管场所

合理安排保管场所,最主要的业务内容是分区分类保管方法和仓容定额知识。

(1) 分区分类保管规划。分区分类保管规划是根据物资储存任务、物资的类别和性能特点,结合仓库内各库房、货场等的容量,建筑结构情况,装卸设备,专用线位置等条件,确定每一库房、货场、货棚存放物资的种类数量,分区分类编成目录并绘制平面图。

分区分类方法主要有以下几种:

其一,按商品种类和性质划分储存区域。此法一般可分为两种情况:一种是按业务部门经营的物资分类,进行仓库保管物资的分区分类。另一种是按物资的自然属性来划分,选择适宜的储存场所。如茶叶怕潮、怕光、怕热、怕氧、怕异味,就应该选择干燥、避光、低温、没有异味(或单独存放)的库房,并使之隔绝于空气。

其二,按商品发往地区分区分类。此法主要适用于中转仓库。具体做法是:先按所用交通工具划分为公路、铁路、水路,然后再按到站、港口的路线划分。这种分区分类方法,虽然不考虑商品种类,但对危险品及相互影响、运价不同的物资,要分别储存。

其三,按危险品储存条件要求进行分区分类。各种危险品的存储条件差异很大。特别是依据商品特性要求的特殊储存条件,在划分区域时,确定危险品存放库位时必须认真落实防护措施,确保商品安全储存。

(2) 仓容定额。仓容定额,又称单位面积储存定额,是指在一定条件下,单位面积合理存放商品的最高数量。这里所说的一定条件是指储存商品本身的性质(包括商品的外形及单件重量);仓库地坪允许负荷量(吨/米^2);物资堆码方法;库房结构;仓库机械化程度;商品保管技术水平等。仓容定额是确定仓库储存能力的依据,也是编制仓储生产计划的基础。

仓容定额受多种因素影响,每一个仓库都应根据自身具体状况制定仓容定额,一般可采取统计分析法来制定。具体库房的仓容定额还可以用该库房(货棚、货场)历年存放物资情况的统计分析资料加以修正,测算出一个合理的定额。关于仓库实用面积的每平方米的商品堆垛数据见表 9-1。

表 9-1

仓库实用面积的每平方米的物资堆积数据

物资名称	单位	堆积重量（吨/米²）	堆码方法	堆码高度（米）	堆码密度系数（%）	每平方米面积的堆积数量
Ⅰ 黑色金属						
方、圆、扁钢	吨	3.5～5.2	堆垛或格架	1.2～1.5	0.45～0.67	2.9～4.2
方、圆、扁钢	吨	3.5～5.2	货架	2～2.5	0.45～0.67	4.5～6
钢板;薄钢板	吨	4.5	堆垛或货架	1～2.2	0.54	2～4.5
厚钢板	吨	3.5～6	堆垛	－2	0.45～0.80	4.1～4.5
槽钢	吨	4.2	堆垛或栅架	1	0.54	2.7～3
角钢	吨	3.5	堆垛或栅架	1～1.2	0.45	2.9～3.2
型钢	吨	2.4	堆垛或栅架	0.6～1	0.32	0.8～1.6
钢轨	吨	2.5	堆垛或栅架	1	0.35	4～4.5
盘条	吨	0.9	堆垛	1～1.5	0.12	1.3～1.5
生铁铸块	吨	5.3	堆垛	1.4	0.74	7.5
废钢铁	吨	2	料柜	1～1.5	0.25	2
铁合金	吨	1.9～5.7	堆垛	1.2～1.7		2～4.2
Ⅱ 有色金属						
方型紫铜、黄铜	吨	4～7.4	堆垛或格架	1.2～2.5	0.45～0.83	3.3～6
紫黄铜板、带	吨	2.3～6.8	层架	1～2.5	0.26～0.77	3～5.7
紫黄铜丝	吨	1	层架	2.5	0.12	1.3
紫黄铜锭	吨	6.6	堆垛	1.2～1.5	0.74	9.2
铝及硬铝棒	吨	2	堆垛或格架	1.2～2.5	0.74	2.1～2.8
铝及硬铝板	吨	1.1	栅架	1.2～2	0.41	0.9～1.2
铝及硬铝锭	吨	2	堆垛	1.6	0.74	3.2
巴比合金与锡锭	吨	5.3～6.5	堆垛	1～1.5	0.72～0.74	6.3～9.1
铅锭	吨	3.5	堆垛	1～1.5	0.31	10.2

续表

物资名称	单位	堆积重量 (吨/米²)	堆码方法	堆码高度 (米)	堆码密度 系数(%)	每平方米 面积的堆 积数量
Ⅲ 管件						
生铁管	吨	2.4	堆垛或货架	1～1.2	0.33	1.3～2.9
钢管:大直径	吨	0.6～0.8	堆垛	1	0.8	0.5～0.6
小直径	吨	0.8～1	栅架	1.2～1.5	0.13	1.5～1.7
煤气管	吨	0.7	堆垛或货架	1.2～1.5	0.09	0.3
紫、黄铜管	吨	3	货架	1.2～2.5	0.34	1.5～3.1
铝及硬铝管	吨	0.5～0.9	货架	1.2～2.5	0.33	0.45～0.9
铅管	吨	0.6～3.2	货架	1.2～2.5	0.28	0.8～3
接头配件	吨	—	层格架	2～2.5	0.15	0.5～0.6
Ⅳ 金属制品						
螺栓、螺母(帽)	吨					
垫圈、开口销	吨	1.8～2	堆垛	1.5～2	0.26	3.2～3.5
铆钉	吨	1～1.5	堆垛	1.5～2	0.19	2～2.4
铁钉	吨	2	堆垛	1.5～2	0.26	3.5～4
螺钉	吨	1	堆垛	1.5～2	0.13	2.5～2.7
金属绳	吨	1～2	层格架	2～2.5	0.13～2.6	2～2.2
炉子配件、门	吨	—	堆垛	1.2～1.5	—	1.2～1.3
窗	吨		层格架	2～2.5		1.5～2
零件	吨					
Ⅴ 化学品						
干颜料	吨	—	堆垛	1.2～1.5	—	0.6～0.8
油制颜料	吨		层格架	2～2.5		0.8～1
各种漆料	吨		堆垛	1.2～1.5		0.6～0.8
松节油	吨	0.14	堆垛	1.8		0.3～0.35
酸	吨		地上放一层	0.8		0.12～0.14
焦油	吨		堆垛	1.8		0.5～0.6
电石	吨		堆垛或层架	1.2～1.7		0.9～1
烧碱	吨		堆垛或层架	1.2～1.7		0.5～5

续表

物资名称	单位	堆积重量(吨/米²)	堆码方法	堆码高度(米)	堆码密度系数(%)	每平方米面积的堆积数量
Ⅵ 气体及油料						
氧气	瓶	1.43	单层货架	1.2～1.5	—	11
乙炔	瓶	1.17	单层货架	1.2～1.5	—	11
润滑材料	吨	—	堆垛	0.4～1		0.6～0.8
汽油	吨	—	堆垛	1.2～1.8		0.45～0.7
煤油	吨	—	堆垛	1.2～1.8		0.45～0.7
沥青	吨	—	堆垛	1.5～2		2.2
	吨		堆垛			
Ⅶ 燃料						
煤	吨	0.8～0.9	堆垛	4～10	—	1.2～3.2
焦炭	吨	0.5	料柜	1.5～3		0.75～1.5
Ⅷ 建筑材料						
砂、卵石	吨/米³	1.5～1.7	堆垛	1.5～2		1.5～2
碎石	吨	—	堆垛	1.5～2		2.1～2.8
水泥	箱/吨	2	堆垛	0.5～0.8		6～10
玻璃	吨	0.4～0.85	堆垛	2～2.5		1～2
石灰	卷/吨	—	料柜	2		30～35
油毡纸			堆垛			
Ⅸ 木材						
原木	吨/米³	0.42～0.65	堆垛	2～3	0.35	1.3～2
板材	吨/米³	0.42～0.65	堆垛	2～3	0.4～0.5	1.2～1.8
三合板	张/吨	0.6	堆垛	1.5	0.6	200～300
Ⅹ 其他						
电器制品	吨	—	货架	2～2.5	—	0.12～0.8
各种设备	吨	—	货架	0.5～2.5		0.1～1.2
及备件	吨	0.3～0.6	堆垛或层架	1～3		0.3～1
橡胶材料	吨	0.3～0.7	堆垛或层架	1.5～2.5		0.15～0.9
各种纸张	米	—	堆垛或层格架	1.5～2.5		0.2～1
纺织品	吨	0.05～0.17	层格架	2～2.5		0.2～0.3

仓库面积的计算：

要确定库房、货棚、货场的商品计划占用面积，主要是确定通道、垛距、墙距、柱距以及验收、备料等区域所占的面积。仓库在具体确定上述面积时，应结合商品的性质特点、仓库设备条件及作业方式，综合考虑，在保证安全方便的前提下，尽量缩小这些面积，以提高仓库面积利用率。

仓库空间的计算：计算公式如下：

$$M = L \times W \times H$$

式中　M——仓库容积；
　　　L——仓库长度；
　　　W——仓库宽度；
　　　H——地面至屋架横梁高度。

仓库有效容积的计算：

仓库的全部容积，通常在存放物资时并不可能全部利用，因为受地面强度和装卸条件等制约，堆码必需限制在某一定高度，因此仓库有效容积的计算公式是：

$$Me = L \times W \times He$$

式中　Me——仓库有效容积；
　　　He——物资堆码有效高度。

可储存物资最大容积的计算：

仓库有效容积不可能全部用来存放物资，还需要留出作业通道、堆码堆距、检验区域等。故实际可储存物资的最大容积计算公式为：

$$Mi = (L \times W - A) \times He$$

式中　Mi——可储存物资的最大容积；
　　　A——不划作储存区域的面积。

仓库储存能力的计算:计算公式如下:

$$Q=\sum q\times s$$

式中　Q——某仓库储存能力(吨);
　　　q——某类物资的仓容定额(吨/米^2);
　　　S——该类物资的计划占用面积。

(3) 货位编号。货位编号一般采用"四号定位"法,就是将库房、货架、层数、货位或区号、点号、排号、位号四者统一编号,并和帐页统一起来。这样见帐知货位,见物知帐页。表示方法如下:

库房货位的表示方法为:

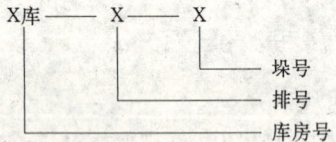

如:三号库 12 排 1 号垛表示为"3 库-12-1"。

库房百货架位的表示方法为:

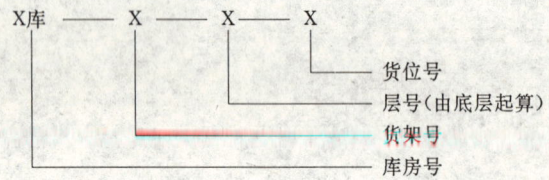

如:四号库房第 5 货架第 2 层第 6 货位表示为"4 库-5-2-6"。

货场货位的表示方法为:

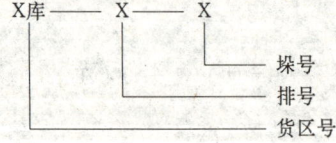

如:二货区 21 排 1 垛表示为"2-21-1"。

2. 商品的堆码管理

商品堆码是对商品堆存的操作方式和方法的总称。

(1) 商品堆码的基本要求：

合理。一是指分类合理，不同种类的商品，不同供方的商品，应分别存放。二是指垛形合理，要根据商品性能特点，选择适宜的垛形。如怕潮的商品，货垛应采用通风式码垛；怕压商品，垛码应适当控制，如小汽车应采用行列式码垛等等。三是码垛的大小应该合理，以合理而充分地利用仓容，墙距（货垛或货架离建筑物墙壁的距离）、垛距（货垛或货垛之间的距离）要合理，墙距一般为 0.3～0.5 米，垛距一般不少于 0.5 米，要根据操作需要来定。四是要标明码垛的先后次序，以便贯彻"先进先出"的原则。

牢固。是指码垛稳固，防止货垛倒塌及其他毁货伤人的事故。

定量。每行每层的物资数量要尽量成整数，如五十成行，五十成方，五十成串，五十成包，五十成堆等，以达到过目知数。过磅物资不能成整数时，每层应明显分隔，标明重量，以便于清点和便于发货。

整齐。排列要整齐有序，无论横看竖看，均成行成列。包装外有标志者，标志一律朝外。要彻底清除玷污尘迹，以便达到整齐、清洁、美观。

节省。要节省仓位，提高仓库的利用率，节省劳动力。

方便。垛位垛形要符合装卸搬运、发放、检查等作业方便、高效的要求。

(2) 商品堆码方式。商品堆码方法一般有三种，即散堆法、货架堆码法和垛堆法。

散堆法适用于无包装或不需包装的固体粒状、粉状类大宗商品，如煤、矿石、粮食、食盐等。

货架堆码法适用于小件商品，如小五金、小百货、工艺品等。利用货架储存物资,能提高库容利用率,便于对物资的维护保养,并使库房内外整齐美观。货架式样通常使用的有橱柜式货架、调节式货架、悬臂式货架、U形货架、轮胎货架、板材用货架(A形架)和钢瓶货架等。

垛堆法运用最广最多,适用于堆放有外包装的商品或不需要包装的大件商品,如大五金、木材等。垛堆法也叫码垛,许多时候,堆垛是指码垛,即垛堆法。垛堆法的基本形式有以下几种。

按物资底层的排列不同分,有正方形、长方形、环形等;按货垛纵断面形状分,有方垛、梯形垛、三角形垛、矩形垛等;按堆码方式和式样不同分,有重叠式、纵横交错式、仰伏相间式、压缩式、鱼鳞式、通风式、截柱式、衬垫式、串连式等。各种堆码形式,可以组合运用。

3. 商品检查和盘点

(1) 商品检查。为了保证库存商品的质量和数量,要对库存商品进行检查,检查的内容有以下几方面:

查数量。清点实物量,检查数量是否准确,规格有无混杂,有无超过保管期限及长期未使用造成积压的物资,并核对帐、卡、物是否一致。

查质量。检查质量有无变化。如金属商品是否发生锈蚀,水泥是否受潮而降低标号,纺织品是否被虫蛀(毛织物)等。

查保管条件。检查保管条件与储存商品的保管要求是否符合。如苫垫的严密性、清洁卫生性、库房的密封性、温湿度控制设备的有效性等。

查计量工具。检查计量工具,如皮尺、磅秤等的计量性是否准确,使用与保养是否合理。

查安全。检查各种安全设施与消防设备是否符合安全要求。

库存商品的检查方式有三种:一是日常性检查。这是保管员每日必做的工作,主要检查安全情况和保管条件。二是定期检查。这是指根据季节变化和工作的需要,由仓库领导者组织有关方面的专业人员对在库物资进行定期的检查。如霉雨季节前后,组织质量和保养情况的检查;节假日之前,组织安全措施的检查等。三是临时性检查。这是在有灾害性气象预报时所组织的临时性检查,或者是根据工作中发现的问题而决定进行的临时性检查。如在暴雨、台风到来前,要检查建筑物是否能承受住风雨袭击,水道是否畅通,露天货场苫盖是否严密牢固,风雨过后再检查有否损失等。

(2)商品盘点。这是对库存商品进行核对数量的业务活动。通过核对,可以及时发现库存商品数量上的溢余、短缺、品种互串等问题,以便分析原因,采取措施,挽回和减少保管损失,还可检查库存商品有无质量变化、残损、呆滞等情况。盘点时,要求逐垛逐批、点货(库存商品)对卡(货卡)、以卡对帐(商品明细帐)。核对相符应作好盘点标记并签章,不相符的,也应作好记录。

4. 商品储存的安全管理

储存安全管理是仓库管理中至关重要的一环。它不仅关系着商品的安全,也影响着人的健康和安全。安全管理的内容有:治安管理、安全操作管理、消防管理、设备安全管理和仓库建筑物安全管理等。

安全管理的一般要求有:制定安全管理条例,建立相应的组织,设置必须的安全设备。要贯彻"以防为主"的方针,加强宣传教育,严防各种灾害事故和财产损失的发生。

第三节 商品的运输管理

商品运输是商品在运力作用下,在空间位置上的转移。商品运输业务主要有商品的接运、发运和特种商品的运输等。

一、商品接运

商品接运业务是指商品从发运地至收货处,收货单位根据商品到达站、港的通知,向运输部门提取商品时所进行的一系列工作。接运形式有专用线接货、港站提货、供应单位送货、仓库自提和进口商品接运等。接运业务程序是接运准备、办理接运手续、安置商品等。

(一) 接运准备

接运单位在收到发运单位的商品起运预报或接到站、港到货通知后,即应根据到货的品名、数量、收货后的安置途径等,作接运准备工作。若属直拨商品,应做好运输工具的直播衔接工作;若是入库储存的商品,做好商品入库准备。要组织好卸车的机工具、人力和卸车的位置,为在规定的时间内,准备完好地接货做好准备工作。

(二) 接收商品

当接到货物到站的确报后,由调度人员负责接车、按照确定的卸货位置引车就位。随后要根据运单和有关业务凭证进行到货检查。检查的内容主要有:运输条件是否符合商品性质的技术要求,运输工具封闭状况是否良好,即品名、规格是否相符;商品包装是否完好;裸体商品是否变形和损伤;商品是否受潮,有否水渍等。凡是靠直观能够检查的内容,都应在卸车前进行。如果查有物资损伤或与运单不符等情况,应请运输部门派员复查,以便分清发运、承运、接收单位之间责任,对事故做出正确、及时的判断。另外,还要划清责任,并如实地填制商务记录。办法交接手续后,方可组织卸车。

商品卸车要在限定的时间内完成,严禁压车占位。卸车时要注意为物资验收和入库创造有利条件,要分清车号、商品品名、规格,不混不乱,不碰伤和压伤商品,不得拆打原包装。卸下的商品要合理堆放,做好临时的苫垫,以防水渍。要编制卸车记录,内容主要有物资品名、数量、卸车货位、日期等,并连同运单等有关资料及时向保管员办理交接手续,最迟不超过二十四小时。

(三) 安置商品

商品安置有两种情况,即站、港直拨和入库储存。站、港直拨是指办清款货手续后,就在站、港或专用线直接把货调拨给用户,或就地中转换装其他运输工具将货直接发往用户所在地。

对于需要入库储存的商品应据入库单及商品同行联,送往指定仓库,与仓库接货人员办理商品点交手续。若完全相符,接货人员应在入库单上注明验收情况,盖章验收,接运人员在办完商品入库手续后,将已签收的商品入库单和提货手续的所有单据,除将付费单据交给财会部门外,其他归档留底备查。

二、商品发运

商品发运是指调运部门采用一定运输方式,将商品从存放地或收货地发送到目的地的业务活动。它主要包括发运、联运、中转和直拨等内容。

(一) 发运业务

1. 商品发运方式

商品发运方式主要有铁路、公路、水路和航空四种。

(1) 铁路发运。铁路运输运费低,运输成本仅为汽车运输平均成本的 1/15～1/20。铁路运输包括整车、零担、集装箱三种方式。

整车发运是指一批货物的重量、体积性能或形状装入一个车箱发运的运输方式。整车发运的特点一是运价最低;二是可以达到特定的运输要求;三是有些商品被限定为整车运输。《铁路货物运输规程》规定,下列货物限按整车办理:需要冷藏、保温或加湿运输的货物,规定限按整车办理的危险货物,不易计算件数的货物。

一般把既不符合整车运输条件,又不符合装入集装箱的商品,采用零担发运。它的运费远高于整车运输。

集装箱发运。集装箱发运,是将许多货物集中装入集装箱中,采用多种运输工具的现代化运输方式。其特点是迅速、安全、简便、高效、经济。

(2) 公路发运。公路发运主要是汽车运输。其特点是机动灵活,周转快,经济效益高。在300公里以内,利用大吨位汽车通过高速公路运输,在时间上、经济上都比普通公路和铁路优越。

公路发运也分整车和零担。

(3) 水路发运。水路运输是最经济的一种运输方式。其特点是:载运量大、耗能少、成本低。水运的运价比铁路、公路、航空都低。

(4) 航空发运。航空运输的特点是:速度快、装运量小、运费高。航空运输只适宜于远距离、急需和贵重的物品。

2. 商品发运程序

商品发运程序一般包括商品组配、制单、托运、送单、预报、结算和统计归档。

(1) 商品组配。商品组配是指根据运输工具的利用程度、运价的高低、商品的性能、市场的供应缓急等因素,组成一批货物的发运单位。组配的原则是确保商品安全、节省运费、区别缓急。

(2) 制单送单。制单是根据货物供应凭证填制的货物运单和运输交接单。运单的填制要求按不同物资的运价等级分项填写,如按大类货物笼统填写品名,则以该类货物中运价等级最高的计算运费。送单是将领取货物凭证、付费收据、运输交接单等单据,及时分送收货或中转单位以及发货单位内部各有关部门。

(3) 预报。商品发运后,发运方立即向收货方或中转方发出商品已起运的通知,告之作好接收商品的准备或接转的衔接工作。预报的内容主要有车号、货票号、品名、件数、重量、发运日期等。

(4) 结算。这是指商品发运以后,发货单位向收货单位或托运单位核算和收取代垫运费及其他费用的核算环节。

(二) 联合运输

联合运输,就是指把商品从发货地通过两种以上运输工具的调换直接运到收货单位。这种运输方式充分发挥各种运输工具的优势,可以减少托运手续和中转环节,加速物资流通,密切各地区间的经济联系。

联合运输要根据发货人托运的商品重量、体积、性质、形状等条件,本着"宜水则水、宜陆则陆"的原则,选择经济合理的联合运输线路,分别按整批(车)、零担或集装箱方式组织联合运输。

(三) 中转运输

商品中转运输是指商品在运输过程中,由于运输条件或其他因素限制,不能直接到达终点,需要更换运输工具,由商业系统内部组织再次发运的运输方式。

中转要注意做好以下几方面的工作:一是接收中转商品。商品到达中转站后要进行单据、货物、标志、标记的核对验收工作。如发现单、物不符或数量短缺和溢余都要查明纠正后,再行转运。如发现包装破损,应按协作规定负责修补,便于及时转运。二是发运中转商品。要注意单据、货物同行或单据先行。对有时效性、季节性、易腐、鲜活、市场急需的转运物资,应优先转运。

(四) 直拨运输

商品直拨运输是指就工厂,就车站和码头,就仓库,就车或船把商品直接调拨给销售单位或发运外地的运输形式。直拨是一种经济合理的运输形式,主要特点是节约运力,减少进入仓库和搬运装卸环节。

三、特种商品的运输

(一) 危险商品的运输

危险商品主要包括某些化工原料、石油产品、农药、油漆、涂料、油纸、烟花、鞭炮、火柴、卫生球以及化学试剂等。它们具有易燃、易爆、易腐蚀、有毒等特性。

危险品运输最重要的工作就是要注重安全。要按照《危险品货物运输规则》的规定,办理申请运输手续,组织好运输工具和运输作业。要根据危险品性质、流向和运输季节、运输距离等具体条件,选择相应的运输方式和运输工具。在填写运单时,应按照危险商品名索引表内列载的品名、编号,把商品名称填写在"货物名称"栏内,在商品名称下面填写危险商品编号,在运单右上角用红墨水标明商品所属类项。要持商品调拨单、商品交接单、商品运单等发货单据,连同有关单位证明及有关说明书,向交通承运部门办理托运。装运前,按照装运商品的特性对运输工具进行严格检查,尤其对过去装过危险品的运输工具必须清洗干净,不能残留会引起危险灾害事故的物质,才能装运。危险品运输要有专人负责,并建立危险品装卸制度,配备专门的(或熟练的)装卸人员;要按劳动保护规定进行操作;要注意防火、防热,按照规定悬挂危险货物信号。发生事故时,要有及时、正确的处理措施。

(二)易碎、流汁商品的运输

易碎商品是指在运输、搬运过程中,受外力撞击、受压或行车(行船)震动等外力作用时容易破碎损坏的物资。如玻璃及其制品、照相机、家用电器和精密仪器等。流汁物质是指包装破碎后能污染其他物品的液体。如墨汁、饮料、打印油、酒等。易碎、流汁物资在运输中应注意以下几点:原则上不能与其他物资配装。易碎、流汁商品的包装必须符合运输要求,包装牢固、内无响声,以能够保障物资在运输过程中不受损失为原则。在包装上必须注有"易碎商品"、"请勿倒置"、"小心轻放"等标记。流汁商品冬季运输时,必须采取防冻措施,以防低温引起浑浊、结冰现象。

(三)易腐蚀商品的运输

这类商品如蔬菜、果、蛋类、肉类等,由于它们的生理特性不同,要采取不同的运输防护的措施,最关键的是对温度的控制。要以经济的方法维护商品质量为原则,选择适宜的运输方式。

(四)活禽、活畜和活鱼的运输

这些活商品一般不适宜远途运输,为保持它们的生命活动所采取的运输措施是必要条件,此外要尽量维持这类商品的重量;要尽量缩短运输时间,运输途中要有专人负责。

第四节 仓储商品的养护技术与方法

商品在储存期间由于商品本身的性能特点和环境因素的影响,会发生质量变化。绝大多数情况下,这种质量变化会使商品质量降低从而降低商品的使用价值。极少数商品也可有在储存中质量变化趋好的情况,如香蕉随储存时间的延长而口感变好。一般地说,储存中的商品质量降低是一种客观规律,是不可避免的,只能延缓。商品养护是根据商品性能特点和环境特点,为延缓商品质量变化而采取的技术和方法。

商品本身的性能特点是商品发生质量变化的根本原因,商品所处的环境影响商品质量变化的程度。商品养护是控制商品所处的环境,使之不利于商品的各种反应,从而延缓商品质量的变化,最大限度地维护商品的使用价值。

一、仓库温湿度管理

影响商品质量变化的因素很多,但影响最主要的而且最广的是温度和湿度两种因素,几乎所有的商品质量变化无不与温、湿度有关。因此,控制和调节仓库中的温、湿度,加强温、湿度管理,是商品养护中很重要的工作。

(一)温、湿度对仓库商品的影响

1. 温度的影响

(1)对微生物的影响。微生物生长繁殖的适宜温度是20～35℃。高于或低于这个范围,会使微生物的生长繁殖受到抑制。

(2)对温度敏感性商品的影响。如橡胶、塑料制品在高温时发粘,低温时变硬变脆,锡在低温(-15～-48℃)时发生"锡瘟",轻者在制品表面出现粉末状的灰色小点,重者则完全变成灰色粉末。精密仪表在温度过高、过低或温度变化较大时,温度超过其熔点会使之熔化。油蜡在温度过低时又会硬脆开裂。对密封于机械配件上的油蜡来说,熔化或开裂都会失去密封保护作用,会降低精密度。易熔化商品如松香、油蜡等。

(3) 对液体和含水量较高商品的影响。高温时会加速商品水分的挥发,引起干缩、开裂和重量损失。如竹、木制品的失水开裂,新鲜蔬菜、果品因失水而蔫萎和失重。

2. 湿度的影响

(1) 湿度过大会给微生物提供孳生条件,使商品霉变、腐烂。

(2) 有些粉状、颗粒状、结晶材料,如水泥、碱类等化工材料受潮会发生结块、潮解或熔化;黑色炸药、硝铵炸药等会吸潮而变质失效。

(二) 温湿度的变化规律

1. 温度的变化规律

空气温度,在气象学上称为气温。仓库温度是指库房内外的温度,包括气温、库温及垛温。为了精确地表示温度的高低,通常用温度计来测量。

(1) 气温变化规律。空气温度变化有两类:周期性变化和非周期性变化。

周期性变化又分为日变化和年变化。日变化,就是一昼夜内气温的变化。所谓年变化,就是气温在一年内的变化规律。温度除随时间变化以外,还与地形、地理位置、天气情况等有关系。

气温非周期性变化,是指不正常的偶然性的变化。如寒流、暖流、霜冻、风、雪、雾、雨等天气变化都会造成气温的突然变化。气温的突然变化会给仓储管理工作带来不利的影响。因此,仓库保管员必须随时掌握天气变化情况,以便采取必要的措施。

(2) 仓温变化规律。库内温度变化基本上与大气温度变化一致,但由于库外温度对库内温度的影响需要一个过程,受到一定的削弱,所以库内温度变化时间要比库外缓慢些(即滞后现象),变化幅度小些。而温度的变化，又影响到湿度的变化。这些变化特点，是仓库温湿度控制所必须掌握的。

仓温变化的时间，滞后于气温变化 1~2 小时。例如，气温以 5 时为最低，14 时为最高，而仓温则以 6 时为最低，15 时为最高。仓温与气温相比，夜间仓温高于气温，白天仓温低于气温。

仓温变化的幅度比气温变化的幅度小。假如气温变化的幅度为 8.7℃，则仓温变化的幅度仅为 4.8℃，所以仓库的最高温度值常比气温的最高值低，仓温的最低值则比气温的最低值高。

此外，库内温度还受以下因素的影响。

首先，建筑材料和结构的不同，对库内温度的变化有明显影响。如铁皮仓、木板仓受外温影响最大，石墙次之，砖墙又次之。外墙抹光的受外温影响比不抹光的小，颜色浅的比颜色深的库房受外温影响小。库房高度、墙壁厚薄、有无顶棚等，也对仓温有不同影响。其次，库内不同部位的温度分布也不一致。库内向阳一面温度偏高，背阴一面温度偏低；垛顶温度偏高，垛底温度偏低；靠近门窗外容易受外温影响，库内深处温度较稳定。再次，货物堆码的垛形，货垛大小，顶距大小，壁距宽度以及商品的种类都会对库温有一定影响。库房的功能或用途差异（如通风库、密封库等）也影响库温变化。最后，仓库所处的地点和坐落的方向的不同，库温变化也有差别。

2. 空气湿度的表示方法和变化规律

湿度是指空气中水蒸气的含量。空气湿度有以下几种表示方法。

（1）绝对湿度(e）。绝对湿度是指单位体积的空气里实际含有的水气重量，单位是克/米^3。例如，每立方米空气中含有 12.80 克的水气时，则绝对湿度就是 12.80 克/米^3。

绝对湿度直接受到温度的影响，温度愈高，水分蒸发愈多，空气中的水蒸气含量越多，绝对湿度亦愈大；反之，温度愈低，水分蒸发愈少,空气中的水蒸气含量越少,绝对湿度亦愈小。

绝对湿度的大小,只是反映单位体积空气中所含水气的绝对量,不能说明空气的干湿程度。

(2) 饱和湿度(E)。在一定温度下,一定体积空气中所能容纳的水蒸气是有一定限度的。当水蒸气含量达到最大限度时,称为饱和,这时的空气湿度叫做饱和湿度。饱和湿度和绝对湿度一样,可以用单位体积中水蒸气含量克数来表示,如用克/米^3。空气中的水蒸气超过饱和湿度时,剩余的水蒸气即凝成水珠附在冷物体上,这种现象叫做"水淞",俗称"出汗"。在某一固定温度下,饱和湿度应为一个常数(见表9-2),如8℃时饱和湿度应为8.86克/米^3。

表9-2

空气温度与饱和湿度的关系(克/立方米)

空气温度℃	饱和湿度	空气温度℃	饱和湿度
1	5.18	20	17.12
4	6.33	24	21.54
8	8.86	28	26.93
12	11.25	30	30.04
16	13.50	32	33.45

(3) 相对湿度(f)。这是指在一定温度下,空气中实际含有的水蒸气量距离饱和状态程度的百分比。也就是说,在一定温度下,绝对湿度占饱和湿度的百分比数,称为相对湿度。其公式为:

$$相对湿度 = \frac{绝对湿度}{饱和湿度} \times 100\%$$

在气象部门相对湿度用符号f表示,其公式为:

$$f = \frac{e}{E} \times 100\%$$

即:空气中所具有的水汽压与同一温度下饱和水汽压之比,用百分数表示。

相对湿度愈大,即愈接近100%,说明空气越潮湿;反之,则越干燥。在物资储存过程中,若相对湿度大,就会使某些物资受潮而变质;反之,相对湿度小,又会使某些物资干裂。因此,在仓库温湿度控制中,检查湿度是否合适,主要是观测相对湿度的大小。

在温度不变的情况下,绝对湿度的高低,决定着相对湿度的高低,因为,此时的饱和湿度是常数。绝对湿度愈高,相对湿度就愈高;反之,则愈小。在空气中的水蒸气含量(绝对湿度)不变的情况下,温度愈高,相对湿度就愈小;温度愈低,相对湿度就愈高。

相对湿度虽然能表示空气的干湿程度,但并不能表示空气中所含的水蒸气量。因此,在判断能否进行通风时,应以当时的绝对湿度作依据,因为它直接表示空气的实际含水量。

相对湿度的日变化和年变化的一般规律:相对湿度的日变化,主要决定于气温。当气温升高时,空气中实际水气量逐渐远离饱和状态,相对湿度减少;当气温降低时,水气量就逐渐接近于饱和状态,相对湿度增大。这是因为当温度升高时,绝对湿度和饱和湿度都增加,但后者比前者增加得快,因此,相对湿度就减少了;反之,当温度降低时,绝对湿度比饱和湿度减少的速度慢得多,因此,相对湿度增加。

库房湿度变化主要受库温影响,日变化与年变化基本上与库外相似。但是一日内只出现一次最高值和一次最低值,变化幅度小些。库内湿度还因受其他因素的影响而不同。库内四角和接近墙壁处,空气淤积流动不畅,湿度通常偏高;库内向阳一面,因气温高相对湿度偏低,背阴面则偏高;库内上下部位的湿度也有差别,尤其在夏季气温较高时,这种差别更明显,上部相对湿度较低,下部相对湿度较高等等。

(4)露点。在绝对湿度和气压不变的情况下,若空气温度降低,空气中容纳不了原来气温高时所含的水蒸气量,即使空气中的水蒸气达到饱和状态,多余的水蒸气便开始冷凝成水珠排出,这时的温度称为露点温度,简称露点,单位以℃表示。当含有水蒸气的热空气进入库房里,遇到冷的物体(如金属、盛有冷水的容器、地面等)时,冷物体使周围湿空气的温度降到露点,则空气中的水蒸气就凝结在冷物体表面。

(三) 温湿度的控制与调节

温湿度的控制与调节应遵循两个原则:当库内温湿度适宜商品储存时,要设法保持原来的温湿度状况,防止库外气候对库内的不利影响;当库内温湿度不适宜商品储存时,要及时采取有效措施,利用气候中的有利因素,来调节库内温湿度。

实践证明,采取密封、通风与吸潮相结合的办法,是当前控制与调节库内温湿度行之有效的办法之一。

1. 密封

密封就是把整库、整垛或整件商品尽可能严密地封闭起来,减少或阻止外界不良气候和其他不利因素的影响,达到防潮、防热、防干裂、防冻、防溶化的目的,还可以收到防霉、防火、防锈蚀、防老化等方面的效果,保证商品安全储存。

(1) 密封储存的几种形式:

整库密封。将库房整个密封起来。对数量大、整进整出或进出不频繁的仓库,适宜于整库密封。密封时,既要考虑到封闭的严密性,又要考虑到开启方便。整库密封能在较大范围内隔绝库外湿、热对库内的影响,同时也是通风、吸潮、升温、降温和气调的基础。

按垛密封。用密封材料将货垛上下四周整垛的密闭起来,以防止和减少外界不良因素对商品的影响。这种密封方式适宜存放在露天货场的易锈蚀商品。

货架密封。用密封材料将货架密闭起来,以防止透气和落入尘土。对于出入频繁、怕潮、易锈、易霉的小件物品,可采用货架密封的方式。

按件(箱)密封。主要是将商品的包装严密地进行封闭,一般适用于数量少、体积小的易霉、易生虫、易锈蚀商品,如皮革制品、竹木制品、金属制品、乐器、仪表等。

以上各种密封方法可单独使用,也可结合使用,主要是根据商品所需的保管条件,结合气候与仓库储存条件,因物因地因时而定。

(2)密封储存应该注意的问题。密封前应对商品进行检查。主要检查商品质量、温度和含水量。

密封的时期要根据商品性质和当地气候变化规律来确定。怕潮、易霉的商品,应在霉雨季节到来之前进行密封;怕热、易溶的商品,应在较阴凉的季节进行密封;怕干裂的商品,应在温度较高,干燥期到来之前进行密封;怕冻的商品,应尽可能提前在气温较高时进行密封。

商品密封后要加强检查管理工作。因为密封只能是相对的密封,不能完全隔绝气候对商品的影响。在检查中若发现商品或包装材料有异状,或温湿度不适宜时,都要及时采取措施,保护商品质量的安全。

2. 通风

通风就是根据空气流动的规律,有计划地使库内外的空气交换,以达到调节库内空气温度和湿度的目的。这种方法是调节库内温湿度的简便易行的有效方法,对库内降温、防潮、升温、增湿都可以收到一定的效果,并可以排除库内的污浊空气。但是库房通风要掌握库内外空气自然流动的规律,根据商品性质的要求,对比库内外温湿度的实际情况和变化趋势,并参考风力、风向而有计划地进行。否则,通风不适宜,反而会使库内空气条件变得更不利于商品储存,使商品遭受不应有的损失。

(1)通风时机。通风是为了散热和散潮,能否达到这一目的,关键在于通风时机的把握。正确的通风应当是根据商品性质的要求,分析库内外温湿度的实际情况和变化趋势,并参考风向、风力有计划地、有时间地进行,切不可随便开启门窗,让空气自由交换。

利用通风散热。有些商品怕热,但对空气湿度要求不严,如玻璃或塑料桶装的化妆品,以及其他易挥发的液体商品,在湿度高的季节里,只要库外温度低于库内时,就可以进行通风降温。

利用通风散潮。要根据库内外温度、绝对湿度与相对湿度的对比,在正确判断的基础上才能确定能否通风。由于商品的吸湿性能主要与相对湿度有关,而在一定的湿度下,相对湿度的变化又是由绝对湿度所决定的,因此利用通风来降低库内相对湿度时,必须以绝对湿度为依据来对比库内外情况。当库外绝对湿度低于库内时,才能进行通风。为了散发商品包装苫垫材料的水分或地面潮气而进行的通风,必须有干燥的空气,才能收到预期的效果。因此,应在库内相对湿度大于库外,库外相对湿度最小(最好在 70% 以下)的条件下进行。

(2) 通风方法:

自然通风。自然通风是开启库房门窗和通风孔,让库内外空气自然交换。但是对门窗的启闭也有一定的要求:

库外无风时,空气的交换主要是靠库内外温差和由此产生的压力差来进行的。在这种情况下,主要开启上部和下部讲出空气的通风口和窗户,开启库门也有一定的作用,但如库房中部也有窗子,这些窗子可不必开启。

库外有风时,库内外空气的自然交换,主要靠风和压力来进行。应将库房迎风面上部出气口关闭。开启背风面上部出气口,否则,热空气不仅排不出,反而可能吹回到库房下部。除此之外,库房的门窗和通风口可全部开启,以加速通风。为了提高通风效果,可以更合理地安排开启门窗的次序。如打开库房东南门和其下部通风口,同时打开西北窗和其上部出气口;或者开西北门及其附近下部进风口,同时打开东南窗口附近上部出气口。这样可使空气在库房中曲线串流,空气交换比较彻底。然后逐步将库房门窗、通风口全部打开,使垛内和库内四周的空气得到充分的交换。

机械通风。机械通风是利用通风机械产生的推压力或吸引力,即正压或负压,使库内外空气形成压力差,从而强迫库内外空气发生流动和置换的方法。

3. 吸潮

吸潮是指利用物理或化学方法将库内潮湿空气中的部分水气除去,以降低空气湿度。目前,吸潮的主要方法有去湿机吸潮和吸湿剂吸潮两种。

(1) 去湿机吸潮。其原理是利用制冷装置,将潮湿空气冷却到露点温度以下,使水气凝结成水滴被排出,被冷却干燥的空气再送入库内。这样不断循环排除大量水分后,即可使室内空气相对湿度不断下降。去湿机在室温27℃,相对湿度70%时,吸水量可达每小时6千克。使用机械吸潮,吸潮率高,效果显著,成本低,操作简便,无污染。

(2) 吸湿剂吸潮。仓库常用的吸湿剂有生石灰、氯化钙、硅胶、干木炭等。

生石灰(CaO)。是一种比较易于获得、价格便宜、使用方便的吸潮剂。其吸湿性较强,吸湿速度较快,在潮湿空气中能渐渐地吸收水蒸气变成熟石灰。

$$CaO+H_2O \rightarrow Ca(OH)_2+1.55 \text{大卡的热量}$$

每千克生石灰的实际吸水量为0.25千克左右。吸湿速度较快,一般5~7天达到较高的含水量,8~9天后基本全部变为粉末。库内湿度越大,生石灰吸湿速度越快。这种吸湿剂,只能使用一次,因为不能使之恢复到原来的状态。

使用方法:将生石灰捣成拳头大小的块状,盛装于木箱或竹篓等容器内。由于生石灰吸潮后会膨胀粉化,所以容器不能盛装过满,一般占容量的二分之一到三分之一为宜。将装石灰的容器放置在垛底,沿墙四周以及靠近出入库门处。

使用生石灰吸潮应注意:

生石灰为碱性物质,且有一定的腐蚀性,耐碱性弱的商品,如毛织品、铝制品、皮革制品等,不宜使用。

生石灰吸水后,从空气中吸收二氧化碳,同时放出水分,因此生石灰吸潮后必须及时更换。

生石灰吸潮后,能放出大量的热能。使用时,必须注意不得接触包装及易燃物,以防发生火灾。

氯化钙($CaCl_2$)。氯化钙吸湿率较高,工业无水氯化钙每千克可吸收 1~1.2 千克水分。结合水氯化钙(通常为 $CaCl_2 \cdot 2H_2O$)吸湿性略差,每千克约吸湿 0.7~0.8 千克左右。氯化钙吸潮后,即溶化为液体。将吸潮后溶化的氯化钙溶液加热熬煮,水分会蒸发浓缩并结晶,仍可继续使用。氯化钙从理论上说,可以重复使用,实际上比较麻烦。在熬煮过程中它既腐蚀铁锅,又放出刺激性气味,使人难忍,且价格比生石灰高,因而使用范围不广。

因氯化钙潮解后对金属有较强的腐蚀性,不能接触商品或包装,使用时应放置在竹筛或木隔板上,不宜用铁丝网。在竹筛或木隔板下放置陶瓷或搪瓷器皿,盛装吸潮后溶化的氯化钙溶液。

硅胶[$(H_2SiO_3)_n$],又名矽胶。硅胶每千克可吸收 0.4~0.5 千克水,硅胶吸潮后,仍为固体,不溶化、不污染,也没有腐蚀性。硅胶吸潮后在 130~150℃下烘至原来重量时,仍可继续使用。使用时,可用纱布或纸包成小包放在密封货架、柜内或包装物中使用。硅胶价格比较高,但性能稳定,可长期使用,适用于保管贵重商品,如仪器、电讯器材、照相器材、钟表等。

此外,分子筛也是新型高效的吸潮剂,适用于贵重商品的包装内使用。

二、商品霉腐与防治

商品霉腐指商品在储存期间,由于受到某些微生物的作用所引起的生霉、腐烂、腐败和腐臭等质量变化的现象。在高温高湿环境中,大多数商品都有可能出现这种现象,如纺织品、食品、皮革、纸张、竹、木、塑料、橡胶等。

霉腐过程,也是微生物在商品体上摄取营养物质、排泄代谢产物的过程。受到霉腐的商品,轻者外观损坏,质量降低,重者改变其原有的化学成分和性质,完全失去使用价值,特别是食品,还会产生各种腐败性物质的毒素,危及人们健康和生命。

微生物是指所有形态微小的单细胞或个体结构较为简单的多细胞甚至没有细胞结构的低等生物的通称。霉腐微生物是指与商品霉腐有关的微生物,主要有细菌、霉菌、酵母和部分放线菌。

(一) 商品霉腐条件

商品霉腐应当具备三个条件:第一,要有霉腐微生物来源;第二,商品体应具有霉腐微生物所需要的营养物质;第三,具备适合霉腐微生物生长繁殖的环境条件。三者缺一不可。

1. 仓储商品的霉腐微生物来源

商品和包装材料本身从库外带入,特别是农副产品,或是以农副产品为原料的动植物性商品。另外,仓库中空气与外界空气交换、人为活动等都会带入。微生物在自然界无处不在,空气中的水粒、尘埃都带有。据报道,一克仓库尘埃培养出的菌落数可高达300万个。

2. 商品中含有霉腐微生物所需要的营养

含有霉腐微生物所需要的营养成分的商品可以称为霉腐商品。霉腐微生物生长繁殖所需要的营养物质大体上有四类:碳水化合物,氮素化合物,水分,无机盐。一般来说,凡以生物材料为原料的商品,如植物的根、茎、叶、果实,动物的皮、毛、骨,都含有以上四类物质。某些非生物性商品,如合成纤维、橡胶、塑料,虽其本身不含有,但由于加工当中往往加入添加剂,另外在运输、储存、加工过程中难免玷污上有机营养物质。可见,霉腐商品的种类很多。

3. 商品霉腐的环境条件

各种微生物生长所需的外界条件,都有一个最适范围,超过这个范围,都对其生命活动不利,甚至死亡。霉腐微生物所需的环境条件包括以下几个方面。

(1) 环境温度。在影响微生物生长繁殖的各种因素中,温度起着最重要的作用。适宜的温度可以促进微生物的生命活动,不适宜的温度能减弱微生物的生命活动或可能引起微生物形态、生理等特性的改变,甚至可促使微生物死亡。微生物的最适生长温度是指微生物能生长繁殖良好的、最适应的温度。也就是说,在这种温度下,微生物生长最快,增代时间(指新细胞成长至繁殖生出下一代细胞所隔时间)最短。比如大肠杆菌,温度20℃时,增代时间需60分钟;37℃时只需17分钟。微生物的适宜生长温度见表9-3。

表 9-3

微生物的适宜生长温度

类 群	生长温度(℃)			举 例
	最 低	最 适	最 高	
嗜冷微生物	-10~5	10~20	25~30	水和冷藏中的微生物
嗜温微生物	10~20	25~30	40~45	腐生微生物
	10~20	37~40	40~45	寄生于人和动物的微生物
嗜热微生物	25~45	50~50	70~80	温泉、堆肥中的微生物

多数微生物在一定的温度范围内,温度提高10℃,微生物生长速度增快1.5~2.5倍。

(2) 环境湿度。不同的微生物对空气湿度的要求是有差别的,一般说来可分为三种类型,见表9-4。

表 9-4

三种类型微生物发育对最低相对湿度的要求

微生物类型	发育要求最低相对湿度
湿生型(高湿性)微生物	90%以上
中生型(中湿性)微生物	80%～90%
干生型(低湿性)微生物	80%以下

微生物中,细菌、酵母菌大多属于湿生型,但也有例外。霉菌多数是属于中生型的,也有少数不是,如毛霉、青霉属于湿生型,而白曲霉、灰绿曲霉、杂色曲霉等又属于低湿性类型的。

微生物在生长繁殖过程中,除了温湿度对它们有一定的影响外,渗透压、辐射、酸类、盐类等物理、化学方面的影响也是较为明显的。

(二)商品霉腐过程

商品霉腐过程,实际上就是微生物在商品体上摄取营养物质和排泄代谢产物的过程。它主要靠细胞膜的渗透作用摄取营养物质,代谢产物通过细胞膜排泄出来,这个性能叫做细胞膜的通透性,简称透性。这个透性本身具有选择性能,商品中大分子的营养物质是不能透过的,要摄取营养物质,首先是要通过胞外酶将大分子分解成为可溶性小分子,然后渗透进体内。因而,微生物摄食商品,首先使商品体分解,原有结构遭到破坏,改变商品外观,降低商品质量,其次,微生物不断排泄代谢产物,如色素、有机酸等,同样改变着商品外观和质量,使商品丧失使用价值。

(三)商品霉腐的防治

1. 常规防霉腐

常规防霉腐,就是采取常用的方法,消除适于微生物生长发育的条件,以达到防霉腐的目的。在商品入库时,一定要杜绝已经发生霉腐的商品或含水量过高的商品入库;对在库的易霉腐的商品,应建立并严格执行在库检查制度,及时发现商品霉腐迹象,随时处理,以免造成严重损失;对一般商品,主要是控制好库内温湿度,使商品经常保持干燥,相对湿度保持在75%以下,并经常通风或翻晒,以确保商品的安全储存。

2. 药物防霉腐

常用的防霉剂有五氧酚纳、水杨酰苯胺、多菌灵、多聚甲醛、环氧乙烷等。由于防霉药具有一定的选择性,因此,一种防霉药不可能对所有菌类都有效。另外,使用长久后还可能产生免疫力,使一向有效的忽然失效,就需要及时更换药剂。防霉药的效果,还要看使用是否得当、PH范围和其他化学药品对它的影响;用量多少也很重要,用在什么地方也有关系。

3. 气调储藏防霉腐(简称CA储藏)

这是一种调整环境气体成分的储藏方法,通常由减少环境中的氧气,增加二氧化碳含量及降低环境温度等三方面综合而成。对于大多数水果蔬菜来说,适宜储藏的气体条件是:氧3%左右,二氧化碳0~5%。

常用的气调储藏方法有真空充氮气调法和二氧化碳气调法。

可起到防霉腐效果的方法很多,它们不仅仅可以防霉腐,而且还可以起到其他作用。如低温冷藏防霉腐、干燥防霉腐、电离辐射防霉腐、紫外线杀菌防霉腐、高频电场防霉腐等。

(四)霉腐商品的救治

仓储商品一经发现霉腐,就应立即采取有效措施,防止其继续发展,造成更大损失。救,是指翻垛挑选,将霉腐商品与正常商品进行隔离,以免损失蔓延;治,就是将已霉腐商品,根据其霉腐程度、商品的性质、设备条件,因地制宜地采取适当的方法进行处理。防霉方法主要有熏蒸、晾晒、烘烤、加热消毒和紫外线灭菌。

三、商品虫蛀与防治

仓库害虫简称"仓虫",指能在仓库的特定环境下生活繁殖、危害库存商品及其包装和仓库设施的昆虫。仓虫的种类很多,在我国已发现有100多种。就世界范围看,仓虫对商品的危害大于霉变损失,最明显的是粮食,每年约有5%被虫子吃掉,个别地区高达20%～30%。仓虫的危害面很广,有300多种商品能被其危害。

仓虫的防治应贯彻"预防为主、防治结合"的原则,要求做到物资进库无虫、仓内无虫。具体防治方法有:清洁卫生防治法、物理机械防治法和化学药剂防治法。

(一)清洁卫生防治法

要求库内经常保持清洁。有洞孔缝隙要进行密封,堵塞鼠洞。库外要做到三不留,即不留垃圾、杂草和污水,杜绝害虫的滋生条件。

(二)物理机械防治法

例如,高温杀虫,主要是日光曝晒、烘烤、热蒸和远红外线照射等。低温杀虫,利用天然条件进行仓库通风,使库内物资的温度降低到仓虫致死温度范围,将仓虫冻死。对鼠的防治,可采用捕鼠机械,库门设挡门板等方法。

(三)化学药剂防治法

如利用有毒的化学药剂来预防或杀死仓虫,常用的有六六六、林丹、马拉硫磷、敌百虫、敌敌畏、溴甲烷等。使用药剂灭虫时,必须考虑商品的性能,切不可任意乱用。

四、商品的锈蚀与防护

商品锈蚀,是指金属商品表面在环境介质的作用下,发生化学与电化学作用,而遭受破坏的现象。

锈蚀是金属商品的天然病害,这是由金属的成分及其分子结构特性所决定的,从热力学观点看,这是自发过程。因为金属通常条件下总是处于不平衡的热力学状态,在一定条件下,它还要回复到原来在地壳中所处的状态,重新形成氧化物粒子。这是一种自然现象,人为是不能完全克服的,因此,仓储金属商品防锈蚀,只能是采取一定防护措施,减轻减缓这一现象。

金属的锈蚀损伤非常严重,据统计,每年由于腐蚀破坏的金属相当于年产量的三分之一。全世界每年由此损耗的金属达一亿吨以上,损失惊人。美国、日本的年损失,均在100亿美元以上,英国为15亿英镑。我国每年腐蚀报废的金属材料和设备损失达10亿元以上。有专家估计,这种损失约有四分之一是可以避免的,这是由于防护不当而发生的。因而,对此研究有很重要的经济意义。

(一)金属的锈蚀

1. 金属商品在仓储中锈蚀的特点

金属商品在储存中的锈蚀,主要是潮湿大气锈蚀。这种锈蚀过程的机理与宏观的腐蚀电池基本相同。但是由于潮湿大气锈蚀是同一块金属在电解液膜下进行的,这种锈蚀过程之所以能够发生,是由于工业金属表面上都存在电化学的不均一性。在潮湿大气中,金属商品表面通过毛细管吸附、化学凝聚及自然凝聚等形式形成水膜,并溶入环境中的污染物而构成电解液膜,使腐蚀微电池开始工作。

2. 影响金属商品锈蚀的内在因素

金属商品在储存中发生锈蚀必须具备两个条件,即金属商品表面上的电化学不均一性与表面上形成电解液膜。因为只有具备两个条件才可能形成腐蚀微电池并进行工作。金属商品锈蚀的内因,主要有以下几方面:

(1)金属商品的性质。电极电位越负的金属在空气中越容易锈蚀。

(2)金属成分与杂质。金属商品中有电位高于金属本身的组成或杂质会加速商品的锈蚀;金属中如果加入其他金属元素(如钢中加入铬、铝、硅等)进行合金化,则可提高金属的耐锈蚀性。

(3)金属表面状态。一般表面光洁度好的制品耐腐蚀性较表面粗糙的高。

(4)金属锈蚀产物的性质与结构。锈蚀产物具有吸湿性时锈蚀更容易、更快;锈蚀产物疏松多孔时容易锈蚀,而锈蚀产物致密、连续时对金属有保护作用。

(5) 金属表面的镀层。阳极镀层及其被破坏时,仍有保护作用;阴极镀层只有在没有孔隙和镀层不受破坏保持完整的情况下才能防止金属锈蚀。

3. 金属商品锈蚀的环境因素

储存环境因素是商品在储存中能否发生锈蚀的决定因素,因而也是防止仓储金属商品锈蚀的主要控制因素。所谓环境因素是指储存环境空气湿度、气温及空气中有害物质(如 SO_2、Cl^- 等)。

(1) 湿度的影响。金属商品在储存中的锈蚀因素主要是潮湿大气锈蚀。潮湿大气锈蚀是在金属商品表面形成的水膜下发生的电化学过程。水膜的厚度与空气相对湿度有直接关系。只有空气相对湿度超过临界湿度时,在金属表面所形成的水膜才能满足锈蚀电化学过程的需要,从而使锈蚀速度明显加快,并且湿度越高锈蚀速度越快。在大气中,储存金属商品的库内温度保持相对稳定,才能避免出现结露现象。

(2) 空气中有害气体与杂质的影响:

二氧化硫(SO_2)。二氧化硫是大气污染物中对金属商品锈蚀影响最大的有害气体。而且大气中(特别是城市和工业区)常常含有不同量的二氧化硫。金属的锈蚀速度与空气中二氧化硫含量近似地成正比关系。二氧化硫对金属锈蚀的影响作用主要是二氧化硫在金属表面的催化作用下生成三氧化硫溶解在金属表面水膜中生成硫酸,加强了锈蚀的电化学作用。

硫化氢(H_2S)。硫化氢在潮湿大气中,由于使液膜酸化而对铜、镍特别是铁和镁锈蚀的促进作用较大,同时可能引起不锈钢的点蚀。

氯化物。工业大气中的氯化氢、氯这两种气体都对金属商品具有较强的腐蚀作用,因为它们溶解在水膜中都能形成盐酸。海洋大气中常含一定量的食盐能促进钢铁以及铜、铝等的锈蚀。食盐的作用主要是氯离子的作用,由于氯离子的体积很小,能穿透金属表面的保护膜,同时氯离子容易吸附在金属氯化膜上,取代金属氧化膜中的氧生成可溶性氯化物。

杂质。大气中悬浮的灰尘微粒(简称杂质)落在金属表面上也往往对金属锈蚀起显著地加速作用。这些杂质主要有炭粒、砂粒、硫酸铵等。其锈蚀机理,如硫酸铵溶于水膜中能提高电解液膜的电导率和酸度,从而加速锈蚀;炭粒附着在金属表面上能从空气中吸附二氧化硫,从而加速金属的锈蚀;砂粒落在金属表面上,能促进氧的浓差电池的形成并容易使水分凝结,因而也能加速金属的腐蚀。

(3)其他气象条件的影响。雨水能明显地促进金属的锈蚀。这是因为雨水中溶有大气里的有害成分;同时雨水的冲淋对金属表面的腐蚀产物层具有机械破坏作用。雾、露、霜、雪具有和雨的同样作用,它们在金属表面存在时间较长,因而加速了金属锈蚀。如在露天存放的金属商品,经雨淋后,靠近地面的一边往往腐蚀较重就是这个道理。

(4)季节的影响。不同的季节,对金属的锈蚀有一定影响。这主要是因为不同季节中的大气条件不同。如霉雨季节的大气相对湿度较高;冬季的大气中的 SO_2 浓度较高,于初春转暖期间,在金属表面上可以出现结露现象。这是由于气温上升使空气绝对湿度增大,但金属制品表面温度还较低的缘故。

(5)包装材料的影响。包装材料,特别是与金属制品直接接触的包装材料,对金属锈蚀有一定的影响。包装中含有金属腐蚀因子,如有的包装纸中含有氯离子、酸、还原性硫等。包装纸的毛细管凝聚作用,能够降低金属制品的锈蚀临界相对湿度。

(二)金属锈蚀的防护

金属在保管过程中防锈的根本方法,就是严格按照金属材料的保管条件进行储存,杜绝或减少促使金属锈蚀的一切环境条件,其主要措施有以下几种。

一是选择适宜的保管场所。保管金属商品的场所,不论是库房还是露天料场,都应尽可能远离产生有害气体和粉尘的厂房,都不应与酸、碱、盐类物资及其气体混存。储存场所应该具有良好的排水系统。货场要用砾石或炉灰等垫平,增强地表层的透水性,以保持库区干燥。

二是保持库房干燥。保持库房相对湿度在临界湿度(一般是70%左右)以下,就可以防止金属材料表面凝结水分,从而减少电化学腐蚀的可能性。

三是保持商品及其储存场所清洁。

四是妥善存放和码垛。

不同的金属材料应采用不同的存放方法。不同种类的金属材料存放于同一地点时,必须有一定的间隔距离,防止接触发生腐蚀。码垛时应注意垫高垛底,加强垛下通风能力,促使垛下阴暗潮湿的地面能快速干燥。

五是苫盖与喷涂防腐剂。金属材料被雨淋后,腐蚀速度会显著加快。对于一些规格较小,怕锈蚀和易锈蚀的材料,在进入保管状态之前,应做好临时苫盖维护。

在材料表面喷涂防腐剂,可使材料与空气等腐蚀介质隔绝。目前,有的仓库采取在卸车后、码垛后和出库后各喷一次油的三次喷涂方法。如防锈油是一种粘性液体,均匀地喷涂在钢材表面,即能形成一层连续、牢固的透明薄膜,使金属与空气等腐蚀介质隔绝。

六是保持材料防护层或包装完整。如果包装损坏,应予以修复或更换;包装受潮时,对包装材料应进行干燥处理;如果发现原出厂时涂的防腐油已破损或干涸,应及时予以清洗,重新涂油。

七是坚持定期(以半年为宜)质量检查,并做好质量检查记录。

五、商品老化与防护

老化,是指塑料、橡胶、化学纤维、涂料、油漆等人工合成高分子商品,在加工、储存和使用过程中,由于受种种因素的影响,性能降低,质量劣化,以致使用价值丧失的现象。天然高分子化合物,也有这种现象,但老化速度缓慢,一般不会造成损失,如棉、麻、丝、毛、皮革、天然橡胶等。

(一)商品老化的基本特征

1. 外观变化

商品表面出现失光、变色、粉化、起泡、剥落、银纹、斑点、拉丝、起毛;以及材料发生发粘、变软、变硬变脆、龟裂、变形等。

2. 物理性能的变化

主要是材料的耐热、耐寒、透气、透水性等的改变。

3. 机械性能的变化

商品的拉伸强度、伸长率、抗冲击强度、抗弯曲强度、抗疲劳强度以及硬度、弹性、附着力、耐磨性能等都会发生变化。

4. 电性能的变化

材料的绝缘性能、介电常数、介电损耗、击穿电压等电性能发生了变化。

5. 分子结构的变化。

构成商品材料的分子结构发生了变化,如分子量、分子量分布的变化。

在商品的老化过程中,由其材料种类及环境条件的不同,所表现出的老化特征是不尽一致的。

(二)商品老化的环境因素

塑料、橡胶、合成纤维等商品老化的原因,主要是构成商品本身的高分子材料,存在着易于老化的弱点。这些均在生产过程中形成的。

影响商品老化的外界因素,是指商品所在的各种环境条件,主要包括温度、湿度、空气成分及其中的有害气体和日光。

1. 日光

太阳光是商品老化的最主要因素之一。对商品老化具有显著影响的是紫外线部分。红外线、可见光对商品老化亦有影响。实验证明,在大气环境中,商品老化速度与其受光面积和单位面积上所受的光强度呈正相关。

2. 温度

在热的作用下,高分子制品往往都会被破坏。这是因为升高温度会使分子的热运动加速,从而引起材料大分子的裂解与交联。但储存商品的老化,热裂解交联老化不是主要的,因为仓库环境中的温度不是很高的。但在大气环境中,由于同时有光、氧等因素的参与和配合,这时热的因素对老化将起加速的作用。温度愈高,加速作用愈强,所以,热氧老化是商品在储存中重要的老化之一。大气环境中的冷热交替作用对商品老化亦会产生一定的影响。

3. 氧和臭氧

所有的高分子材料对于空气中的氧气都是很敏感的。大气中的臭氧浓度虽然不高,但对商品的影响很大,尤其在日光作用下,由于光的活化作用,会加速臭氧老化的速度,使商品老化更为强烈。

4. 水和相对湿度

水能加速商品的老化,商品在水或潮湿空气的长期作用下,会发生水解反应,使商品表面发粘或龟裂,有的还会导致霉菌的滋生,发生生物老化。

(三) 商品老化的防护

防止商品老化,从生产角度来看,一般包括两个方面:一是可用添加防老剂的方法来抑制光、热、氧等外因对商品的作用,也可用物理防护方法使其免受外因的作用;二是可用改变生产工艺或改性的方法,提高商品本身对外因作用的稳定性。对于仓储中的商品的老化防护,应采取以下措施。

(1) 包装应完整,使商品在储运过程中保持整洁完整和减少外界因素对商品的影响。

(2) 库房应清洁、干燥、凉爽、避免阳光直射。同库不能存放油类、潮解性、腐蚀性、含水量大的和易燃商品。

(3) 商品堆码要符合隔潮、安全、方便、多储原则。

(4) 控制库房温湿度,避免库温太高和相对湿度太高,及时采取通风、吸潮、密封等措施调节到商品适宜储存的温湿度。

(5) 按时检查,发现商品有潮、热、霉、虫以及变色、变形、发粘、发硬、龟裂等老化现象,要及时采取措施进行处理。

(6) 贯彻先进先出、易坏先出的原则。

六、化学危险品商品的养护

化学危险品系指在生产、储存、运输和使用过程中,由于物品自身的性质或受外界因素的影响,能引起燃烧、爆炸、毒害、腐蚀以及放射而危害人体和国家财产安全的物质和物品。

(一) 化学危险品的类别及其性质

危险品的种类很多。《常用危险化学品的分类及标志》GB13690—92中将化学危险品分为八大类。

1. 爆炸品

爆炸品是指在外界条件作用下(如受热、受压、撞击等)能发生剧烈的化学反应,瞬时产生大量的气体和热量,使周围压力急剧上升发生爆炸,对周围环境造成破坏性的物品,也包括无整体爆炸危险,但具有燃烧、抛射及较小爆炸危险的物品。如雷管、炸药、烟花制品、无烟火药等。

2. 压缩气体和液化气体

这类商品是指压缩、液化或加压溶解的气体,并应符合下述两种情况之一者:

第一,临界温度低于50℃时,其蒸汽压力大于294kPa的压缩或液化气体。

第二，温度在 21.1℃时，气体的绝对压力大于 275kPa 或在 54.4℃时，气体的绝对压力大于 715kPa 的压缩气体；或在 37.8℃时，雷德蒸汽压力大于 275kPa 的液化气体或加压溶解的气体，如二氧化碳、溴甲烷等。

3. 易燃液体

这类货物是指易燃的液体、液体混合物或含有固体物质的液体，但不包括由于其危险特性已列入其他类别的液体。

4. 易燃固体、自燃物品和遇湿易燃物品

易燃固体是指燃点低，遇热、撞击、摩擦或与氧化剂接触时，引起燃烧或爆炸的物品，但不包括已列入爆炸品的物品。如硫磺、萘、镁等。

自燃物品是指与空气中氧接触，发生剧烈氧化反应而产生热量，当积热达到其燃点时，自行燃烧的物品。自燃物品的燃点很低，如黄磷（白磷）燃点为 34 度。

遇湿易燃品是指遇水或受潮时，发生剧烈化学反应，放出大量的易燃气体和热量的物品。有些不需明火即能燃烧或爆炸。如金属钾、钠、钙、氯化镁、磷化钙、磷化铝等。

5. 氧化剂和有机过氧化物

氧化剂是指处于高氧状态，具有强氧化性，易分解并放出氧气和热量的物质。包括含有过氧基的无机物，其本身不一定可燃，但能导致可燃物的燃烧。如氯酸钾、硝酸钠、过氧化钠等，与松软的粉末状可燃物组成爆炸性混合物，对热、震动或摩擦较敏感。

有机过氧化物是指分子组成中含有过氧基的有机物，其本身易燃易爆，极易分解，对热、震动或摩擦极为敏感。如过甲酸、过乙酸等。

6. 毒害品

毒害品是指进入肌体后，积累到一定的量，能与体液组织和器官发生生物化学或生物物理作用,扰乱或破坏肌体的正常生理功能,引起某些器官和系统暂时性或持久性的病理改变,甚至危及生命的物品。经口摄取的半数致死量:固体 $LD_{50} \leqslant 500mg/kg$,液体 $LD_{50} \leqslant 2\,000mg/kg$;皮肤接触致死量:24 小时,$LD_{50} \leqslant 1\,000mg/kg$;粉尘、烟雾及蒸汽吸入致死量:$LD_{50} \leqslant 10mg/L$ 的固体或液体。毒害品包括无机毒害品如氰化物、砷与砷化物等,有机毒害品如卤代烃(三氯甲烷、溴甲烷等)、有机农药(含氯、硫、磷、汞、砷等元素的有机物)等。

7. 放射性物品

放射性物品是指放射性比活度大于 $7.4 \times 10^4 Bq/kg$ 的物品。如铀、钍、销酸铀酰等。其射线能破坏人体细胞组织、穿透金属薄片等。

8. 腐蚀品

腐蚀品是指能灼伤人体组织或对金属等物品造成损坏的固体或液体。其与皮肤接触后 4 小时内便出现可见性坏死现象;温度在 55℃时,对 20 号钢的表面均匀腐蚀率超过 6.25mm/年,固体或液体的腐蚀品有硫酸、硝酸、盐酸、氢氧化钠、氢氧化钾、苯酚钠等。

(二)化学危险品的出入库管理

储存化学危险品的仓库必须建立严格的出入库管理制度。化学危险品出入库前要按照合同进行检查验收、登记,验收内容包括品名、规格、数量、包装和危险品标志,经验收合格后方可入库、出库。物品性质未弄清时不得入库。进入化学危险品储存区的人员、机动车辆和专用车辆都必须采取防火措施。

(三)化学危险品的储存保管

1. 商品分区储存

根据各类危险品性质的特点,实行分区分类储存。

(1)大型危险品仓库。这类仓库一般都是大城市的专业仓库,根据库存商品的种类和数量,将整个仓库划分为若干存货区。如毒品库区、爆炸品库区等。库区之间有一定的安全距离和明显的界限。

(2) 中小型危险品仓库。这类仓库一般是中小城市的危险品仓库,库存总量不大,面积和库房不大,一般按危险品大类分库储存。如易燃液体库、易燃固体库等。

(3) 县以下仓库。这类仓库储量不大,一般不易设立专业危险品仓库和专业区域,但也要分类存放。

2. 商品分类储存保管

化学危险品储存保管的基本要求是分类分库储存。此外,要根据性质特点采取适宜的堆码苫垫和养护方法。

(1) 爆炸品的储存保管:

① 爆炸品的储存。爆炸品中的混合炸药和爆炸性药品都必须分别储存于专用地堡、窖间或墙壁坚固的有隔热房顶的库房内,最好是轻型便于泄压的一级防火建筑,库内要保持阴凉,干燥,门窗严密牢固。

② 爆炸品的堆码苫垫。货垛应垫有20~30厘米高的枕木或垫架,货垛不宜过高过大,码堆不超过1.8米为宜。垛宽以两至三箱一个行列,垛与垛之间留有一定的安全距离。

③ 爆炸品的温湿度控制。每栋库房内,设置温湿度表,每天应做两次温湿度记录,库内应保持在30℃以下,相对湿度45%~80%为宜。库房采取密封、通风和吸潮相结合的温湿度管理办法,使库内经常保持适宜商品储存的温湿度。

(2) 氧化剂的储存保管:

① 堆码苫垫。这类商品适宜库房存放,库内货垛下垫枕木或木板20~30厘米,枕木和垫板均应专库使用。桶包装应码两至三批的行列式垛;木箱装可码较大货垛;麻布袋装可码横三竖二袋的小批。

② 养护方法。每栋库房设置温湿度表,一般库内保持在30℃

以下,相对湿度80%以下为宜。如用麻袋装,库内相对湿度保持在70%以下。对于怕潮怕热或既怕潮又怕氧化剂的商品,应采取库房挂棉门帘,库外墙涂白,窗玻璃涂白和利用自然气候,开启门窗的方法,以利通风降温降潮。

（3）压缩和液化气体的储存保管：

① 堆码苦垫。做成木格子,周围有栏杆和挡板、立码一格高；垛高以不超过1.5米为宜。

② 养护方法。宜储存于低温的地堡内,库温宜保持在25℃以下。钢瓶应储存在低温或半地下地堡中；防止漏气。

（4）自燃物品的储存保管：

① 堆码苦垫。铁桶装黄磷垛,下垫枕木,堆码时三桶为一批垛,垛高不超过1.5米为宜,垛底不小于30厘米。

② 养护方法。黄磷必须浸没在水中储存,为防止水结冰,黄磷库应保持在0℃以上。库内设干湿度温度计。黄磷库,可放入地窖或半地下堡内。验收检查中,发现渗漏,应立即更换容器。

（5）遇水燃烧物品的储存保管

① 堆码苦垫。库内地面最少垫一层20厘米以上枕木,货垛不宜过高,留好走道和墙垛距。

② 养护方法。一般对库温、湿度要求较严,应在较低的相对湿度下储存。如钾、钠等库内应保持在30℃以下,库房地势高、干燥。防止泄漏。

（6）易燃液体的储存保管：

① 堆码苦垫。大桶装时下垫一层枕木,立码两个高,桶间留2～3厘米,垛高不超过1.8米,若堆码货垛较大,最高应不超过2.5米。

② 养护方法。各种喷漆类,库内温度应保持在28℃以下。库房温度达不到时,可采取挂棉门窗帘密封；防止泄漏。

（7）易燃固体的储存保管：

① 堆码苫垫。货场至少下垫一层枕木,每垛30吨或40吨,上苫五层苇席。库内下垫10厘米以上垛底。

② 养护方法。库内设置温湿度表,火柴相对湿度80%以下为宜;保持低温低湿;防止泄漏。

(8) 毒害品的储存保管:

① 堆码苫垫。数量大时,可码成大型货垛,高度不超过8米,枕木架10～20厘米。

② 养护方法。库内温度应在32℃以下,相对湿度80%以下。封口严密,安装排风设备。发现桶袋破损,及时补修。

(9) 腐蚀品的储存保管:

① 堆码苫垫。桶装工业品碱类等可以下垫枕木露天堆码,上方苫好,以防漏雨。化学试剂瓶箱装的,库内可码较大垛型。

② 养护方法。硝酸、盐酸库保持在30℃以下。多囟化物,应用石膏石蜡混合剂沾封。任何漏洒的酸液不要与可燃物接触。

(10) 放射性物品储存保管:

① 堆码苫垫。单独堆放或堆码即可。

② 养护方法。如存在地下室,温度可控制在25℃以下,库房应设通风排气装置,发现包装破裂,及时整修。

第十章　商品、资源与环境

第一节　概　述

一、研究商品、资源和环境三者关系的重要意义

商品的生产与消费，必须遵循环境客观规律。人们必须树立运用资源和保护环境相结合的战略思想。人类社会在长期发展进程中，由于片面地追求经济增长和人民生活质量的提高，只顾加速资源、环境和商品的开发，而忽略对资源和环境的保护，已经造成了对资源的巨大消耗和对环境的巨大破坏。如今，自然环境污染程度日趋严重，生态平衡出现失调，甚至人类的生存和发展都已面临严重威胁，若不摆脱传统的生产发展模式，将资源开发、利用，环境保护及经济发展有机联系，系统考虑，则后果是不堪设想的。1972年在斯德哥尔摩召开了联合国人类环境会议，在这次会议上提出了人类"只有一个地球"的口号，通过了"人类环境宣言"（又称为斯德哥尔摩宣言），极力呼吁每个公民"必须认真地注意人类活动对环境的影响"。经过多年的努力，人们已清醒认识到：人类必须与自然界和睦相处，共同发展。在美国，人们已要求将"享受良好的环境的权利"加入到肯尼迪的"消费者四种权利"之中，从而构成"第五项权利"。消费者作为一个健全的市民，不仅要关心自身对商品的需求，也要对大自然的生态平衡给予关心和维护。

中国是一个发展中国家，经济体制正处于从计划经济向市场经济的转换过程中，长期以来的高消耗、低产出，高污染、高浪费的传统的商品生产方式以及经济体制转换期间的短期行为，不仅使

得经济效益低下,而且使国内的自然资源和环境遭到较严重的破坏。据统计,我国工业企业关键工序一次合格率仅为60%左右,即每加工一批零件就有约40%需要返工或报废,而在经济发达国家,产品废品率每工序不到2%。此外,由于产品的整体质量水平不高,附加值小,和发达国家相比,使用同样多的资源而得到的却是低价值回报,这方面的浪费是十分惊人的。如钢材生产,1993年虽已具备年生产8 700万吨的能力,但质量达到国际先进水平的钢材只有330万吨,在成材率方面,比先进水平低10%,就是说,每年在轧钢材时,要将10%的钢材即800吨白白扔掉。

中国资源量比较丰富,但人均资源占有率低下。按目前水平,我国人均土地占有量为世界人均占有量的1/3,其中人均耕地面积为世界人均耕地面积的4/11;人均水资源占有量仅为世界人均占有量的1/4;人均矿产资源则不足世界平均水平的1/2。在国民经济周转中,我国社会需要的最终产品仅占原材料用量的20%~30%,大部分资源则作为废弃物排入环境,造成环境污染和生态的破坏。至于能源的利用率,我国仅为30%左右,而日本与美国则分别达到57%及51%左右。同时,由于我国人口仍在以每年1 600~1 700万的速度增加,经济增长速度也较快,各类资源的供给和社会需求矛盾将进一步加剧。纵观我国的商品生产与发展,资源开发与利用,生态平衡与保护,其现状不容乐观,必须引起高度重视,应加大力度深入开展这方面的研究与探索。在这种情况下,如不对商品生产、资源利用和环境保护之间的关系进行研究,正确处理好三者的关系,后果将是严重的。

二、商品生产、消费应遵循生态学原理

人类与自然生态系统有着不可分割的密切联系。商品生产和消费发展受到自然环境和资源的制约,人类活动既不能违背经济规律,也不能违背自然规律和生态平衡规律。商品生产和经济发展应与环境保护相辅相成、协调统一,只有合理开发和利用自然资

源,防治自然环境的污染和破坏,维护与改善生态环境系统,扩大某些自然资源的再生和繁殖能力,才能有力地保护人类环境的良性循环,保障经济、社会和环境的顺利发展。

人类赖以生存的地球,资源的蕴藏量是有限度的。生态学家保尔·额尔利奇曾指出:在一个有限的空间内,人口在增长,若不用生态学思考,物资必将耗尽。现在,世界资源的利用率是按指数增长的,资源消耗量的增长指数曲线是由人口(年均7 500万)增长和资本增长的正反反馈环路推动的,这种指数的增长,正在减少着资源固有储存量,只要人口增长和经济增长的正反反馈环路继续产生更多的人和更多的人均资源需要,这个系统将被推向它的极限——耗尽地球上不可再生的资源。因此,这就要求我们在商品生产、消费中,必须考虑地球资源对人类生存的影响,注意保护生态平衡和环境净化,在资源开发中,应考虑到可能产生破坏生态环境的因素和可能带来的严重后果,采取减少资源破坏的对策,控制污染,防止发生生态系统的恶性循环。

随着社会生产力的发展和专业化分工的细划,满足人们生产和生活需要的商品种类和形态日新月异,有以实物形态为主的生活资料和生产资料;有以知识形态出现的技术商品和信息商品;有以活动形态出现的劳务商品;有以一般等价物形态出现的资金商品;有由消费的非排他性和非竞争性所形成的公共产品,从而构成了形形色色、五彩缤纷的商品大世界。实物形态的商品是商品群体的主体,其他形态的商品都是随着市场经济发展而赋予商品载体拓宽的内涵。资源是进行商品生产的重要物质基础,不同类型商品所消耗的资源形式有所不同。如对于生产资料与生活资料实物形态商品,它们是市场交易活动中最频繁的商品,其原材料是一次性加以消费的,能源是在生产中逐渐消耗的;生活资料是被人们不断地消耗掉的,生产的连续性和消费的经常性,决定了大量资源被开发、利用和耗费。又如作为知识形态的特殊商品,有着自己运行的特征,它与资源的利用也有着密切的关系。20世纪以来出现的微电子技术、光导技术、激光技术、电子计算机、数字卫星通讯系统和数字微波通讯系统,都要运用大量的高质量的原材料、能量和信息资源,随着科学技术突飞猛进的发展,将耗费大量的需要重新开发和利用的资源、能源,其范围和领域正在日益扩大。作为活形态的劳务商品,以活动形式提供服务,这些劳务过程同样需耗费资源。

在商品生产中忽略生态学原理,必然会严重破坏生态环境,导致气候异常、水土流失、土壤沙化、森林和草场毁灭、物种灭绝、能源危机等。商品生产和消费中某些有害的无机、有机化合物引入环境,造成的化学污染;由粉尘、固体废弃物、放射线、噪音、废热等对环境造成的物理污染;由各种致病菌、有毒霉菌等对环境造成的生物性污染;商品消费中会形成生活性污染物等,当这些污染超过自然界的净化能力时,必然造成自然生态平衡的失调,严重威胁人类生存发展的物质基础和人类的自身健康。在历史发展进程中人类曾为此付出了沉重的代价。如60年代以来,前联邦德国、瑞士和荷兰联合治理莱茵河污染,为使水质好转,仅联邦德国就投资了210亿美元。美国每年用于环境保护的投资达800～900亿美元。非洲由于生态破坏导致的大灾荒,从60年代以来持续不断并日益恶化,多达36个国家遭灾,数以百万计的人被饿死,几千万人挣扎在饥饿死亡线上。正如世界环境和发展委员会主席、挪威首相布伦特兰夫人所指出的:非洲生态环境破坏引起的悲剧不亚于历史上任何一次战争,如果不切实加强生态保护措施的话,世界上其他地区也可能爆发类似非洲的危机。这一点必须引起社会上每位公民的警觉。

三、加强国际合作,资源优化配置

自然资源为商品生产、消费提供所需的物质和能源,是发展经济的基础。但开发自然资源时,要考虑资金、技术、运输、管理等条件,以及市场需求、环境保护要求,并根据资源分布状况尽力作好优化配置。

各类自然资源都具有整体性、区域性、有限性、多用性等基本共性。

整体性是由作为环境要素的不同类型资源之间的相互依存关系所决定的,一类资源的开发利用必然引起其他类资源的变化,这就要求我们全面地考虑资源的综合开发利用和保护问题。

区域性是由资源的种类特性、数量、质量及分布差异所决定的,各国、各地区地理、气候、地质条件等状况不同,因此,在资源开发利用中必须考虑区域自然环境和社会经济的不同特点,优化配置,利用有限的资源为人类创造最大的财富。

有限性是相对于特定的地球空间和时间而言的。从经济学观点来看,自然资源可分为耗竭性的和非耗竭性的,再生的和非再生的,可重复利用和不可重复利用的等等,这就要求人们必须认识到,对于非耗竭性的、再生的或可重复利用的一类资源,要考虑到它们在某个时段或地区所提供的种类、数量是有限的;再生能力有一定限度,即使能重复利用,但也必然导致一定量的物质和能源的损耗,同时还受到储量的制约,因而不可能永久性地取之不尽,用之不竭。因此,我们应该珍惜一切自然资源,决不能只顾眼前利益而盲目地开发和破坏自然资源。

多用性是指一种资源为人类利用提供了多种可能性,而选用哪种利用方式取决于多种因素,如社会、经济、科技以及环境保护等。所以,要综合性地分析具体情况,全面规划,要有全局观念、全球观念,加强地区间、国际间的合作,兼顾经济效益、社会效益和生态效益,将自然界的资源优化配置组合,使有限的资源造福于人类。

我国同其他几个面积较大的北半球国家如加拿大、美国、俄罗斯相比,农业自然资源既丰富又较为复杂;我国地域辽阔,生物资源的品种和类型的丰富性和多样性在世界上名列前茅;还蕴藏了丰富的化学资源、矿产资源以及能源资源。到目前为止,已发现的各类矿产有145种,已探明有一定储量的矿产约140种,而全球已发现的各类矿产也不过160多种,并且中国不少矿产资源的储量在世界上占有重要地位,其中钙、锡、钼、铋、锑、汞、锌、锂、铌、钽、铍等矿产储量均居世界前列。这些自然资源均需合理开发,充分利用,这就要求用配套的开采设备、科学技术生产高附加值产品;要求面向全球,加强国际间的合作,使资金、技术、人才及先进的管理经验与自然资源开发、利用相结合,优化配置、协调一致,促进人类社会的稳步发展。

我国应积极参加相关的国际组织。当前,世界范围的产业结构正在进行调整,发达国家致力于发展高科技产业、信息产业和服务业,某些制造业开始衰退。在产业结构高级化过程中,发达国家和一些新兴工业国不断向外转移制造业和劳动密集型产业,在产业转移的同时,也伴随着资金和技术的转移,这对我国引进技术,利用外资和加速经济发展是有利的。我国有丰富的自然资源、生产力资源,然而缺少的是资金、技术、先进的管理经验,只有积极参加各类相关的国际组织,获得了良好的国际环境,才能取长补短,优化资源配置,抓住机遇,加快经济发展步伐,使中国早日跨入世界经济强国行列。

第二节　资源的综合开发、利用

一、资源综合开发、有效利用的重要性

现在,全世界地下和地表的资源开采已经出现了大规模的"赤字",人类生活的改善和财富的增长已经造成了对资源的巨大消耗和环境的巨大破坏,因此,现在世界经济的增长也不得不缓慢下来。我们应该清醒地认识到:人类社会经济的进一步发展必须依赖于对资源的综合利用与合理开发,也就是说,只有深入、有效地开

发有限的自然资源,社会经济的持续性发展才有可能。为此,许多国家与地区积极采取了措施,如日本在1991年4月制订了"废物再生利用法",这是一部与促进再生资源利用有关的法律。对于主要资源全部依赖进口的日本国来说,进一步促进资源的有效利用是很有必要的。为综合性地有计划地推进再生资源(如使用后的物品、未使用便被收集或废弃的物品、工厂等生产的副产品中能够进一步可利用的物品等)的利用,规定各主管大臣(通商产业大臣、建设大臣、农林水产大臣、大藏大臣、厚生大臣、运输大臣及环境厅长官)都应制订并公布基本的方针政策,并提出:为能在有效利用有限资源的同时控制废弃物的发生及保护环境,要明确国家、地方公共团体、事业者、建设工程的承包者、消费者各自所应分担的社会责任。西方经济学家也积极致力于该领域的研究与探索,探寻优化资源分配理论和残余物管理模式。我国于1994年3月,经国务院讨论通过的《中国21世纪议程》,从中国的国情出发,提出了促进经济、社会、资源和环境相互协调以及可持续发展的总体战略、对策和行动方案,它将成为中国国民经济和社会发展长期计划的指导性文件。同时,《中国21世纪议程》也向世界宣布了我国对资源开发、利用和保护的指导思想。世界经济的发展需要中国充分利用与保护资源,同时,中国的资源综合开发、有效利用也需要世界各国的支持和合作。

二、商品生产周期全过程,都应考虑资源合理开发与利用

商品生产周期全过程,主要包括商品设计、生产、包装、流通、消费及废弃,每个环节都涉及对资源的合理开发与利用。

商品设计能极大地影响生产用料的数量、类型,以及产生残余物的数量和类型。如:在质量相似的情况下,生产一种高光度的白纸(通用电光度GEB为80)比生产非漂白纸(GEB为25)需要更多化学物质、水和能量,相应也会产生更多的残余物。采用硫酸盐制浆法生产纱纸,若不经漂白,则液体残余物中溶解的

有机物和无机物分别减少为90%和85%,在资源的利用与损耗上差别很大。又如,开采高质量的天然气,只需钻一些较小的钻孔即可开采,而且对地形破坏较小,天然气燃烧的产物几乎只有CO_2和H_2O。基本无污染。若用煤作燃料,如露天采煤,开采工作量很大;用深井法采煤,在加工过程中会产生残余物,甚至使地表下陷;煤在燃烧时会产生SO_2、NO_x(氮氧化物)、颗粒物、炉底灰,甚至产生含有重金属和放射性物质。此外,商品耐久性和可修复性设计也很重要。现在,许多整机由标准组合件装配而成,这些零件可以单独修复和更换。当然,目前对较复杂的机器,如电视机及其他许多家用电器,由于一个部件或几个组合部件失灵,难以更换或难以寻找,就废弃不用,这是一种对资源的浪费,已引起有关人士的关注。显然,修复零件比更换新的或不同型号的零件更可取。电子领域中的技术更新,有效地节约了资源,如晶体管代替了真空管,印刷电路代替了导线,机械上的电子装置取代了笨重低效的机械能转换系统等。

在商品生产过程中,常有些原料及副产品被排入环境,既浪费了资源,又污染了环境(如果原料、副产品为有害物质时),解决的方法,一是改进生产工艺,提高成品率。如化学工业中的例子不胜枚举,有些过去曾被排放的化学物质现在已被回收用于同一工艺或其他工艺;制造桃罐头成品时,原桃利用率比20年前提高了三分之一。二是充分利用二级资源。初级产品生产中没有有效利用的原料或副产品,可将其转化为有用的原料资源。如屠宰厂的残余物可转化为制药工业中很有价值的原料;用木浆残余物中所含的某些物质为原料,可生产感光化学产品;利用发电厂的飞尘、废玻璃和回收的硫生产建筑材料和建造机场跑道;回收纺织品残余物用于造纸;从屠宰厂和食品加工厂回收动物脂肪,用于生产肥皂、明胶、甘油和许多其他产品。

近年来,包装废弃物成倍地增长,已造成社会一大公害。据估计,全世界目前每年产生的100多亿吨垃圾中,约有1/3属于包装废弃物,并且仍以8%～10%的年速度增长。包装是商品流通及使用前必不可少的组成部分,但也应将其有效地纳入再生资源环流。推行"绿色包装"已成一种趋势。首先,在包装设计上力求包装物多功能化。目前世界各国的包装复用率为3%～15%,还可挖掘这方面潜力。其次,建立"以回收利用为主导型"模式,使包装废弃物最大限度地纳入再生资源环流。在废弃包装物的回收具体方法上,国外有许多经验值得我们借鉴。如自动、自愿投放到指定地点;设立包装废弃物回收站;路边分类收集法;强制押金制等。美国九个州依靠强制押金制,得到了98%的铝罐回收率,塑料瓶再循环率达90%,后来又有不少州采用路边分类收集法,保证了塑料、玻璃和纸再循环工业稳定的原料供应。最后,应加强对废弃包装物回收再生的科研和新技术的应用。如原制品的再生,其中玻璃容器可以粉碎重熔,纸制品可以化浆再生,均可节省大量资源。美国可口可乐公司在得到食品与医药管理局许可情况下,将使用后回收的包装瓶经化学方法分解后再聚合重新加工成聚酯瓶使用,既节省了大量自然资源,同时还取得很大经济效益。

对那些进入最终商品的物质再循环使用,也已引起了人们的极大关注。最终商品一般指消费品及加工(和使用)完毕的商品。若简单让其废弃,既浪费了大量自然资源,也污染环境。事实上,所有主要金属,如铅、废钢铁、钢、铝、锌、银等,都存在专业化的回收工业,除此之外,各种废纸、橡胶、玻璃、塑料等均可在一定程度上通过专门的回收和加工渠道再循环利用。还有一点须考虑的是商品最直接的重复利用。如在旧货市场上,大多数耐用消费品均可从一部分人手中,转移到另一部分人手中。旧商品的这种再销售,再利用,一方面推迟了其废弃的时间,提高了商品的经济寿命;另一方面也是对资源的综合开发、合理利用。

三、废弃物是一种重要资源

一般排放到环境中的废弃物来自两种基本的排放源。一类为满足经济系统最终需求而进行的商品和服务生产而产生的生产性废弃物；另一类来源于最终商品的消费活动而产生的最终消费废弃物。前者直接依赖于部门总产出，后者则与估计的人口数量及其在城乡地区的分布、汽车数量及运行的里程数、设置下水道的居住单元的数量等变量因素有关。

废弃物的形式有气体（如一氧化碳、二氧化氮、二氧化硫等）、干固体（如垃圾和废料）和湿固体（如污物、污水、悬浮或溶解在水中的工业残余物）。

废弃物是一种重要的资源。不同类型及形式的废弃物，对其处理方法也不同。据资料表明，工业生产废弃物常用处理方法有：隔离*、湿法氧化、絮凝、发酵、化学凝结*、乳胶破碎、浮选、蒸发、沉积*、蒸馏、离心、焚化*、过滤、生物过滤、洗提、活化污泥*、中和、厌氧菌致分解*、化学氧化*、净化池*、化学还原、喷洒冲洗*等。中和或去除气体或颗粒排放物的方法有：两段式燃烧、湿式涤气、后燃、冷凝、催化氧化、吸收、再循环、吸附、静电除尘、过滤等（有*号的方法也可应用于消费废弃物中的液体废弃物）。例如，由矿石的杂质及熔剂的混合物（如石灰石、冰晶石或萤石）组成的矿渣，现在经处理变成了宝贵的副产品，主要作为公路的道渣和混凝土制品的粒料使用；铸造厂产生的"烟道灰"，经除尘器和湿法过滤器处理，可回收一定量的金属；硫化矿石熔烧产生的很浓的二氧化硫烟雾，对植物是致命的，若用硫酸处理，可回收大部分硫，可大大降低二氧化硫烟雾对环境的破坏；对不可降解的工业废弃物，可用悬浮物和可溶解固体物，除去其可燃物，然后，用各种过滤器及通过离心作用，聚合电解质以去除悬浮物；可溶解固体物可以通过蒸馏法、离子交换法、电渗析法、逆渗透法等去除，能达到任何期望的水平。在美国，每年回收废纸约1亿吨以上，并产生一种新型工业——废纸加工业，年获利10亿美元。

最终消费废弃物主要有废气、污水、垃圾、废品、炉灰等。垃圾主要是食品加工、制作和食用后的废弃物。废品主要是一些可燃物，如纸、塑料、桶、木质家具、床上用品、行李等；不可燃物，如各种罐头、金属家具、玻璃、陶器品等。炉灰主要是经加热和焚烧之后的不可燃残余物。最终消费废弃物产生量趋势预测可详见图10-1。

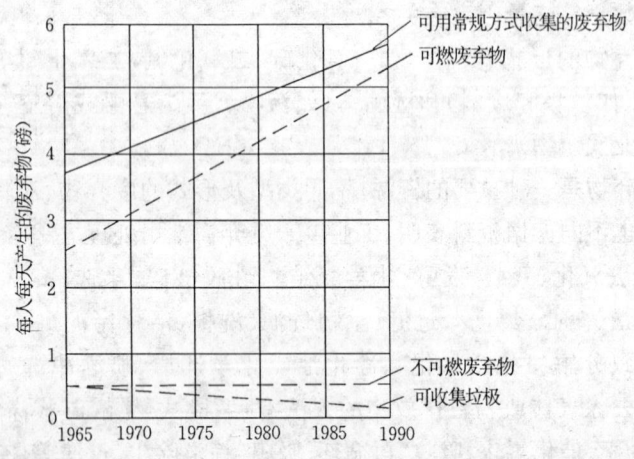

图10-1 废弃物产生量趋势预测

最终消费废弃物基本都可利用，这里主要涉及的是经费问题。污水固体物和湿性垃圾能够混合回收用作肥料；金属和其他耐用材料（包括玻璃）可以被回收重新利用。

废弃物作为一种有用的再生资源，应充分加以利用，目前存在的问题是无法建立总体管理机构，因此无法实行统一领导，统一管理。有关水污染的限制规定通常与空气污染或固体废弃物处理无关，如，为了保护水系，水污染管理机构采取的措施，常常又导致产生气体或固体废弃物，这些废弃物都被抛入"环境"，形成新的污染源。促进再生资源的利用，必须有广大国民的协作，所以，国家应向国民普及有关如何促进再生资源利用的知识。生产者从事生产活动时，要将再生资源作为原材料进一步利用、努力扩大再生资源制成品的供给；通过统一规格、开发新技术等措施努力扩大副产品的用途。消费者自身也应认识到自己在利用再生资源方面所应承担的重要责任，在努力促进再生资源利用的同时，也要协助搞好废品回收等工作。国家要全面地、有计划地实施促进再生资源利用的政策。商品生产所用资源及残余物产生、利用与排放过程见图10-2。

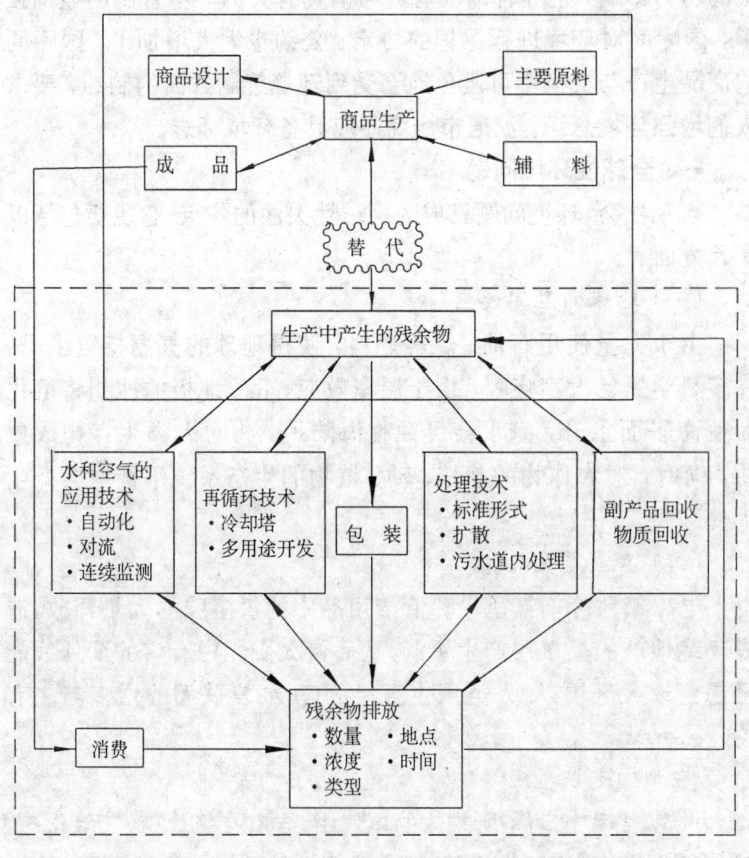

图10-2 商品生产所用资源及残余物产生、利用与排放

第三节　环境、环境标志及环境标志商品

随着全球工业化进程的加速发展,生态平衡受到威胁。面对逐渐恶化的生存环境,公众的态度发生了很大变化,对环境的关注程度甚至超过了对经济增长的关注。近些年来,受来自环境保护的压力影响,世界各国政府对与消费有关的环境管制明显加强了,国际间对环境进行保护的协定、公约也大大增加了,国际间的商品生产与交换不可避免地会受到环境管制方面的制约,要求人们增强环境意识。流通市场商品应具备环境标志。

一、全球性环境问题

当今社会,环境问题已成为全球性关注的焦点,它主要包括以下几方面。

(一)地球的温室效应

由于大量使用石油、煤等燃料,使得地球的气温持续上升。许多科学家已大声疾呼:由于温室效应,南、北极的冰川将溶化而使海平面上升,海水会侵蚀临海陆地,将对人类生存构成威胁,同时,对农作物的栽培,动、植物的生态系统平衡均会产生不良影响。

(二)臭氧层被破坏

电冰箱致冷剂氟里昂和清洁用品中的氧溶胶的大量释放,造成环绕地球的臭氧层产生黑洞,从而使太阳光中有害的紫外线能轻易穿透大气层,对人类产生直接危害,如皮肤癌的增多与之有关。

(三)酸雨产生

汽车、各种机动车所排放的尾气中,含有二氧化硫、三氧化硫、氮的氧化物、碳的氧化物等,这些化合物溶于雨中产生的酸雨,会导致森林、各类植物的枯竭,造成江湖中生物体锐减,严重破坏生

态系统。

（四）沙漠面积增大

据不完全统计，在亚洲、非洲等地，每年沙漠化的土地达600万公顷，相当于日本九州和四国两地的总面积。其主要原因是气候异常，自然环境的人为破坏，如乱砍乱伐树木致使水土流失，人口无节制增长等，此外，沙漠化土地的"环境难民"向周边土地移动，产生新的沙漠化现象，亦是沙漠面积增大的原因之一。

（五）热带森林的破坏

热带森林占据世界陆地面积的7%，然而，它对半数以上的生物种的生存、雨水的循环、二氧化碳的吸收、调节气温等起着关键性的作用。可是，由于人类不合理地开采和利用，使其占地面积总量逐年减少。据资料统计，在1980年，世界尚有19亿3500万公顷热带森林，但自那时以后，每年减少约0.6%，其每年减少的占地面积相当于日本本州土地面积的一半。

（六）有害废弃物的增多

随着工业的发展，各种商品生产与消费规模不断扩大，返回到环境中的物质和能量也越益增多，其中有害废弃物，如农药残留物中的氯化物、氰化物，铅、汞、镉等有害金属，核能发电释放出的放射性废弃物等，均有逐年增多的趋势。

（七）水质污染

现在人们将商品生产与消费中产生的废弃物不断排放到环境之中，如投置于江河、海洋之中。据统计，每年约有6 500万吨的垃圾被投放到海里，太平洋中80%的垃圾和地中海中70%的垃圾都是塑料，而相当部分塑料难以降解，会污染海水，若被鱼类吞食则会造成严重危害，导致某些物种灭亡，破坏生态平衡。此外，油船在运输中排放的油污，核废料的投放，均会造成海水的油膜污染、核污染，若不加制止，后果不堪设想。

（八）野生生物的不断减少

这个问题已引起人们的强烈关注。据推断,地球上存在生物500万种左右,其中记录在案约140万种,至21世纪之前,每年将有4万种野生生物绝种,而人口却不断增加。其结果直接威胁人类自身的生存。

二、环境标志及环境标志商品

(一) 环境标志

环境标志是20世纪80年代兴起的一种商品质量标识,通常是由政府的环境管理部门依据有关的环境法律、环境标准及规定,向某些商品颁发的。它表明该商品从生产到使用以及回收处理的整个过程均符合环境保护的要求,对生态环境基本无害。与之相配套而制订的环境标志制度,则为商品环境标志工作的落实与执行,提供了有力保证。

环境标志工作的实施,向消费者直接并有效地传递了有关环境保护方面的信息,引导消费者选择对环境保护有利的商品,提高消费者的环境意识,加强消费者对环境的监督与管理,反过来又促使企业在生产过程中必须注意环境问题,力求减少对环境的危害,从而使"保护环境"成为社会上每个公民的自觉行动。

世界上第一个环境标志于1978年在联邦德国诞生,随后,西方经济发达国家相继制定了环境标志规划。1992年,亚洲"四小龙"也开始实施环境标志规划。我国于1993年由中国环境保护局宣布推行环境标志制度,并向6种产品首批颁发了环境标志。短短十几年中,已有二十几个国家和地区实施了环境保护制度,环境标志商品的种类和数量也在迅速增加;国际上制定的环境与资源保护的公约、协定已超过150个,中国参加了其中的27个。现在,各国已有较为严格的环保技术标准和商品包装要求,已有规范化的检验、认证、审批程序,并有较为完善的环境标志制度。有些国家还实施课征环境进口附加税制度。

(二) 环境标志商品

环境标志商品是指该商品在生产周期的全过程中符合新一代环境标准要求,并通过环境标志商品资格认证获得环境标志的一类商品。它不仅满足人们物质和精神的需要,而且满足社会发展的需要,因此,环境标志商品更具有市场竞争力。

在世界性的环境保护浪潮冲击下,近年来,人类的环境意识逐渐增强与提高,消费者的消费观念也发生了巨大的变革,"绿色消费心理"的产生,形成了对"绿色商品"的需求。据有关调查资料表明,发达国家中相当多的消费者更喜欢购买带标志的"绿色商品",67%的荷兰人,80%的德国人和77%的美国人表示在选购商品时会考虑环境问题,在日本也有20%的居民表示愿意购买价格更高的"生态商品"。由于环境标志商品销量大增,国际市场随之掀起了一股"绿色贸易"之风。例如:许多国家对裘皮制品、毛皮、皮革、鲸皮制商品执行单方面禁止进口政策;德国根据《危险物质使用条例修订草案》规定:从1994年始全面禁止进口、制造和使用石棉,并敦促其他国家在欧洲范围内禁止石棉的使用;美国依据《海洋哺乳动物保护法》,禁止从加拿大进口金枪鱼及其制品,原因是墨西哥和加拿大采用拖拉大围网捕捞金枪鱼的方式,不利于对海豚的保护;丹麦宣布所有进口的啤酒、软饮料、矿泉水必须一律使用可再盛装的容器,否则拒绝进口。一些经济发达国家,自实施环境标志制度以后,对没有环境标志的商品进口时,实行数量及价格方面的限制。我国某企业生产的电冰箱,虽具有环保功能且质量上乘,但因没有环境标志,进入法国市场时就受到数量及价格方面的阻挠。据统计,目前我国有数百个品种、50多亿美元的出口商品,会因保护臭氧层的有关国际公约规定限制而被禁止生产销售,40多亿美元的出口商品会因主要贸易对象国实施环境标志制度而面临出口危机。

三、重视并加强对环境标志商品的研究

面对世界环境保护浪潮及绿色贸易的挑战,我们应加强相关

方面的研究与探索,顺应潮流,采取必要的对策。

(一) 加强对商品生产周期全过程环境保护行为的研究

对生产周期全过程环境行为的研究,就要使环境意识贯穿于商品的设计、生产、流通、消费到废弃的每个环节,如图 10-3 所示。

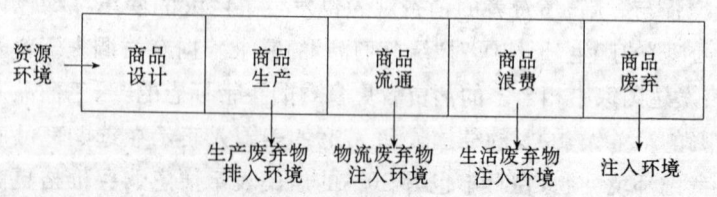

图 10-3 商品生产全过程环境行为示意图

图 10-3 表明,商品设计除了其他必备条件外,还应从资源、环境两因素着手,力求合理、科学,以免造成资源浪费,形成各种废弃物,污染环境。

(二) 企业应树立环境价值观

企业应破除"产品高价、资源低价、环境无价"的观念,应懂得自然环境和资源也是一种有价值的资产,占有者应付出代价。在市场经济条件下,国家应建立有效的经济调控手段,使环境污染的制造者成为改善环境的承担者。企业为了能在市场竞争中取胜,必须自觉变革传统的大量消耗资源和能源的粗放型生产方式,实行节能、降耗、减污,努力提高商品在国际、国内市场上的竞争能力。

(三) 开发并推广"绿色商品"

目前我国的绿色商品主要是食品,如大米、茶叶、蔬菜、水果、食用油、乳制品等几大类。1993 年成立的中国绿色食品发展中心,目前已累计向 400 多个产品颁发了绿色食品标志,取得了一些成果,但还不够。一方面应大力开展保护环境的宣传教育工作,进一步增强公众的环保意识,树立新型消费观念,鼓励公众参与环保；另一方面应积极引进适用的对环境无害的技术和设备，采用"清洁"式生产工艺，建立产品的"环境质量"保证体系，提高并完善产品的环境保护标准，从根本上保证企业的经济效益增长。

(四) 不断完善我国的环境标志制度

市场经济是法制的经济，在参加对外经济贸易活动中，应严格履行相关的国际公约及协定，同时，还应该认真研究、借鉴工业化国家所建立的保护生态环境和保护消费者健康与安全的各项法规，参照国际惯例，并根据国际公约的要求，适时修改并尽快完善我国自身的环保法规体系，使经济健康有序地向前发展。

(五) 积极探索"环保——贸易——持续发展"之路

发展经济与保护环境是一对矛盾，既互相促进，又互相制约。我国是一个发展中国家，综合国力不强，但必须开创一条新路，彻底摆脱"贫困——过度开发自然资源——生态环境恶化——自然灾害加剧——更加贫困"的恶性循环老路。在这方面，我们做了一些工作。如在近几年中，我国几乎每年投入200多亿元用于控制环境污染，约占国民生产总值(GNP)的0.7%，若加上森林防护、水土保持、动植物保护等方面的投入，每年不少于1 000亿元。又如我国化学制药工业的生产能力增长很快，目前能生产24类化学原料药1 300多种，出口量占产量的1/4～1/3，出口市场大部分集中于西欧和美国。1993年欧共体宣布，进入该市场的化学原料药品必须经"药品原料联合管理部"(DMF)审核，并办理手续，美国则要求进口药品品种要通过"食品、药品管理局"(FDA)的审核与认可。为此，许多厂家花费多年时间，投入数百万美元进行技术改造，目前已有20多个厂家的单个品种通过了FDA程序。因此，随着改革开放的迅猛发展，国际贸易的领域不断扩大，国内市场正在与国际市场接轨。我国必须顺应环境保护发展的潮流，才能从根本上真正保证国民经济持续、稳步地向前发展。

第四节 环境管理体系标准

1993年6月,国际标准化组织成立了环境管理技术委员会(ISO/TC207),其任务是要通过制定和实施一套国际标准,规范企业和社会团体等所有组织的环境行为,以达到节省资源,减少对环境污染,改善环境质量,促进经济的持续、健康发展之目的。这套国际标准就是将在近期内陆续颁布实施的ISO14000环境管理体系标准,这是继ISO9000系列标准之后又一个管理体系标准。

一、ISO14000的结构

ISO14000系统是个庞大的标准系统,由6个子系统与5大要素组成,如表10-1所示。

(一)6个子系统

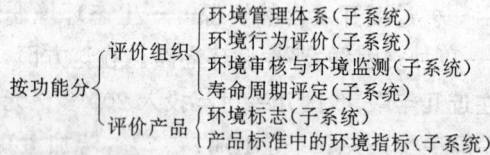

(二)5大要素

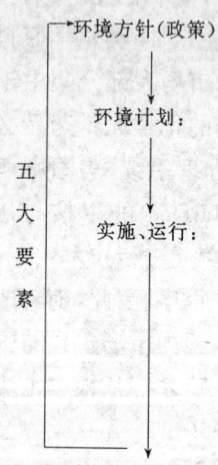

- 环境方针(政策): · 陈述组织的环境工作的宗旨和原则,为制定环境目标、指标和措施提供依据
  - · 适合组织的特点、规模及其活动、产品、服务的环境影响
  - · 法律和其他要求以及持续的发展所应承担的义务
- 环境计划: · 为实施环境方针而确定环境目标、指标、工作重点、行动步骤、资源、措施和时间安排
  - · 依据组织的活动、产品和服务所表现的环境状况
  - · 依据法律和其他要求以及持续发展的要求
  - · 依据组织的环境方针
- 实施、运行: · 执行环境计划,使环境管理体系正常运行,主要工作内容:
  - A. 明确全体有关人员的任务、责任、权限,并文件化
  - B. 对环境产生影响的工作人员进行培训,并建立程序
  - C. 针对组织活动所表现的重大环境状况进行内、外沟通
  - D. 建立描述环境管理系统要素及其相互关系的文件
  - E. 建立文件控制程序,对文件实行有效控制
  - F. 建立常规运行的控制程序,使之与组织的方针目标始终一致
  - G. 建立针对事故和紧急情况作出反应的程序,阻止或缓和环境影响

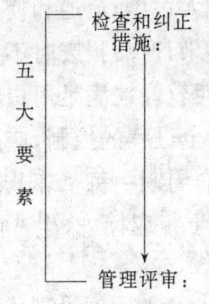

检查和纠正措施： ·检查运行中出现的问题并加以纠正,主要活动有:
A. 对造成重大影响的过程,建立监控和测量程序,并进行信息追踪
B. 建立对不适合事件进行调查研究的程序,以便采取措施,防止再发生
C. 建立反映环境系统运行状态的记录程序,对记录进行有效管理
D. 建立环境管理体系、审核程序,考核其是否符合要求,运行是否有效

管理评审： ·依据对环境管理系统审核的结果以及承担的改变环境状况的任务,提出方针、目标和程序变动的要求,以求不断完善

二、ISO14000 的关键性措施

为了规范组织的环境行为,ISO14000 采取了让组织自身制定环境方针、目标和计划,并以声明方式向社会公开,建立自我约束机制。

为了确保这种机制的科学完满和行之有效,采用了与 ISO9000 相同的建立管理系统的方式,以保证环境方针的实施。

为了增强企业建立环境体系的主动性,ISO14000 实施了环境标志制度。目前提出的标志有三种类型,即生态标志;自我声明的信息标志;产品质量标志。通过环境标志,可对企业的环境行为加以确认;可通过标志图形、说明标签等形式向市场展示标志产品与非标志产品在环境行为上的差别,推荐有利于保护人类环境的产品,提高消费者的环境意识,达到影响企业的环境决策,改善组织的环境行为的目的。

为了实施环境标志制度,实行了一套环境体系的审核认证制度,以确保环境管理体系符合 ISO14000 系列标准要求或符合声明内容和符合法律法规的要求,以维持环境标志的严肃性。

为了从根本上解决资源浪费和环境污染问题,应实施产品寿命周期评定制度。产品寿命周期是指从产品的开发设计、加工制造、流通、使用、报废处理到再利用的全部过程。进行评定时,对这一过程的每个环节的活动,都须进行资源分析和环境影响分析。如产品设计应考虑制造过程资源消耗少,对环境无污染;流通和使用过程消耗能源和资源少,对环境无污染或少污染;产品报废时不产生大量垃圾,且回收再利用的比重大,同时又能较好地满足用户和消费者的要求。加工制造环节,要求企业实行全过程的控制,应采取无污染和只造成轻微污染的工艺。如果寿命周期中每个环节都能通过评定,则该企业便被称为绿色企业,授予相应标志,生产的产品即为"绿色产品"。

为了能对环境行为或环境负荷等状况做出定量的鉴定,以帮助组织选择防止污染、节省资源的方案,推荐新产品和新的管理系统等,采用了环境行为评价方法。它用定量的数据——"环境行为指数"以表达评价结果,这些结果可能是现场的环境特征,可能是具体的排放指标,可能是组织的某个等级的活动,也可能是产品寿命周期的综合环境影响。环境行为评价是个连续的、动态的过程,它不仅对某一时点的环境行为进行评价,还对发展趋势进行评估,并为组织建立随时适用的测量方法。通过评价不仅能对环境行为或环境负荷等状况做出定量的鉴定,还可帮助组织选择防止污染、节省资源的方案,推荐新产品和新的管理系统等。不过,环境行为标准,不是污染物排放标准,它是国家各项环境法规、环境政策在产品寿命周期中的体现。

三、ISO14000 与 ISO9000 差异

(一)服务宗旨不同

ISO9000 中服务宗旨是满足顾客需求;内容重点是产品和服务满足顾客的要求。

ISO14000 中服务宗旨是保护生存者;内容重点是组织的活动、产品和服务过程对环境的影响要满足生存者的需求,即满足职工、顾客、政府、合同方、社区等利益相关方需求。

(二)技术要求的背景不同

ISO9000 技术要求背景是针对不同活动、产品和服务提供不

同质量保证技术标准,无共同评价的技术准则。

ISO14000技术背景针对组织活动、产品和服务过程中的环境问题,不论组织性质、规模差异,其评价准则是统一的,都是要对环境保护法律、法规及其他要求做出承诺,保证其活动、产品和服务过程中的环境影响符合本国的环境法规和技术标准要求。

（三）政府的作用不同

ISO9000主要保证的是产品与服务的质量,这是企业自身经营行为,完全由市场进行调节,政府作用主要是通过制定必要的法律法规以调节市场秩序,为企业创造比较良好而又宽松的经营环境。

ISO14000内容涉及到各个经济个体必须遵守环境法律、法规的承诺,并满足全社会对生存环境的需求,故政府是重要的相关方,起着不可替代的作用。

（四）内容所涉及范围不同

ISO9000内容除了涉及企业、组织作为认证对象外,还限定特定产品范围,所涉及的面比较广泛。

ISO14000内容主要针对企业与组织,其标准审核所建立的体系只能以组织作为对象。

（五）方针要求不同

ISO9000制定的方针可以抽象,不要求将自定方针的相关信息对外公开；

ISO14000制定的方针要求则非常具体,并要求将其对外公开,以便能够使公众随时获取。

（六）对审核人员资格的要求不同

ISO9000在实施过程中,对所从事该系列标准认证的工作人员没有特别的专业背景要求,但需经培训。

ISO14000在实施过程中,由于该系列标准涉及的是环境问题,即为公共利益,需要按照国家所制定的相关环境法律法规和标准等要求,以达到护证生态环境、污染防治和治理之目的,大量具体工作对组织就有具体目标和指标的要求,故从事该系列标准认证的工作人员必须具备相应的环境知识和环境管理经验,否则难以对现场存在的环境问题作出正确的判断。

四、意义和用途

制定一套有效的环境管理国际标准,有利于世界范围内各组织实现环境优化的目的(包括遵守政府的法规)。

统一的国际标准有利于避免重复检验、认证、注册,可以消除互相矛盾的要求,可以为全球各组织提供单一的实施环境管理的制度,消除贸易壁垒。

这套标准将帮助各组织制定符合统一标准的自我声明,并证实其对环境优化的承诺。这是各种志愿性环境保护组织所拥护和支持的。

这套标准是提高组织环境管理能力和水平的系统标准,组织将用这套标准以改进管理,并保持其符合标准的态势。

向外部组织证实自身遵循所声明的方针;外部组织则用以对该组织的环境系统进行认证和评价。

有了这套标准还可使某些国家免除发布一些管理性的"指令"和控制文件,可用这套标准取代现在仍在制定的国家及地区性环境管理标准。

第十一章　商品信息与预测

第一节　商品信息及其分类

信息具有自然属性和社会属性。信息是自然界客观存在的物质，无处不有，无处不在，因此，信息本身存在的独特性就是其自然属性；信息的社会属性是指人类相互间传递的消息、情报、数据或知识的总称。

信息作为一种科学概念，被人类系统理解、高度重视和自觉应用的时间并不长，1948年，信息论的奠基者和创始人申农首先在其著名论文《通信的数学理论》中提出："信息是系统不确定性的减少"。目前，有关信息的科学概念和定义很多，从不同角度对其进行论述，但无确切完整并被绝大多数人接受的定论。随着新技术革命的迅猛发展，信息、材料与能源作为构成现代社会经济发展的三大要素，已广泛地渗透到文化、生活各个领域，并产生了不可估量的深远影响。

一、商品信息及其主要特征

（一）商品信息

商品信息是指能够被接受者接收、并满足其某种特殊需要、有关商品及其生产、流通和消费相关消息、情报、数据或知识等的总称。商品信息属于经济信息范畴，一般由信息源发出某种符号（如：文字、数字、表格或图像等）、某种信号（如：声音信号、电信号等），并能满足接受者某种需要，或者按接受者要求解决某方面问题，否则，不能称其为商品信息，充其量也只能称其为噪声。

(二) 商品信息系统

相对接受者而言,商品信息需求迫切程度不同,反映出商品信息不同的使用价值。为提供商品信息的适用性、可靠性,需要做大量的调查研究工作。

适用的商品信息通过一定渠道在人类交往中相互传递,其价值高低取决于接受者的信息意识、知识素养和接受信息的能力;取决于时效性;取决于接受者的认识水平、社会生活实践和知识素养,即能否捕捉到对其有用的商品信息,包括对商品信息重视程度和反应灵敏度、对所得信息加工、取舍与应用。信息价值具有时效性,因此,接受者必须具有良好的信息系统,能对所接受信息及时收集、识别和处理,要有一批意识强和信息处理能力突出的专业人员;接受者拥有优良的信息技术设备和操作运用这些设备及软件的能力。

(三) 商品信息主要特征

商品信息主要具有以下特征,如:

1. 商品信息具有价值和使用价值

人们获取商品信息的目的是利用它认识世界和改造世界。商品信息的有用性在于它能启迪思想,解除疑问,增长知识,提高企业经营者的管理决策水平和生产经营效益,因而,商品信息具有使用价值。此外,商品信息的搜集、加工处理、传递与交流,都要消耗人们的劳动,以达到交换和转让的效果,从而反映出商品信息具有价值特征。

2. 商品信息具有多渠道、多层次特征

市场经济条件下,商品的生产、流通、消费各个环节都是通过市场功能得到反映的,需要在一个高开放度的市场中才能获取更多有益的信息,这就决定了商品信息具有多渠道和多层次特征。如企业作为商品生产制造者与经营者,既是商品信息接受者,又是商品信息发出者;政府机构,如财政、银行、税收、工商管理、技术监督等部门,常常是商品信息的义务发布者;新闻媒体,如报纸、广播、电视、电影、杂志等,是商品信息公开传播者;随着因特网应用,从而将全球各国商品信息组成网络系统,通过计算机控制与使用,使分布于全球各国各地的商品信息能被所需求者及时、完整而又较为准确地收集与处理。

3. 商品信息具有时效性与流动性

商品经济社会最大特征就是市场竞争不可避免,而且十分复杂又激烈,企业要想在市场竞争中获胜,取得经营主动权,必须及时而又快速地了解和掌握可靠的商品信息。随着人口增长,各种资源短缺已成不争的事实,企业为争夺资源而引发的市场竞争,也使商品信息流动性加大,主要是企业需要及时把握市场赢利机会,需要进行经营预测和决策,需要依据各种商品信息作出研判。因此,从某种程度上说:竞争推动商品信息流动,企业经营判断更需各种流动的商品信息作为决策依据。

4. 商品信息具有反馈性

一切信息都是按有形或无形控制进行有序传递,而任何控制都需要反馈才能实现。商品信息作为经济类信息,必须遵循"传递——反馈——控制"路径周而复始。市场经济竞争激烈,瞬息万变,使商品信息生成速度快,数量多,传递、交换极为频繁,为此,应加强对商品信息反馈性管理,即应用管理系统对商品信息的反馈性进行多级、递阶和分类控制,使商品信息具有更高的价值和使用价值,体现出更高的效益特征。

二、商品信息分类

(一)按照商品信息来源划分

1. 原始商品信息和加工商品信息

有关商品生产、流通、包装、消费使用等原始资料数据被称为原始商品信息。

将原始商品信息采用一定的方法和技巧进行处理后所获得的

信息资料被称为加工商品信息。这些信息基本满足或能够满足生产制造商、消费者、专家学者或有关技术人员的需要,通常以综述、报道、报表、合同、索引、报告等形式表现出来。

2. 内部商品信息和外部商品信息

内部商品信息是指企业内部商品生产与流通有关的资料和数据,主要由计划、会计、统计、技术、质检、销售等业务部门收集、整理与储存保管。外部商品信息是指企业外部经营环境所涉及商品的有关信息,并通过各种渠道传递到企业内部。如各国和本国政府制定的相关法律、法规与政策;国内外市场商品供求信息;同类商品性能、特征与质量的相互比较;同行业竞争对手制定的有关商品质量维护、销售服务、商标知名度等相关信息通过不同方式传递到企业内部,作为管理层决策依据。

3. 商品宏观信息和商品微观信息

商品宏观信息是指与商品经营活动状态和方式全貌有关的信息,如各类商品在市场中供求状况、所反映的质量水平、影响商品产销的有关产业政策和产业结构调整现状、消费结构变更及趋势、市场中购买力强弱等。这类信息综合性比较强,能够比较准确地反映商品经济活动总量,故常作为国家和地方政府宏观决策与控制的研判依据。商品微观信息主要是反映单个企业或个别商品生产经营的相关信息,这些信息数量大,时效性强,对企业的微观决策与各项管理功能开展具有重要的指导作用。

(二)按照商品信息内容划分

商品信息内容主要指商品供求信息、商品技术信息、商品管理信息、商品生产经营环境信息和商品消费信息等,具体分析如下:

1. 商品供求信息

商品供求信息是指商品有关供给、价格、流通渠道、商品市场需求等信息的总称。其中,商品供给信息主要是指企业为使各相关用户了解、掌握、购买、使用商品时应提供的各种有关信息,如商品的规格、型号、款式、使用说明、质量维护、数量、能提供的服务及其方式等。另外,还包括商品的新技术、新材料、新工艺的应用情况;新产品特征、技术现状及其发展趋势;商品的包装要求、商标信誉度、使用提示等;消费者对商品用后的评价信息;商品的广告与各种媒体宣传等。

商品价格信息主要包括该商品出厂价、批发价、零售价、折扣价等;商品定价标准或依据;商品之间的比价、地区间差价、季节变化引发的差价、消费者对商品价格变动所引起的反应等。

流通渠道信息主要包括商品在流通过程中涉及的保管养护、仓储管理、运输要求等;还包括商品分销渠道选择、应采纳的渠道方式、批发商与零售商销售能力、各中间商经营管理与可信用程度、商品质量信息反馈、消费者或用户对中间商提供的服务评价、各中间商推行的销售方式和售后服务效果等。这些信息对指导商品更好地生产与销售具有十分重要的指导作用,并直接影响市场商品供求变化。

商品市场需求信息主要包括某种商品现有的和潜在的购买者人数;购买者欲望和动机;购买方式或行为;同类商品销售数量;同类企业同类商品的市场占有率;消费者对同类商品不同品种、质量等级、档次差异、包装偏好、评价与建议等;某类商品所拥有的消费者类型,如年龄、性别、民族、职业等;消费者收入高低以及消费能力等。

2. 商品技术信息

商品技术信息主要是指商品有关发明和专利技术,还包括商品结构新设计、商品组成的新配方、生产工艺流程、使用的机器设备与原材料类型与要求、新产品研制与开发涉及的技术成果等。

3. 商品管理信息

企业的生产经营管理主要由三大环节构成,即规划与决策、组织指挥和控制监督,因此,商品管理信息依此三大环节可进一步分为:规划与决策信息、作业信息和控制信息。

规划与决策信息是指企业进行商品生产经营活动时,为确定商品生产经营目标、具体规划所需获得的资料信息。规划与决策信息主要来源于企业外部经营环境,如国家已制定的相关政策与法规;市场需求实况与未来发展趋势;同行业竞争实力,其商品经营特征等。但是,为科学地制定商品生产经营战略目标和实施计划,必须要将来自外部的各种信息源与内部生产经营实际有机地结合起来,综合性地规划与实施。

作业信息主要是指企业内部各环节日常运作时产生的各种信息,其流动与传递推动各环节具体作业活动的运行与发展,包括生产车间作业计划的执行;销售部门发布每日销量变动等。

控制信息主要是指企业管理者按照预定战略目标任务管理和控制企业生产与经营活动,协调生产经营所涉及的各环节功能,不断克服由于种种原因所导致的商品生产经营活动偏差,有效地保证商品生产经营活动正常运营等。

4. 商品生产经营环境信息

商品生产经营环境信息是指企业外部环境影响商品生产经营的各种因素变化所产生的信息,主要包括政治环境信息,如国家重大政策、法规等颁布或变更、国际间政治、军事引发的冲突,恐怖活动引发的政局动荡等;经济环境信息,如国家宏观经济政策导向,包括相关产业政策、财政政策、货币政策、利率政策、汇率政策、税收政策等等;国家微观经济政策变动,包括人口增长率、收入水平、物价变化、消费能力等;社会文化环境信息,如风俗习惯、宗教信仰、文化层次、受教育程度等。这些信息从不同角度指导企业更好地开展商品生产经营活动,企业应及时加以收集、整理,以供企业经营决策指导。

5. 商品消费信息

商品消费信息主要包括商品生产经营者对商品(尤其是新产

品)进行科学的消费指导;保护消费者合法权益的有关法律、法规;商品质量抽验结果报告;商品功能、特性和质量改进措施和建议等。

(三) 按照商品生产经营时段划分

1. 商品历史信息

商品历史信息是指对现有商品已发生过的生产经营运行轨迹所进行的描述与评价,如某类商品的发展史、商品品种沿革及其升级换代历程、生产工艺流程的变更等。掌握商品的历史信息,对于了解过去、指导现有商品生产经营活动、预测和开发新商品及其生产经营的发展,具有相当重要的指导意义。

2. 商品实时信息

商品实时信息又被称为商品现状信息,是指近期一定时点正在发生的商品运动状态和方式涉及的有关信息,主要包括正在生产或流通或消费过程中商品运行状况、正在制定或实施的有关商品及与其有关的生产、流通、消费等政策、法规的颁布或变动。这类信息时效性特别强,企业应该及时捕捉与利用,更好地指导商品正在进行的生产经营活动。

3. 商品预测信息

商品预测信息常被称为商品未来信息,是指对商品未来运行方向和轨迹作出预测的相关信息。可根据预测时间长短对该类信息作进一步划分,可分为近期、中期和长期三类预测信息,其时间长短划分主要依据研究对象的变化速度、影响深远程度和作用范围加以确定。通常,近期预测信息时间段为1年或不到1年;中期预测信息时间段为1～4年;长期预测信息时间段为5～10年或者更长。预测信息准确性与距现实时间基本成正比,即距现实时间越长,对所涉及各因素的可控性越差;反之,近期预测信息准确率比较高,对商品的生产经营指导作用比较强。而中期和长期预测信息往往只能作为商品生产消费发展趋势及方向把握的参考依据。

（四）按照商品信息表达方式划分

1. 文件类商品信息

商品信息以文件方式收集和传递，故称之为文件类商品信息，主要包括商品标准、商品法规、商品情报资料、商品市场调查报告、商品市场动态以及有关行情分析资料，此外，还包括各种有关商品契约或合同、简讯等。

2. 声像类商品信息

其主要是指能通过录音、磁盘、光盘、电视、广播、传真、电话等形式加以收集和传递的商品信息。该方式比较直观，且传播面广。随着科技的发展，各种商品信息量增多，通过磁盘、光盘等技术处理，可将大量信息合理地归类处理和储存，以有限的空间储存无限的信息量，目前该方式已成为商品信息收集与传递的主要方式，既方便使用，又科学合理。

3. 实物类商品信息

其主要是指客商来样加工的实物样品，包括商品的展览、展销、陈列等，经过设计竞赛，表演展示等，以实物样品的形式传递的商品信息。这些信息可作为新产品构思和创意的基本参照素材，对未来所应提供的商品特性、功能、市场需求趋势等预测作参考依据。

第二节 商品信息研究及其主要程序

一、商品信息研究

商品信息研究是指导企业有效开展经营活动的重要组成部分，企业不仅为满足并生产消费者想往的商品而进行简单销售，更重要的是通过对消费者欲望与要求进行深入分析评估，依据所收集的各种信息资料加以研判，积极寻求科学方法开发不同消费者不同需求的商品。

商品信息研究可以有效提高企业对商品生产经营决策的准确性。现代社会商品市场信息瞬息万变,机遇与风险并存,关键在于决策准确性的把握与控制,这一切都需要加强对商品信息的研判与分析。目前,因特网的应用极大地减少了信息收集过程中各种不确定性因素的影响,使商品信息参考价值得到提升,为企业能及时抓住机遇,有效避免风险提供了有力保证。

二、影响商品信息研究的主要因素

(一)商品经营环境

商品信息研究目的是为获取有效的经营机会,通过向市场提供高质量的商品与服务,不断提高商品的市场占有率。因此,掌握和研判与商品经营环境有关的信息资料十分必要。商品经营环境比较复杂,如果商品在国际市场经营,则获取成功的难度更大,需要收集更多、更广的各种信息资料并进行分析研究。

(二)信息互换性

信息具有互换性,这是信息价值的反映。通过互换以衡量信息质量的高低,将质量差的信息剔除,保留高质量的或自身需要的信息,以便判断或决策行为趋向。信息互换涉及面较广,如国内外商品市场信息互换、企业内外商品经营环境信息互换、内部各部门间信息互换等。在实际操作中常发现信息不能互换现象,主要是因为传递和流动渠道不通畅所致,使有关信息产生滞后性或超前性,如遇此情况,必须及时采取有力措施,以免发生决策误判。

(三)需求差异性

消费者构成不同,对商品需求产生差异性,如收入、职业、年龄、性别、教育、习俗、宗教信仰等不同,均反映在对不同商品的选择和购买。因此,对商品信息收集、整理与研判需要花费大力气,尽可能深入细致地进行实地调查与研究。一旦发现蛛丝马迹,立即采取应对措施,以免产生不必要偏见,延误对商品生产经营决策与判断。

三、商品信息研究程序

商品信息需要经过大量调查、资料收集以及对过程操作进行必要的研究,其研究的主要程序包括问题确定、收集信息源、资料鉴别与研判、完成分析报告。

(一)问题确定

问题确定,目的是为了解决问题,以便在整个研究过程中能够运用比较科学、合理以及容易使人理解的样本作关键性的测试与研判。商品信息所应确定的问题中至少包括两方面内容,即商品概念和市场结构。不同经营环境对商品概念理解不同,并受到所处环境中各种要素影响,如法国、德国和意大利消费者对同样的细条通心面有不同理解,法国和德国消费者比较注重于该类面条包装与标识,而意大利消费者则在于对整个细条通心面消费,无包装和无标识的细条通心面销量非常大。在信息收集与研判时必须注意到其中存在的理解差异,以免发生信息误导。市场结构主要包括市场规模与发展、竞争者数量及其市场中所占份额、渠道特征等,这类信息对商品生产经营研判具有非常重要的参考价值。

(二)收集信息源

确定问题后,需考虑从何处寻求信息、怎样获取所需信息等。通常依据二手资料进行研究,如收集已出版的各种刊物、政府有关部门统计资料,甚至有关国家使馆可能提供的相关信息等。如果二手资料准备不充分,或者其中没有提供所必需掌握和了解的信息,此时,必须依据第一手资料,即通过内部观察和直接接触达到信息收集目的。一手资料具体收集方法很多,如与有关机构代表、政府官员、各类专家、具体管理人员、直接消费者等接触。

(三)资料鉴别与研判

对所收集的各类资料信息必须有计划、有目的地进行仔细认真的讨论,尤其需鉴别所收集的资料是否具有可行性。因此,当企业需要依据有关资料源进行研判时,还需进行必要的筛选,并对筛选后的资料按照实际情况进行试验,以便产生合乎市场需求的结果。通常在不同情况下采取高专业性水平的内部观察,即将经筛选后的所用资料按照原始开发计划进行测试,并非凭预期的或想象的由内部观察到的问题所决定。测试中将所需资料收齐整理进行交叉检查,即对所需信息与其相关性信息进行关键性比对,再将各种资料源相互比较和交叉检查,整个过程力求按照原先计划条款中确定的文本标准进行测试,并使测试结果能较全面地反映整个客观现状。测试需经有资格人员或机构审核,若为合格,则应出具合格的资格证明作为备案。

(四)分析与报告准备

资料鉴别与测试完后,仍需按文本标准要求对已选资料进行分析和阐明。如某企业对啤酒进行市场测试,通过对欧洲国家市场调查研究以及对相关资料收集、鉴别、测试、筛选等,再经认真分析后发现:北欧国家将啤酒作为酒精饮料,而中欧大多数国家则将其看作为软饮料,以此将市场进行正确的细分,有效地把握了市场机会。因此,仔细分析所收集信息是十分必要的。最后是准备报告,文本内容必须完整、真实和目标明确,包括如何实现目标、实现目标可能存在的客观限制条件、如何超越障碍获得最终商品经营成功等,尤其需将特殊见解或观点在报告中加以特别阐述。

第三节 商品信息收集与处理

一、商品间接资料信息收集渠道

商品间接资料信息是由专业人员查阅资料通过对间接收集所获信息进行研判,其主要来源包括国际机构、政府有关部门、咨询公司等。

(一)国际机构

如果商品生产经营国际化,则必须收集和了解东道国市场相关资料信息,可通过国际机构获取,如联合国(UN)、世界银行、国际货币基金组织(IMF)等,其中 UN 年度报告提供世界范围内人口统计信息;世界银行的"世界发展报告"集中各国生活模式信息,包括指导日常生活中卡路里量、出生及生命预期等;IMF 能够提供历史性文本作为该组织成员国的经济指导,包括各国 GNP、工业生产、通货膨胀率、货币供应等相关信息,相关信息均适合于计算机管理。

(二)政府机构

各国政府及其附属各部门为了指导商品生产、经营和消费,必须制定和发布各项宏观调控、微观指导性政策、方针和措施,如产业和产品结构调整相关的政策与法规;各种体制改革方案、国家经济发展规模和速度;人口发展、资源开发、环境保护等相关政策;对外贸易政策;物价政策等,这些政策与法规等信息往往由政府各部门以文件、新闻报道、发布会、出版刊物、会议、研讨会等形式向外公布。企业可通过上述这些渠道获取必要的信息源。

(三)咨询公司

许多咨询公司专门研究如何为企业商品生产经营提供各种服务,包括所需的商品信息资料。有些咨询公司还创办出版物、定期出版报刊、研究发布法规依据以及各种特殊领域中商品经营要求;有些咨询公司专门向市场提供二手资料,包括与银行公布的相关数据收集整理后,向外界发布有关财务和清算等信息,向客户提供具体操作路线和思路、预测经济和经营状况等。

(四)驻外机构

商品进入国际市场,可通过驻外机构获取必要的有关进入国市场实况的资料信息。这些驻外机构包括大使馆、商务办事处、银行等。目前,各国政府在国外都相继设立有关机构以保持相互间政治、经济、文化等往来。在美国华盛顿几乎设置有世界各国的大使馆,这些大使馆内的商务参赞就是获取二手资料信息的很好来源。

我国自改革开放二十多年来,已与世界上大多数国家建立了友好睦邻关系,各国在北京、上海等地均设有大使馆、商务办事处、商业银行等,为获取二手资料提供了方便的渠道。

(五) 其他渠道

除了上述各类渠道能够提供二手资料信息外,其他还可利用的渠道有高等院校、图书馆、商品交易会、行业协会、情报中心、专利刊物、大众传媒、商品推销手册等。只要留意观察,可随时随地捕捉到二手资料信息。

二、商品直接资料信息收集条件

商品直接资料信息是由研究人员进行实地或直接调查,对直接所收集信息进行分类和筛选,再结合企业实际状况进行必要的研判。通常考虑建厂生产制造商品时,必须花费相当精力收集直接资料信息,并对其进行认真仔细分析和研判。直接资料能够提供比较确切的信息,但收集和处理这类信息需要花费较多时间和金钱,支付成本高,而且还受到各种制约条件影响,需要特别关注。

(一) 样本的选取

样本选取是否合适直接关系到总体决策,故在样本选取时注意信息的代表性和准确性,尤其对一些通讯、交通等基础设施比较落后的地区,更应力求获得适当的随机样本,并运用科学方法或聘请有关机构或人员抽取适当的工作样本,以保证样本信息的代表性和准确性。

(二) 调查表制作

直接资料信息收集通常采用调查表询问方式,这就要求调查表制作中力求将问题设计得明确易懂,适合不同地区习俗要求,内容涵盖面应广,关键要点不能遗漏等。如果商品进入国际市场进行生产经营,则调查表制作时必须考虑不同文化背景及不同语言所表述内涵存在的客观区别,各种不同语言之间交流非常不容易,尤其是涉及到的习俗语、短语,甚至包括某些句子,不同文化代表不同含义。如西班牙语中无"价值"定义,当某食品公司准备在西班牙开设连锁店进行市场调查时,在调查表中只能这样进行描述,即:"您认为食品质量与您愿意支付价格怎样才算是合理的?"此外,调查表制作尽可能方便于计算机应用,但含义的表述仍以人工为主,因为计算机并不能揣摩或推测语言的译文字义,需要人工输入告之。

(三) 直接采访局限性

在商品直接资料收集时常常需进行直接采访以获取所需信息,但直接采访具有局限性。如有些风俗习惯中男女不易直接交流观点或看法,更不适宜单独采访以了解其对本企业商品质量在应用中所产生的真实思想;有些被采访者受到教育、文化、习俗等影响,从这些人口中很难获得真实感觉,其中有些人对现代世界反映十分有限,观念非常狭窄,其答案带有偏见或缺陷,从而使参考价值大大降低;有些中产阶级对于涉及个人隐私信息的保护正在明显增强,包括收入、财产、税的支付、家庭经济实况、政治观点、宗教信仰等,基本不愿意向外界透露真实性。当然还有些其他多种原因,都给直接采访带来相当的困难。

三、商品信息收集原则

(一) 完整性

商品信息收集力求全面和完整,支离破碎的信息源无法作为决策依据,因此,不仅需收集商品直接资料信息,而且也需要收集商品间接资料信息,然后,将所收集的各类信息进行调整、处理、研究、分析,以便使生产经营者能以此作参照,确定最佳的生产经营方案。

(二) 准确性

商品信息收集力求准确性,能够真实反映商品及其运动的客观情况,以便能对商品及其生产、流通和消费的发展趋势作出正确的预测,能够正确地指导商品的生产经营决策,能够通过并采取合理的管理与技术措施,对商品生产经营活动进行相应的调整。为使商品信息收集具有高准确性,必须对所需收集的有关信息作好前期的筛选,使其具有较强的针对性,以便使决策者节省时间,加快决策速度和效率,真正提高商品生产经营的应变能力,提高商品在市场中的竞争力。

(三) 系统性

商品信息收集非常重要,关系到商品生产经营的生存与发展,因此,应该系统性地收集相关资料信息,便于综合性地进行分析与研判。各类商品信息反映商品构成及其运动趋向,所收集的资料、数据及相关信息应力求完整、严密和系统化,使用户通过这些系统化的比较完整的信息源,了解并掌握商品生产经营及其运行轨迹的全貌,力求降低决策所带来的风险,减少决策失误。将所收集的信息根据系统性原则加以分类,从而能分门别类地进行整理,制作目录索引,使系统化的信息组织性与条理性更强,大大提高方便利用的效果。如果是时断时续地收集信息,很难达到掌握某种商品及其运动的变化趋势目的,必须预先进行连贯性处理,使所收集的商品信息处于整个系统范围内。

(四) 时效性

商品信息具有时效性,因此,收集商品信息应力求及时,以便使企业能在激烈的市场竞争中抓住有利时机,争取主动地位。根据成功经验反映,目前商品经济活动变化很快,及时抓住时机,至少能获取一半成功的希望。信息时代商品在市场中竞争剧烈多变,谁先获得有关信息,抢占优势地位,谁就有较大的取胜机会。因特网的应用为及时获取所需商品信息提供了技术保证,企业应充分利用因特网优势,充分把握商品信息时效性,增强整体竞争能力,才能极大地提高商品生产经营效益。

四、商品信息处理

商品信息经收集后,都需要经过科学方法处理后才能应用于实际,才能正确指导商品生产经营活动。商品信息处理也属于比较重要的环节,直接关系到商品信息是否适用,对商品生产经营活动是否具有指导作用。

商品信息处理主要包括六个步骤,即归类、加工、传输、储存、编目、输出。通过六个步骤,可使零散的、无序的各类商品信息转换成完整、系统、严密,使用方便的信息,可根据需要随时索取所需商品信息,从而为商品生产经营决策提供可靠的信息源。

(一)商品信息归类

商品信息收集过程中常由于受各种因素影响,使所收集的商品信息往往呈现散乱现象,造成使用的十分不便利。为此,首先应将来自各渠道不同方法收集的商品信息进行分门别类处理,使其规范化与合理化,如对商品信息条目、属性、名称、词语等配有统一定义,以便使各种信息之间存在可比性;对商品信息属性采用规范的模式加以描述,其中属性可分为数值型和文字型两类。对于数值型属性描述,需要遵循规范的计量单位与精确度要求;对于文字型属性描述,应注意概括性与抽象性统一,对文字描述或符号等具体含义及限定范围描述,应按照明确规定要求叙述,以免前后矛盾或模糊难解,增加使用者的困难。

(二)商品信息的加工

商品信息加工是商品信息处理的重要组成部分,其主要目的是将原始资料信息所体现的零乱无序、复杂多样、互无联系、量大模糊等特征,经过去伪存真、去粗取精、提纯精炼式的加工,转变成条理分明、秩序井然、有序多样、价值兑现的可用性强的加工资料信息。商品信息加工处理主要包括筛选、分类排序、分析比较、整理统计、综合概括、鉴别编写等程序。商品信息加工处理中筛选可说是贯穿于全过程,初步筛选是为了便于后续工作顺利进行,但在后续工作进展过程中仍可根据需要进行部分筛选。分类排序主要是按其内容、时间、用途等标志进行编号登记及分类排序。分析比较仍属于对原始商品资料信息的精加工,若发现不符合实际要求的有关信息源时,立即采取必要措施,剔除和补充。整理统计是使原始商品信息更具完整性、严密性和系统性。综合概括进一步方便了鉴别编写工作的开展,综合性研判商品信息含量、时效、价值,最后按照商品生产经营实际需要,通过计算机加工处理成使用方便的有用信息。

(三) 商品信息的传输

商品信息只有从信息源及时传递到使用者手中,才能真正发挥其应有的作用。商品信息传输通常有两种途径:一种是将信息源进行有意识、有秩序、有目的的传输,即根据信息使用者的要求,遵循特定的传输通道,按照指定的路径和方向,达到预定的目标;另一种则与之相反,基本属于无序的自由扩散。但实际操作中,大多数商品信息传输是介于上述两种方式之间。但无论何种方式传输,均要求商品信息传输速度快和质量高,力戒各种干扰,力求真实无误,将有用的信息源及时有效地送到既定使用者手中。

(四) 商品信息的储存

商品信息需要储存,以备今后再使用,因此,商品信息储存时必须要防止可用信息的丢失或损毁,要选择适当的载体、保存场所和环境,同时做好储存期间的各项保管安全工作;商品信息储存力求科学与合理,选择优质储存载体,以最小空间储存最大量信息源;商品信息储存还必须保证使用方便,查找迅速。对储存信息的科学分类与编码目的,就是为了能从大量储存信息中快速查寻到所需内容。

(五) 商品信息编目

商品信息编目是为了检索方便,通常按照商品信息来源、内容要求、时间先后、具体形式(如报告、报表、公文、广告等),进行按需分类和编目,为了检索方便,往往编制成目录、文稿、索引、信息资料指南等。

（六）商品信息的输出

对商品信息加工处理,目的是为便于输出后方便使用。通常一部分按照不同要求,编辑成供企业内部各级部门所需的各种数据资料,其中大部分需要输送到国家宏观经济管理部门、上级有关主管部门、业务联系单位、各类信息研究中心、情报中心等。

第四节　互联网系统及其作用

一、国际互联网形成与发展

国际互联网(简称为因特网)起源于1969年,在美国国防部资助下,加州大学、犹他大学和斯坦福研究院的四台电脑按照分组交换原理连成了一个网络,这是四个接点的联系。两年后有了19个接点、30个网站的连接。到了1973年,接点又增加了一倍,即达到40个。到了70年代末,为了更好地进行配合而建立了相关组织进行管理开发研究,如加州大学的国际合作处(ICB)协调与欧洲伙伴关于卫星包切换研究,后又建立了互联网研究小组(IRG)研究总的信息交换系统;互联网设置管理处(ICCB)管理互联网,1983年建立了互联网活动处(LAB),并解散了 ICCB;1986年时,美国国家基金会建立了国家科学基金网(NSFNET),从而开创了为人类通讯服务的历程,这是一个值得纪念的历史转折点。从此以后,互联网一直以每年翻一番的惊人速度增加其主机的数量,到了1990年,整个互联网上大约30万台主机、900个网络联在一起,共同分享各自成果。根据1997年报告,互联网上可直接提供信息,建立自己主页的用户已达到3 600万户,可以使用浏览器等实时获得信息服务用户已有5 700万户,可使用电子邮件用户已达7 000万户。

国际互联网是从"中央控制式网络"发展成分布式网络的,即将不同型号,甚至不同操作系统的电脑和网络按照同一个标准、同一种方式连结起来,让每一位电脑用户可以与网络上的任何电脑通讯。在整个互联网发展进程中,包切换是对网络的重大革命,电子邮件的出现又导致人们对电脑的全新理解。互联网属于数据式通讯方式,由于数据能被压缩而大大地降低了邮件成本,网络服务器、浏览器、检索器的普遍使用,使原来技术专家之间的网络通讯能被广大的普通百姓所使用,从而使互联网将人类带入更加辉煌的历史时期。

二、国际互联网系统及其特点

(一)国际互联网系统

国际互联网系统是在国际信息研究系统基础上形成与发展的,是当代高科技产物。1995年10月24日,"联合网络委员会"(FNC)通过了一项关于"互联网定义"的决议,其中对"互联网"作了定义,即"互联网"指的是全球性的信息统一。互联网通过全球性的唯一的地址逻辑地链接在一起,这个地址是建立在"网络间协议"或今后其他协议基础之上的;互联网可以通过"传输控制协议"和"网络间协议"(TCP/IP),或者今后其他接替协议或与"网络间协议"(IP)兼容的协议来进行通信;互联网可以让公共用户或者私人用户享受高水平的服务,这种服务是建立在上述通讯及相关基础设施之上的。

(二)国际互联网系统主要特点

互联网作为当代高科技产物,给全球经济带来巨大的影响,根据专家认为;互联网实质是指全球性的信息系统。该系统主要特点:

1. 全球性

互联网的基本特征就是信息被全球人分享,只要你愿意上网,且不受国界、时空影响。从技术分析、互联网结构是通过全球性的唯一的地址逻辑地链接的分布式网络,这个地址是建立在"网络间协议"或今后其他协议基础之上的,其技术层面显示:互联网已将全球联成一体,而且并不存在中央控制问题。就是说,没有一个国家或集团可以通过某种手段控制互联网,只要这个国家或团体加入互联网,则就将其放置于"全球大家庭"中,除非这个国家或团体并不打算建立互联网。据美国商务部报告:互联网仅花了4年时间,全球上线人数已经超过1亿人,支撑这种爆炸性增长的是互联网商务的应用的普及和个人联网使用者的持续增加。

2. 便捷性

互联网技术已得到商业性广泛应用,企业纷纷采用互联网开展经营活动。从售前服务到售后支持的各个环节都能实现电子化和自动化,为企业商品经营活动提供了极大的方便,也受到世界各国公众的喜爱。网络不仅改变了企业内部信息沟通与传输,能从市场快速地获取必须的信息,并能够对市场的变化作出迅速的反映;企业可以通过互联网或企业内部网发布或寻找交易机会,通过各种信息比较、了解和选择交易对象;通过电子单据交换、电子商务跟踪货物、电子资金转帐结算等手段,简便而又快捷地完成整个商品交易过程。

3. 均等性

互联网结构是按照"包切换"方式链接的分布式网络,通过全球唯一地址逻辑地链结在一起,互联网技术上要求每台主机都应有"地址",尽管要由固定机构为每台主机确定名字,但这仅是命名,而非控制,主机按照共同规则(协议)链接在一起,将全球所有不同电脑、不同操作系统都有序地通过互联网沟通与联系。网络应用真正实现了信息资源共享,对大、中、小企业带来相同的机遇与挑战,入网后的中小企业能够像大企业那样,通过网络及时掌握市场供求状况及各种数据资料,并对原材料、市场、期货、汇率等诸多因素进行深入、全面、准确而又快捷地分析、预测和判断,从而对企业项目决策和经营战略能够快捷地作出应变。中小企业不仅能成为电子贸易中技术、产品、系统和软硬件供应商,还可创造出更多网上就业和赢利机会,轻松地进行生产制造与管理,能够更有效地参与市场竞争。

4. 直接性

互联网使一切都直接化,它使有关商品信息交换过程与时空无关,与寻货寻价无关。人们不必专门为了得到某国商品的信息而跑到该国去,也不必为了得到世界降压药的平均价格或最低价格而一直等到血压下降以后。企业可以通过互联网开展商品和服务的视觉宣传、商品销售、服务支持,获取有关商业信息等等。生产者可以根据网页向用户提供各类商品信息,展示商品视觉形象,介绍商品性能和用途,并可根据客户要求组织生产,然后直接出售给用户,并提供各种服务,甚至可以让消费者直接参与产品的设计与定制。无买主的产品不生产,更不必为库存而担忧,从而大大降低了经营运作成本。消费者可直接在网上参与产品的设计,了解产品的真实质量,公开寻价,能够直接购买到自己称心如意、价廉物美的商品;不必花费大量时间、耗费大量精力去逛商场、寻觅中意的商品,尽管可以在网上从容地挑选;不需要通过中间商环节而支付过高成本,从而使企业自身运转成本和用户支付成本都大大降低。

三、国际互联网系统对商品生产经营决策作用

(一) 极大地提高了决策正确性

国际互联网系统能够快速、方便、直接、及时地将信息源进行相互传输,降低了信息传输中不确定性因素影响,从而极大地提高了经营决策正确性。通常,企业需要的信息源包括内部和外部(如企业内外部或国家内外部)以及直接资料信息和间接资料信息。不同的信息源收集方法不同。利用互联网而建立的企业内部网可通过计算机进行分类管理,即将所需的各类有关信息输入计算机终端,并经计算机终端模式处理,若需要查阅时随时可以抽取。计算机管理信息有效地避免了信息收集的重复性,大大提高了工作效率。另外,经计算机处理过的信息使用方便,参考价值比较大,而

且,信息被归类分档并经技术处理后,可将供高层管理者参阅的信息得到有效保密,并与对外扩散性信息加以严格区别。信息系统设计经过多次审查,以保证其中设置内容与要求能够满足各种需求。

(二)增强了组织间信息沟通

互联网系统最基本功能是增强了组织间信息相互沟通,这就为商品进入国际市场参与竞争提供了方便。企业的商品生产经营活动国际化趋势,要求制定和规划整体战略任务,包括长、中、短期计划和各项预算,需要依据所提供的各类信息作为目标计划或短期经营计划实施策略的参考,这些信息包括商品销售任务完成优劣分析、销售预测、广告费用支出等。期间的总部意图与基层的实践效果必须及时沟通,才能使经营活动步调一致,如今的互联网系统使用能达到最佳理想状态。

(三)极大地降低了决策风险

市场竞争变幻莫测,企业经营者需要获取可靠而又安全的信息源,才能保证经营决策风险降低。通过各渠道收集和汇总的信息大多零乱分散,而管理层的决策需要依据所提供的大量信息,如果信息的可靠性和安全性都比较差时,必将使决策风险提高,甚至留下各种难以处理的隐患。采用互联网系统能够有效避免信息源可能带来的不确定性因素影响,大大降低了管理层决策过程中所可能产生的各种不可测风险。

(四)有效保持信息渠道通畅

保持信息渠道畅通,首先要测试信息需求情况,然后定义信息来源,接着是收集信息和分析处理信息,最后将有关信息通过互联网渠道向各个方向传播。一般信息研究系统在实际运作过程中,由于渠道堵塞或人为因素等,常发生信息传输不畅而延误良机,而互联网系统采用包切换分布式模式,将有关信息数据达到有效传输,这主要是由于终端系统具有高度结构性,使用计算机操作非常方便,尤其对高尖精科技要求或适度范围信息需求能及时提供访问,因此,互联网系统使信息传输渠道通畅达到最大化,大大提高了经营者捕捉市场机会效率,便于及时占领市场有利地位,有效避免经营风险。因此,目前大多数国际知名的跨国界经营企业都先后建立了内部应用的计算机信息系统,这些系统大大满足了企业所需市场信息,并对经营战略决策制定发挥了十分重要的指导作用。

第五节　商品预测

一、商品预测及其作用

(一) 商品预测概念与可行性

预测是指对今后将要发生的或目前还不明确的事物进行预先的估计和推测。这种估计和预测是在一定理论指导下,以历史发展和现状为出发点,以各种调查研究资料信息和统计数据为依托,同时运用一定的分析方法,包括定性分析和定量分析方法,对未来发展变化作出科学的预先推测。因此,预测实质是对未来发展趋势的认识,通过调查研究加以确认或判断。

商品预测是指对未来一定时期内商品及其生产、流通、消费等活动变化趋势判断。商品预测有广义和狭义之分。其中,广义的商品预测涉及社会再生产的各个环节,主要通过系统地研究商品及其生产、流通、消费活动的历史与现状,探析支配其演变和发展的内在规律,全面估计其周围环境因素的影响,综合考虑社会再生产环节对商品生产经营发展趋势可能产生的作用,力求判断正确。而狭义的商品预测仅指商品而几乎并不考虑社会各要素影响。

(二) 商品预测可行性

1. 商品发展变化可知性

马克思主义哲学告诉我们,世界是由物质组成的,物质是在不断运动的,人们通过不断的实践认识,物质世界是可以被认知的。商品作为客观存在物质,伴随构成的各要素相互影响而使发展变得复杂多变。但是,人类通过长期认知过程,根据已积累的经验和知识,能够了解并掌握变化规律,即通过各种先进的科学思想和技术,依据历史发展事实和现状,可对其未来演变趋势作出研判。

2. **商品发展变化连续性**

社会分工与再生产使构成社会各组成部分相互依赖、互为生存条件,商品生产经营不是孤立、间断的,其发展变化具有连续性,并且有轨可循。如商品自身的价值规律、在市场运行中的竞争规律等,人类可以运用商品发展变化连续性、规律性特征,对其今后趋势作出较为客观的评价,以便正确指导未来运行轨迹。

3. **商品发展的系统性**

系统论观点是将事物变化设置于系统范围内,并运用整体性、层次性和目的性对系统内事物结构、层次、目标等变化要素进行科学分析,以便掌握事物在系统内运行规律,预测事物系统今后运行模式和轨迹,以及今后可能变化的动态的观点。系统有大小之分,商品生产经营活动涉及人类生存与发展,关系到国家命运与前途,其运行发展具有系统性特征,但相对整个国民经济运行发展而言,商品系统只是个小系统,其受到整个国民经济大系统的制约和影响。因此,在对商品发展变化研判时往往需对国民经济系统运行规律进行分析,如经济结构、增长速度、行业发展、企业经营变化等,从而才能比较准确地判断商品未来发展趋向。

(三) 商品预测的作用

商品预测的作用可从微观和宏观两个方面进行考察。从微观方面来说,通过商品预测可使企业经营管理水平得到提升,大大增强市场竞争力;从宏观方面来说,通过商品预测能更好地发挥宏观经济的监管与调控作用。

1. **商品预测是实现商品生产与流通的重要手段**

商品生产与流通目的是为了满足不同消费者不断增长的物质需求和文化需要,这些需求是动态发展的,不同时段、不同地方的不同消费者需求并不相同。为了更好地促进商品生产经营更好地为人类服务，只有尽可能准确地掌握消费者现显的和潜在的需求，才能对商品未来发展变化趋势作出正确判断，才能合理而又有效地安排商品生产和流通。

2. 能为宏观管理决策提供重要依据

宏观管理决策主要是指国家及其有关部门或行业，各级地方政府等制定近期和中期经济发展规划、远期战略目标、工农业科技发展具体政策时的研判。宏观管理决策涉及国家和地方政府的经济增长速度、原材料和能源的供求条件、消费品和工业品的发展目标要求、科技发展政策与方针、产业和产品的结构调整、环境保护规划与政策导向等，这些重大的宏观管理决策都离不开商品预测，需要依据商品及其生产、流通、消费发展变化趋势进行研判，并指导国家和地方政府经济的健康发展。

3. 能提高企业整体经营管理水平

企业经营管理要求具有明确的商品生产经营范围、规模与方向，并依据现有经营条件和能力、市场变化和科技发展变化趋势、竞争对手的商品生产经营动态，正确决策企业未来发展和投资要求。随着全球经济一体化发展趋势，企业必须随时关注国内外商品市场和技术开发变化趋势，及时掌握商品供求动态和需求内容，这都需要对商品进行科学预测，以避免商品生产经营管理的盲从性，促进企业整体经营管理水平的提高，不断提高企业经营效益。

二、商品预测分类与要求

按照不同目的要求和分类方法，可将商品预测进行多种分类。为简化论述，仅按照商品预测内容将其划分为商品经济预测、商品技术预测和商品需求预测。

(一) 商品经济预测

商品经济预测主要是对商品及其生产、流通、消费所涉及的各项经济活动发展变化趋势和目标任务进行必要的研判。发展变化趋势涉及社会为商品生产经营活动所提供的人力、资源、资本、科技等相关经济要素，目标任务是企业通过商品生产经营活动为社会所作出的应有奉献，提供社会效益，创造社会效益。因此，商品及其生产、流通、消费与社会经济之间存在客观的利益关系，社会经济发展与需求决定和制约着商品及其生产、流通和消费等经济活动。健康的商品生产经营活动推动社会经济的深入发展。长期以来，我国采用政府管制下的计划经济模式，违背了经济活动客观规律法则，人为地指导商品生产经营活动，结果是既浪费了各种资源，又阻碍了社会经济活动向前发展。科学进步使资源获得优化配置，社会分工推动商品实行社会化大生产，推动社会经济利益不断提高。改革开放后，我国商品生产经营活动按照市场经济运行轨迹前进，现已取得令世人瞩目的惊人业绩，而市场经济法则要求加强商品经济预测，运用科学方法认真仔细调查实际和分析研判，从而在保存现有战果基础上取得更辉煌胜利。

(二) 商品技术预测

商品技术预测是运用预测理论与方法探索和研判商品科技领域可能演变趋势和发展方向、变革特征以及可能发生的科技革新转折。商品科技领域的变革或创新影响商品及其生产、流通和消费活动，影响整个经济社会、人类生活、生态环境等，并推动人类社会不断向前发展。商品科技领域的变革或创新具有阶段性发展特征，其升级与换代往往反映了某特定历史时期的特定转折，具有时代性，甚至对国家前途、政治命运、全球人类的生存与发展都起着至关重要的作用。总之，商品技术预测是社会经济发展不可缺少的重要组成部分，通常除了用一般的预测手段或方法外，还可采用各种特殊的手段或方法对特定领域或特定的商品技术进行预测或研判，如结构分析法、趋势外推法、未来情景草拟法等。

(三) 商品需求预测

商品需求预测是运用科学理论与方法分析和研判市场对商品

某时段或未来时期需求,其预测内容不仅包括商品数量,如总量、种类、种数量、不同商品结构比例等,还应该包括商品质量、如标准要求、指标特性、功能、用途等,同时还应考虑到影响市场需求变化的各种因素,包括政治、经济、人口、技术、战争、自然灾害等;消费者对商品的需求,如规格、型号、品种、功能、商标、品牌、标志、包装、价格、售前售后服务等。商品需求预测方法也很多,常用的主要方法有:市场调查法、试销法、专家意见法、推销人员估计法、概率统计法、趋势外推法、回归分析法、时间序列分析法。商品需求预测是商品生产经营活动必不可少组成部分,能为企业的经营决策研判提供可靠依据和保证。

三、商品预测程序

商品预测程序就是指开展预测工作的步骤。

(一)确定商品预测目标

由于预测目标、对象、期限、预测的精确度等差异,预测所采用的方法、资料数据收集则不同,因此,只有根据企业经营需要,明确商品预测目标、预测期限、预测成本,有的放矢,才能以较少的费用获得比较满意的预测结果。

(二)资料收集筛选

各种资料是商品预测的依据,因此,应尽可能广泛地收集影响预测对象未来发展变化的一切资料,包括预测对象本身发展的历史资料,以及具有影响作用与之相关的因素的历史资料。收集过程中力求保证资料的真实性和可靠性,同时进行必要的分析、筛选与整理,对于一些偶然因素造成的不正常情况予以剔除,保留具有实用价值的资料和信息。

(三)选择预测方法,建立预测模型

预测方法选择必须服从预测目标,即应根据预测要求、预测费用、时间、预测人员等条件选择合适的方法,一般应同时采用两种以上的方法,以资比较和鉴别预测结果的可信度。预测模型是对预测事物过去和现在发展规律的模拟,也是对以往成功预测经验的总结。建立预测模型时应满足预测要求,并且尽量简单、方便和实用,使预测准确度有保证。

(四)根据预测模型进行预测分析

预测模型确定后,将各种数据进行计算、分析、比较和研判,提出可能出现的影响,修改模型或调整参数,反复计算和验证。

(五)估计预测误差

预测模型是将复杂性的问题通过简化的模型处理,便于决策与判断。由于预测需要依据历史资料,简化的模型不可能包罗影响预测对象的所有因素,因此,结果与事实有误差是不可避免的,此时,需通过科学方法加以纠正。

(六)提出预测论证报告,跟踪预测结果,及时修正预测结果

预测报告是对预测结果的可行性、可能性提出书面的论证,报告内容力求数据准确、可靠,建议具有可行性。若发现预测与实际不符,要进行合理的修正,分析产生偏差的原因,必要时改进预测模型,同时,应将预测报告作为今后工作备查的档案资料妥善保管。

四、商品预测方法

(一)定性预测方法

商品预测中的定性预测,是对未来商品发展变化的性质进行分析与预测,包括对未来发展方向、趋势及重大转折点等的预测,未来发展速度、相对值、基本状况等发展程度的预测分析。

定性预测中,预测者集体利用已掌握的信息,依据独有的专门知识、经验和直观材料,运用较为直观的判断力以确定未来发展趋势的性质和程度。该方法能集中多数人的智慧,集思广益,从而能有效地避免个人预测所产生的主观片面性。

商品定性预测方法中经常采用专家意见法、主观概率统计法、经验判断法、类推法等。定性预测方法简便易掌握,预测时间短、费

用低，故得到广泛使用，但由于缺乏定量分析，使预测的准确度受到一定程度的影响。因此，应尽可能结合定量分析，使预测结果更准确、更科学、更符合客观实际情况。

（二）定量分析方法

商品定量预测是对未来市场发展目标有因果等关系的影响因素进行预测的方法。定量预测也被称为因果分析预测或因素分析预测。该方法的运用需要有充分的数据资料，运用数学方法，结合计算机技术，对未来发展变化趋势、程度、结构等进行数量上的预测分析。预测时需要对预测目标的某一指标及其他相关指标的联系中寻找相互间规律性联系，对商品在市场供求变动各因素中两个或多个相关量之间的因果关系进行分析后，通过在预测目标与影响因素之间建立数量模型，必要时通过计算机进行演算以便于预测分析。如果变量之间存在着确定性关系，则称之为因果关系；反之，若变量之间存在非确定性关系，则称之为相关关系。此外，定量预测分析方法还包括定时预测分析、定比预测分析等。

（三）商品预测方法选择

商品预测是对未来商品发展的探索，涉及面广，具有多种不确定性因素，为使预测结果更加具有科学价值和意义，必须科学合理地选择预测分析方法。

1. 根据预测目标选择

根据预测目标选择合适的预测方法比较常用。商品预测目标按时间可分为短、中、长期预测；按品种可分为耐用消费品和日用消费品预测；按市场特征可分为购买力预测、销售量（额）预测等。以时间划分为例，如果预测短期目标，常采用经验判断法、移动平均数法等；若预测长期目标，则常采用专家意见法、回归分析法等。

2. 根据预测范围选择

预测范围基本分为宏观预测和微观预测。如果是宏观预测，通常采用专家意见法、相关因素分析法为宜；若是微观预测，往往采用经验判断法、调查分析法等。

3. 根据所收集资料状况选择

商品预测常需要收集各种所需资料作为研制依据。如果所收集资料比较充分,数据的准确可靠程度高,则往往采用定性分析方法;反之,资料比较缺乏或不足,数据变化较大,并且反映不稳定,经常采用定量预测分析方法。

4. 根据费用和期限选择

不同的预测分析方法所花费和时间是不同的。通常,定量预测涉及面广,要求高,需要配备计算机,因而,费用比较大;有些商品预测对时间期限、精确度、可靠性等要求比较高,因此,在具体选择何种预测方法时,必须综合性地考虑这些因素,权衡其间的利弊得失,力求切合客观实际需要。

总之,在选择商品预测方法时,既要根据预测对象的内容、目标、发展动态、实际掌握资料等,还要遵循预测过程中事物发展的连续性、可比性、相关性等进行综合研判,然后再确定应选择的合适的预测方法。预测是对未来事态发展的估计和推测,因此,很难保证其百分之百的正确,但应力求达到正确。为此,需对各种预测方法进行适当的评价,主要评价其预测能力,适用范围与条件,以便选择实用而又有效的预测技术;在预测时需要对产生的误差进行仔细分析。这样做的目的是使预测结果有一个客观评价尺度,并能力求减少预测所产生的差错率。

五、商品主要预测方法介绍

(一)专家意见法(又称特尔菲法)

它是以匿名方式通过多轮函询征集专家意见,请专家用书面形式独立地回答组织者提出的问题,并经过多次反馈,最后由组织者进行综合分析归纳出预测结果的方法。该方法关键点是选择合适的专家、确定专家组人数、每轮运作重点与要求、结果分析与处理等。目前在近 200 种预测技术方法中,该方法仍占据重要地位,甚至被誉为最可靠的预测技术方法之一。

(二)主观概率法

它是预测者通过对预测事件所发生的可能性作出主观判断,然后进行预测值估计和研判的一种预测方法。人们在实际工作中依据积累和总结出的一些经验,对某些事件发生的可能性持有个人的看法和信念,这些信念和看法常可用一定数量进行衡量或表示,则被称为主观概率。主观概率同样必须遵循概率论基本原理:

$$\sum_{i=1}^{n} P(E_i) = 1$$

式中　E_i——样本空间各事件;

　　　i——$1,2,\cdots n$;

　　　P——主观概率,其值在 $0 \leqslant P \leqslant 1$ 范围内。

若要预测某事件发生的可能性,可将各预测者主观概率相加,求其平均值,就是该事件发生的概率:

$$\overline{P} = \frac{\sum_{i=1}^{n} P_i}{n}$$

式中　P_i——各预测者主观概率;

　　　i——$1,2,\cdots n$;

　　　n——预测者人数。

(三)时间序列法

时间序列是指按时间先后发生次序进行排列的同一变量的一组观察量,如同一经济现象或特性值的一组统计数字按有规则的时间间隔(如年、月、日、小时)顺序排列时,即为一个经济时间序列。

时间序列预测法是将长期积累的同一经济变量或特性值实际发生量记录下来,排成时间数列,建立数学模型,找出其中发展趋势或变化规律的一种定量预测分析技术。其主要考虑的影响因素是时间,要力求寻找和区分特性值随时间变化而变化的规律。

时间序列预测法,可分为确定性时间序列预测法和随机性时间序列预测法两大类。前者是指利用反映事物具有确定性的时间数列进行预测,比较常用;后者是指利用反映事物具有随机性的时间序列进行预测,用得比较少。要正确反映某一经济现象或特性值在一定时间内变动状况,并将其作为未来期的预测值,则必须对在此期间该特性值的总体水平进行评估。由于特性值处于不同时间点,数量存在客观差异,故常采用此期间代表特性值的总体量值的平均数,以反映特性值在一定时期内的一般水平,代表总体在一定时期内的发展状况。

(四)回归分析法

回归分析法是研究变量间相互关系的一种定量预测方法。主要依据事物内部因素变化的因果关系预测事物未来发展趋势,故又称之为因果分析法。它通过一定的相关方程式研究变量间密切程度,并从一个变量或几个变量的取值去预测或控制另一个变量的取值。

该方法具体应用要遵循五个步骤:第一,确定因变量(预测目标)和自变量(引起预测目标发生各种变化的各种因素)。第二,绘制散点图。第三,选择适当的回归模型,如果点的分布呈现直线趋势,则所对应方程为回归直线方程,一般方程式为:

$$\hat{y} = b_0 \times b_1 x$$

式中　　x——自变量;

　　　　y——因变量;

　　　　b_0——常数,即回归直线截距;

　　　　b_1——回归系数,即回归直线斜率。

如果点分布非直线趋势,则对应方程为非线性回归方程,常见有双曲线型方程、幂函数型方程、指数函数型方程、S曲线型方程等。第四,进行相关检验,就是判定回归方程变量之间相关程度;第五，预测和控制。

（五）趋势外推法

商品技术和经营活动具有渐进发展过程，如果了解和掌握其过去发展规律，就可以遵循这些规律进行推导，以预测未来发展变化趋势，这就是趋势外推法的基本原理。该方法应用时基本要遵循六个步骤：第一，首先确定预测对象，选择应预测的参数；第二，收集预测必需的信息，并以数据形式将其定量表达出来；第三，利用已知数据拟合曲线方程；第四，利用曲线方程进行趋势外推；第五，进行预测说明和预测准确度分析；第六，研究预测结果在制定决策和规划中应用的可能性。实际应用中趋势外推法有多种，选择具体模型时，既要求和历史数据的拟合，又要求对未来趋势的表现，把握总的发展趋势，正确使用所选模型，真正提高预测可靠性。

第十二章　新产品开发与应用

第一节　新产品及其主要特征

一、新产品及其分类

(一) 新产品概念

不同学派对新产品有不同解释:技术派认为:新产品是指结构、功能、物理性能、化学成分、用途与老产品有着本质的不同或者显著差异的产品。市场派认为:第一次出现的产品被称为新产品。经营派认为:第一次生产销售的产品被称为新产品。

不同观念对新产品也有不同看法,传统观念认为:新产品是相对老产品而言的,并与老产品存在一定的延续性。研究与开发新产品包括对老产品的改造,也包括采用新技术、新原理、新结构而发展的新产品。在开发新产品工作中对老产品要不断地改进,甚至不断创新。大量新产品在原有产品基础上不断改进与发展;在开发新产品、改进老产品的过程中需要重视技术的创新与应用,通过对老产品不合理、不适宜部分的改进,保留其适应部分,开发创意部分,并将老产品作为新产品开发的前提,以此为基础创造出更多、更适合用户需求的新产品。现代观念认为:新产品并非仅指新产品本身,而是指与新产品相关的一切,其中包括新产品的品牌、质量、规格、包装、安全保障、环境友好、售后服务等,因此,新产品概念,不仅是与老产品相比较而言,而且还包含了市场或消费者所追求的新产品的特殊性质和效果,其中包含大量的创新内涵。

(二) 新产品分类

新产品可按其所在地域范围、先进程度、用途和应用范围等进行分类。对新产品进行分类,是为了便于企业进行新产品开发。

1. 按所属范围划分

(1) 国际范畴内新产品。这类新产品在国际范围内具有独创性和重大价值,一般都申请专利,并在基础研究取得成果的基础上,再通过应用研究而设计试制出的新产品。这类新产品在技术上有重大突破,国家应予以保护。

(2) 国家范畴内新产品。这类新产品往往通过技术引进、测绘仿制或自行研制开发,以填补国内空白,或比国内已有的产品在技术经济性能上有显著提高,属于国家范畴内新产品。开发这类新产品,对于快速赶超世界先进水平,提高国家综合国力具有十分重要的意义,也是企业发展新产品的重要目标。

(3) 地区范畴内的新产品。这类新产品一般利用国内现有技术,通过技术转让进行研制开发,不需要重新设计研究。开发这类新产品,一定要做好市场要求的调查工作,只有在一定时期内,外地产品不能满足国内外市场需要,而本企业又有条件生产时才可试制生产。

(4) 企业范畴内的新产品。这类新产品虽然市场已有销售,但对本企业来说还是第一次研制的产品。这类新产品的开发研制也必须注意市场需求的调查,避免不必要的重复而造成浪费。在市场经济条件下,同类产品竞争特别激烈,一个企业是否要研制这类新产品,应对本企业的优势和技术条件作认真分析,以防止不必要的浪费。

2. 按创新程度划分

(1) 完全创新产品。它是指采用新原理、新结构、新技术、新材料而研制的新产品。这类新产品是在基础研究成果上通过应用研究而发展的新产品,或者是几项技术的综合,是技术上的重大突破。如20世纪出现的汽车、电子计算机等。完全创新产品可以是企业独立研究、开发的成果,也可以是引进国内外专利,或者是其他研究部门的科研成果。完全创新产品是一种全新商品,在技术性能、经济效益等方面具有新的特点。独立开发完全创新产品,不仅需要大量资金和先进技术,而且开发周期较长,风险性也较大,一般适合于大型企业。一般完全创新产品只占所有新产品的10%左右。

(2) 半创新产品。它是指以原有产品为基础作适当改变或替换的新产品。如对原产品的技术、结构、外型、用途等作不同程度的改变或替换。

(3) 模仿型新产品。这类新产品是模仿国内外已研制出来的新产品,有时也根据市场需要进行必要的改进,以代替企业正在生产的产品。模仿型新产品具有周期短、见效快等特点,对于一些缺少技术力量的中小企业特别适合。此类新产品占全部新产品的20%左右。

(4) 改进型新产品。这类新产品是采用各种改进技术对老产品进行改造,使新产品在技术性能上有一定的提高,在结构上有新的特点,在用途上有所扩大,能进一步满足消费者和用户的需要;或者是在现有商品领域中,选用若干通用化的零部件形成具有新用途的系列产品;或者是采用新的工艺、新的设备进行生产,使成本大幅度下降,价格降低而使销路扩大的产品。这类新产品占全部新产品的60%左右。

(5) 换代型新产品。这类新产品是指在原有产品基础上,不改变基本原理,只是部分采用新技术而制造出来的,适合新用途、满足新需求的产品。这类新产品性能有较大提高,并具有新的功能,一般占全部新产品的10%左右。

3. 按应用范围划分

(1) 大型成套专用商品和设备。这类新产品是为满足生产上某种工艺流程要求而研制的产品。其主要特点是匹配成套,可以满足不同使用要求,便于用户选用。

(2) 量大面广的系列商品。这是指性能相同,而使用条件和应用范围不同的具有各种参数和规格的系列品。

二、现代新产品主要特征

1. 轻型化

现代新产品开发的重要特点是轻型化,尤其是重工业产品,由于技术改进和替代材料的不断涌现,使新产品达到轻型化要求。在其他各行业,尤其轻纺业中新产品开发趋势充分体现出轻型化特征。

2. 简洁化

采用新技术、新材料和新原理对产品结构进行改造后可达到简洁化要求。如减少不必要的功能,必然要相应地减少不必要的附件,使产品结构更加紧凑和轻巧;或者减少原产品中零部件的种类、型号,而使产品结构简洁明了。比较典型的实例是家用电器新产品特征所反映的简洁化趋势,主要是由于电子管改为晶体管,晶体管又由集成电路所替代,使电信号容量增大而体积减小,产品结构大大地简化了。

3. 多功能化

随着科技的发展,使企业生产的新产品能满足消费者"一物多能"的要求,即要求新产品不仅性能好,效用高,而且能满足一些特殊需要。这就使新产品必须具备多功能化,企业也可以通过增加原产品的功能,提高原有产品的附加值以及市场需求,从而能达到扩大市场占有率目的,进一步提高经济效益。

4. 美学化

商品不仅要适用,而且能作为艺术品给人以美的享受,尤其是消费品,如服装、家具、各类装饰品等新产品的开发,更应向艺术化、造型美方向发展,以增加新产品的美感,使人们的精神生活得到升华。

5. 保健化

社会进步,人们越益追求生活质量的提高,并希望市场能提供更多、更好的高营养和保健化类商品。商品保健化,要求原材料、生产工艺、包装、保管、养护等全过程无污染,符合人体健康要求。

6. 环保化

20世纪后期,全球掀起一股"绿色商品"商潮,即在该类商品外包装上贴有绿色标志或环境标志,表明该产品不仅质量符合标准要求,而且其生产、使用及用后处理符合规定的环境保护要求,对生态环境基本无害或基本无污染,对人体健康没有损害,并能在用后进行回收利用或再生后重复使用。商品环保化是新世纪全球市场需求的必然趋势。

第二节 新产品开发原理与要求

一、新产品开发原理

新产品开发是一项非常复杂的工作,需要对科学发展、生产工艺、消费趋向、市场需求、经济效益等进行研判,需要遵循一些客观原理进行创造。

(一) 新产品开发应遵循创造性、新颖性和实用性原理

新产品发明可源于现有产品,但必须高于现有产品,具有一定的创造性或创意,其实质是对现有产品的突破,在技术、性能、构思等方面发生质的飞跃。新产品发明基于创造性,甚至完全脱离现有产品框架结构,开辟出另一广阔的应用领域,如蒸汽机、晶体管、计算机的创新等。当然,也有些新产品是对原有产品和技术的改进或修正或重新组合。

新产品应遵循新颖性要求,即在一定时间和范围内与现有产品款型、功能、结构、外观等具有显明差异,给人以全新的感觉。新

产品的新颖性是相对的,即在一定时间和地区范围内,若超出特定时间和范围则另当别论。

新产品推向市场,需要得到市场认可才能实现其使用价值,故必须遵循实用性原理,力求满足消费者需求,方便消费者使用,对社会和环境绝不能造成损害。新世纪新产品实用性需要包含高技术含量,但更需要使用便捷的功能,因此,在新产品开发与试制中应综合考虑方便、快捷、轻巧、无公害等因素。

(二)新产品开发应遵循多样性、功能性、有益性原理

新产品开发最基本动因是满足各种不同消费者需求。由于各国经济发展水平存在客观差异,即使相同国家不同地区收入也不相同,此外,消费者年龄、性别、宗教信仰、文化习俗等差异,均对商品需求形成多样化特征。

消费者需求差异,除要求新产品遵循多样化原理外,还要求使新产品具有多功能性和特殊功能性。新产品开发涉及商品结构、性能与用途,通过对其化学成分、材料选择、工艺流程、配方设计等手段作局部或整体改进或重新组合,可大大增加功能特性,扩大商品的使用范围,并使商品的使用价值获得更大提高。

新产品开发在满足消费者需求前提下,必须考虑其对社会及人体是否有益。新产品开发需要采用新工艺、新配方、新设备、新材料等。目前,自然资源的短缺已成为不争的事实,作为商品生产和使用基础,在开发与研究过程中必须考虑新产品是否会产生不利或有害的影响;是否选择绿色能源或降低能源耗损;是否选择对环境无害的替代材料对现有产品作改进;是否采用合适的不会对环境造成污染的工艺;使用中是否会直接或间接地伤害人体……。

二、新产品开发要求

(一)新产品开发应符合国家经济发展战略目标

商品作为国家经济发展基础,在开发研究过程中,首先,要符合国家经济发展战略目标要求,符合国家整体经济发展、社会生产

要求及消费增长趋势。只有这样,才能使新产品开发顺利进行,开发出的新产品具有较强市场竞争力。要做到这一点,还必须注意时限性和特点。国家经济发展战略目标具有时限性,不同发展时期具有不同的战略目标要求。因此,不同时段新产品开发具有不同内容要求。其次,国家经济发展战略目标要求新产品开发时必须注意对自然环境的保护,力求利用先进的科学技术,逐步扩大技术密集型或知本密集型商品的比重,要兼顾各地不同收入层次消费者实际需求。在我国除了发展高中档次商品外,切不可忽视基层消费者日常必须小商品的研究与开发、生产与销售,确保大众生活稳定,社会安宁。

(二)新产品开发应符合市场需求与发展趋势

新产品开发必须在广泛、深入的市场调研基础上,对不同消费需求、消费习俗、消费能力、消费结构、潜在需求量等进行仔细而又详尽地分析与判断,及时把握市场变化特征和变化趋势,从而确定新产品开发的方向,使新产品的品种、质量、性能、效用、规格、型号、款式、价格等适销对路,尽可能满足各层次消费者不同需求。

(三)新产品开发应符合经济利益和社会效益

现代社会政府、企业与个人都作为经济利益体参与整个社会的经济活动,新产品开发时应符合不同经济个体的经济利益要求,因此,力求突出"新"字,能为各经济个体创造更多利益。但是,仅有这一点是不够的,新产品开发还必须符合社会效益要求,也就是说新产品开发应具有社会经济合理性。首先,新产品能够在使用较少研究、设计和制造费用前提下,实现批量生产,力求功能全、效用高、成本低、价廉物美,以最少的资源代价获得最高的经济利益。其次,在引导消费前提下,力求保护人类生存环境的安全。商品生产需要的大量原材料来自自然环境,对于耗竭性资源,应尽量寻求替代品,可通过新产品研制开发达到部分或全部替代的作用,达到减少消费用量的效果;对于非耗竭性资源也应遵循合理开发与加强保护的原则,推广再生循环使用技术,使自然资源使用量降到最低。最后,新产品开发必须考虑到使用后对环境的安全性问题,即用完后的商品是否方便处理、对环境是否无污染、对人体是否会产生直接或间接的危害等。凡是不利于人们身心健康、有害社会、污染环境的新产品,坚决不能开发。

(四)新产品开发应符合标准要求,便于生产制造和使用

新产品开发与研制不能只局限于实验室或样品阶段,更重要的是能够组织社会化大生产。这就要求其工艺性能完好,有利于生产制造;外型、功能要求合理,便于生产制造过程中的控制与管理;质量符合标准要求,该标准为国家标准、所在国标准或国际标准等。新产品开发时还应注意要方便消费者使用,包括操作灵便、安全可靠、易于保养维修等。

(五)新产品开发应利用自身优势,力求使新产品具有市场强竞争力

新产品开发应利用自身优势,包括技术能力、生产条件、员工素质、管理经验等,千万不可牵强附会,否则容易事倍功半。在目前新经济时代,具有高科技含量、有创意的新产品在市场中竞争力比较强,因此,企业应尽量开发研制具有自身专利技术产品,软件开发类产品等,只有这样的新产品才能在市场中立住脚。

第三节 新产品开发模式

一、新产品开发的主要模式

(一)市场导向型模式

该模式是以市场为导向而进行新产品的开发与研制的模式。如依据消费者需求和竞争需求而进行新产品的开发。市场导向型模式将市场作为新产品开发的直接动力,也作为新产品的起点与

归缩。市场导向型模式主要特点:

(1) 利用现有或潜在商品使用价值与用户消费欲望之间存在的客观差异;

(2) 利用用户已经存在或潜在具有的消费欲望、消费需求;

(3) 利用市场消费需求结构变化以及消费流向所产生的要求;

(4) 利用企业现有条件而保持竞争优势,提高企业在市场上的信誉及地位,增强企业的经营活力。

(二) 科技推动型模式

科技的迅猛发展,市场中涌现出许多高科技新型产品,并加快推动产品的更新换代。科技不仅是新产品产生的源泉,而且更是新产品开发的推动力和基础。科技发展为新产品开发提供了重要的手段,扩大了科技的应用水平,同时,还提高了新产品的精确性和开发效率。该模式在新世纪越来越受到企业的推崇与重视。更多经营成功企业经验证明;利用该模式开发和研制新产品具有比较大的成功可能性。

(三) 产品周期型模式

产品存在生命周期,即产品从投向市场开始,必然经过导入、成长、成熟到衰退四个时期的不同运行。新产品开发时往往在原有产品退出市场之前就已做了大量工作,一般在市场成长期和成熟期前半时段,依据所获得的充足资金投放于新产品的研制与开发,从而能使企业经营良性循环,周而复始,螺旋型地上升。

二、新产品开发模式共性与差异

(一) 新产品开发模式共性

上述三种新产品开发模式都需要以市场调查为基础,然后确定方向,依据原有基础或由外部引进技术进行研制与开发,选择最佳工艺路径,采用最合理的配方和机械设备,按照标准要求加工成型,经检验合格后包装出厂。因此,三种新产品开发模式具有共性,见图12-1。

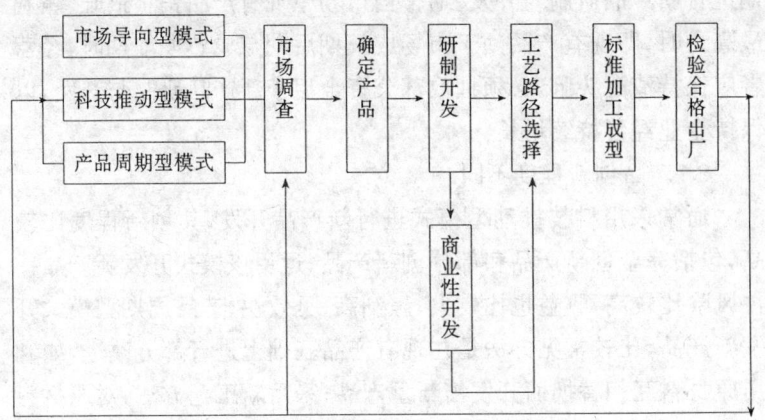

图12-1 三种新产品开发模式共性

(二)新产品开发模式差异

1. 重点不同

市场导向型模式重点是依据市场相关要素进行新产品的开发与研制。市场具有多因子,其中最主要的是最终用户与竞争者,也就是说开发出的新产品必须能满足最终用户的实际需求,与竞争者产品相比,具有强竞争力,即在产品的外型、款式、功能、用途、品质、价格等方面优于竞争者的同类产品。

科技推动型模式重点是依据科技实力研制与开发新产品,即利用科技优势使新产品的原理、结构、材料等具有独创性;或者利用原有技术进行优化搭接,创造或组合成各种新产品;或者从外部引进技术,研制与开发出所处市场需求的新产品。该模式应用具有一定的风险性。如科技推动独创性新产品的研制与开发,通常整个周期比较长,需要高额投资和雄厚的技术基础,故比较适用于大型集团企业。一旦取得成功,其获取的经济效益是非常可观的,但若失败,则损失将十分惨重,需要经营者慎重决断,一般由管理者、技术人员及相关专家组成的决策组共同商定。

产品周期型模式重点是依据现有产品在市场中所处的生命周期进行新产品研制与开发。通常当市场中现有产品销售最旺、赢利最高之时，即现有产品处于市场成长期后期与成熟期前期时，经营者应保持清醒头脑，必须抽取部分资金用于新产品研制与开发，以保持企业经营持续增长。

2. 产品创新程度不同

通常采用科技推动型模式进行新产品开发，其创新程度比较高，包括完全创新产品和部分创新产品。运用该模式开发新产品往往风险比较高，收益也比较大；赢利高，见效快。产品周期型模式开发新产品，比较常见方法是在现有产品基础上进行部分改进，如利用原材料互相替换而开发出新型产品；采用新工艺方法，对原材料进行二次加工或多层次加工而发展新型产品；采用新型材料生产制造新型产品；对现有产品功能、用途、款型等作部分改动后投放市场等。市场导向型模式介于上述两者之间，主要根据市场实际需求及企业自身优势使新产品能够在市场上具有强竞争力。

三、新产品开发模式选择

（一）选择要求

选择新产品开发模式，取决于市场调查研究基础上的预测准确性。首先，要仔细分析本行业在国民经济中的地位和作用，预测国民经济发展趋势对本行业的要求；其次，要求详细分析企业自身现有技术水平、研究开发能力、创造能力与管理水平，以及上述内容与国际先进水平相比存在的差距，以便正确预测未来技术的发展趋势；最后，应深入调查市场实际需求量，计算出较为准确的经济效益。只有这样，才能选择比较合适的新产品开发模式。

（二）选择程序

选择新产品开发模式是新产品正确开发与研制的重要环节。了解新产品开发不同模式的优缺点及适用范围，是选择新产品开发模式的前提；比较不同新产品开发模式共性与差异处，是最终正确选择新产品模式的重要决策依据。为了便于选择新产品、开发模式,缩短新产品开发周期,有效地进行新产品开发,可按照一定程序选择新产品开发模式,该程序详见图 12-2 所示。

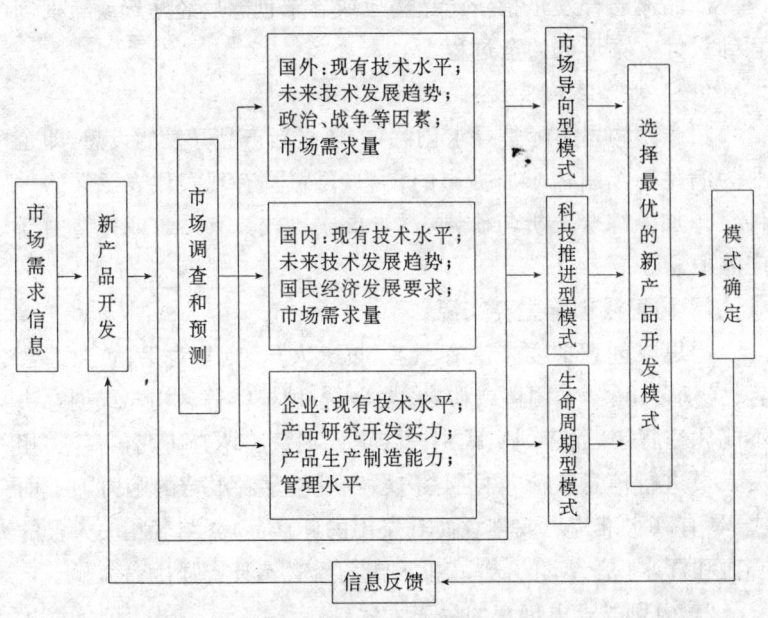

图 12-2　新产品开发模式的程序

第四节　新产品开发程序与要求

新产品开发程序主要有两种分法,每种基本包括八部分,第一种:"构思——筛选——形成新产品概念——制定营销策略——商业分析——样品研究试制——市场试销——大批投产正式上市。"第二种:"寻求创意——甄别创意——新产品概念发展与试制——制定营销战略——商业分析——产品试制开发——市场试验——商业化。"如果将此两种分法综合起来可归纳为简单三步骤,即:

产品概念开发;样品研制开发,商业性开发。每一步骤均有不同的要求。

一、产品概念开发

产品概念开发是指新产品构思或寻求创意后经筛选或甄别创意到设计方案形成的全过程。

(一)新产品构思

新产品构思实际是寻求创意,主要指新产品开发的设想,即企业为满足市场新需求而提出的设想,再将具有现实代表意义的种种设想加以综合分析与研判,逐步形成比较具有系统或完整的新产品概念。

1. 构思或创意主要来源

构思或创意主要来源有顾客、技术人员、竞争对手、企业经营者、咨询公司、学术团体或协会、大学、各种媒体等。构思或创意决不能凭空臆想,而应到实践中去作深入细微的调查研究,与各类相关人员进行信息交流,再通过构思者或创意者艰苦的脑力加工而成。具有高水准构思或创意而开发出的新产品,凝结着相关人员的心血和汗水,是劳动的结晶,投入市场后必然具有强生命力。

2. 构思或寻求创意的主要方法

(1)排列法。将现有产品按照其属性进行有序排列,便于快捷地寻找出应改进属性的类型、要求与方法,并以此为基础形成新的产品构思或创意。

(2)组合法。先列举出若干具有不同功能、特性、用途、款型、规格等产品,通过将其中的两种或多种产品进行排列组合,从中产生新产品构思或创意。

(3)多元法。构成产品的要素很多,该方法是将产品的重要因素抽象出来,然后对每一要素具体特征进行分析,从中形成新产品构思或创意。

(4)专家法。围绕新产品开发要求,组织由若干名有独特见解的专家、专业技术人员、发明家等聚集一起进行相关专题讨论,在会前便向与会人员提出若干问题,给予他们以充足时间准备,通过专家及其有关人员提出的各自设想和建议进行综合归纳与分析,在此基础上形成新产品构思或创意。

(5)群辨法。这种方法是在广泛征集各类信息基础上经分析整理、辨明真伪、择优转化所形成的新产品构思或创意。该方法所涉及的征询人员除专家、发明家和专业技术人员以外,还通过调查问卷、召开座谈会等方式向消费者或用户征求意见,询问各类专业人员看法,包括各类中间商、广告代理商、储运商等。在认真听取意见和建议基础上对各种信息进行综合、分类与归纳。经辨析后形成的新产品构思或创意比较能切合市场的实际需求。

3. 构思或寻求创意原则

(1)对任何个人提出的任何意见或建议不准批评,当面应全部采纳,事后可作修订。

(2)构思或创意应打破常规,构思或创意应有独特见解,循规蹈矩式构思开发出的新产品非常容易在极短时间内被淘汰出市场,或者在进入市场之前已步入"死亡"边缘。

(3)构思或创意应争取数量。常言道:量变引起质变。当数量达到一定时,则容易使构思或创意发生突变,开发出的新产品创新程度提高,必然使其市场竞争力增强。

(4)构思或创意应善于组合与改良。实际上组合与改良本身就包含有创意与构思。组合并不是简单的拼凑,改良也不是单纯的修修补补,而是通过脑力劳动设计与构划,使之满足用户生理和心理的各种需求。

(二)筛选

通常新产品构思或创意有多种方案,需要经过认真仔细的筛选,即根据企业自身所具备的条件,如资金能力、人力资源、科技水平、管理状况等是否符合开发这种新产品的构思或创意;此外，还应考虑所选择的构思或创意方案是否符合企业经营战略目标要求。在筛选时，应力求避免产生两种过失：误弃和误用。构思或创意本身已付出艰辛的劳动，如果在方案筛选过程中被误弃和误用，以此留下的隐患很可能危及到新产品的生存与发展。经初步筛选后保留下来的新产品构思或创意，需要进行系统全面的审查，经过比较与鉴别，从中选出比较可行或最可行的新产品构思或创意方案。

（三）新产品概念形成

新产品概念形成是指新产品设计方案经筛选后已经确定，该设计方案包括以文字、图表及模型等所作的详细描述。新产品概念形成需要企业产品开发部门做大量深入细致的工作，即从消费者需求出发，根据新产品开发原则，对新产品未来市场的潜在容量、投资盈利率、生产规模、设备与资源条件等进行详尽分析，对每个具体的设计方案应进行科学评价，衡量每个新产品设计方案的潜在价值，并将设计方案提交给未来目标市场上有代表性的消费者群体进行评价和听取意见。最后，再经过技术经济分析和权威论证，选定一种最佳的新产品设计方案，编制出新产品计划实施方案。

二、样品研制开发

样品研制开发是指采用相应的原材料、工艺和设备，将经过商业性分析后所选定的新产品设计方案制成样品的全过程。

（一）样品研制开发过程

样品研制开发过程主要包括：预先研制、样品设计、样品试制、样品性能及可靠性测试、样品鉴定或设计定型等。企业通过资金、设备和劳力的投入，使完成的产品概念成为实体化，以便进一步寻找新产品设计方案可能存在的不足或隐患，并对已形成的新产品设计方案继续改进或修正，使其更趋完善，更符合各种所允许的条件和要求。

(二) 样品研制开发要求

(1) 对于完全创新产品必须要进行预先研制，充分做好技术研究，集中所有力量进行技术攻关。同时，要搞好技术储备工作，为样品的设计与试制打好基础。完全创新产品是采用全新的原理、结构、材料和工艺制成的新产品，基本无成熟经验可借鉴，研制过程需要特别慎重，对其中每一环节都应考虑周全，避免留下任何隐患或不足，有些关键之处需反复多次地试验。

(2) 对于非完全创新产品或者仿制型新产品，可以直接进行样品设计的试制，即直接通过设计—试制—试验—设计方案修改—再试制—再试验，整个过程历经反复多次。

(3) 在样品设计试制时需要对所开发的新产品进行外型设计分析、材料与加工分析、价值工程分析，以确保所研制新产品具有高品质，既避免由于疏忽引起新产品功能欠缺，又应力求消除整体和局部功能过剩，以低成本和高品质作为新产品设计试制的指导思想。

(4) 样品设计试制成功后，需要由专家组进行全面评审。首先，考核整个样品的设计方案是否合理，其性能指标是否能全面满足用户需求，是否符合相关标准规定内容要求，是否达到设计任务书预定的技术经济指标。其次，鉴定和验证整个样品设计方案结构是否完善，性能与质量指标是否达到设计要求，是否具有经济效益。鉴定和验证时主要参照技术任务书要求，当然，所具备的技术任务书文本应完整、正确与统一，内容应符合现行有关标准要求，对产品生产制造具有一定的指导作用。技术任务书要比较详尽地描述样品所应具有的性能、质量、外观、安全性、可靠性等；对样品的生产工艺流程、制作过程中应花费的成本、技术实施与推广的经济条件以及有关卫生、环保、节能等技术要求均要有标准要求。最后，确定所设计样品能否转入小批试制或试生产。整个的评审过程必须遵循严密、规范、科学、客观原则。

三、商业性开发

商业性开发是指样品试制过渡到试生产和正式生产过程,主要包括市场分析、包装设计与开发、品牌设计、消费者或用户试用、试生产、市场小批量试销、投产鉴定、广告宣传、各种促销、公关活动、正式批量生产、直接投放于市场等。

(一)检验新产品市场效应

新产品样品经鉴定和验证合格后,需要进行包装、装潢、品牌和附加物的设计,生产准备和小批量试制,并将生产出一定数量的试制品投放到具有代表意义的小范围市场进行试销,经受市场的检验与认可,以检查这种新产品的市场效应。同时进一步考证企业生产制造这种新产品的工艺技术、生产设备、经营功能、管理水平等诸方面是否能够达到标准要求,是否能够大批量生产质量稳定的合格产品以满足市场的需求。

(二)市场检验后新产品取舍条件

新产品投放市场如果能够获得成功,即该产品在试销市场中呈现高销售量,则可考虑扩大生产规模和生产量;如果消费者或用户对新产品采购量或使用量比较低,则需要进一步深入调查研究与分析,如果是由于对新产品不熟悉或了解不够,此时应加强广告宣传和各种促销活动,相信具有各种优势或特性的新产品最终能被广大消费者或用户所喜爱和接受;如果是由于新产品存在某些缺陷和不足,此时应在与消费者或用户信息沟通基础上对新产品进行必要的改进或修正;如果经过各种努力和尝试,都无法使消费者或用户感到满意,或者对新产品作某些必要的改进或修正使成本太高,经济效益不合算,此时应当机立断,将此新产品立即放弃。

(三)新产品投产鉴定要求

经过市场检验和认可后的新产品需要进行规模生产,以满足市场的实际需求。此时应进行投产鉴定,对此新产品规模生产作进一步考证,主要包括以下几方面内容:

1. 新产品质量稳定性鉴定

新产品投放市场必须进行规模生产,需要大批量生产的产品质量具有稳定性。通常从企业生产的试制品中抽取一定数量,按照该产品技术标准要求规定进行质量稳定性鉴定。同时还应抽取一定数量产品进行消费者或用户试用试验,综合检查该产品各项质量指标,包括外观款型、安全性能、环保节能性能等,全面鉴定新产品质量稳定性,从而真正满足社会、企业和个人三方利益。

2. 技术文本的验证

这主要是指对与新产品构思、设计、试制、投放市场检验等程序有关图纸、文本、所收集的各种资料汇总后进行审核,以确保上述所有相关信息资料的完整性、正确性、清晰性和统一性。这些技术文本应符合相关标准和标准化要求,并作为新产品规模性生产的指导文本。

3. 生产条件的核准

新产品一旦决定规模生产,则必须对企业自身所具备的生产条件进行必要的核查。根据新产品生产要求、规模大小以及类型特征,审查企业工艺设备安装状况、实验室检测条件与手段、项目生产与组织管理、员工操作技能等。对上述各生产环节核准后,才能转入大批量生产,才能使经大批量生产所得的新产品质量具有稳定性,以便真正满足市场中各类消费者或用户的需求。

四、新产品研制开发成功要求

新产品研制开发是否成功,基本可通过下列要求加以评判。

(一)技术鉴定合格,消费者或用户满意

任何一种新产品研制开发要获得成功,必须经过技术鉴定为合格品,同时要得到市场认可,使得消费者或用户使用此新产品后感到满意,并能产生满足感。这两条件相辅相成,缺一不可。

(二)具有价值和使用价值

任何一种新产品研制开发要获得成功,必须使此新产品具有价值和使用价值。企业投入大量人力、物力、财力开发和研制,是希望该新产品在满足消费者或用户需求基础上能够获得投资回报,使企业自身能够有利可图。同时该新产品必须能满足消费者或用户的使用需求,使其在正常使用条件下,安全地发挥各项功能与效用,真正体现出使用价值。

(三)具有市场效应

任何一种新产品研制开发是否获得成功,可看其是否具有市场效应。新产品投放市场并要获得一定的市场占有率,则需要该新产品具有强市场竞争力,与竞争对手对抗中能以其优势或特长取胜,争取到更多的客户。为此,企业还应对该新产品附加有更多的服务要素,提升新产品综合性功能,使其市场效应达到最大。

第五节 国际市场新产品开发研究

一、国际市场新产品开发研究重要性

随着全球经济一体化,越来越多的企业涉足跨国界经营业务,需要重视和加强国际市场新产品开发研究工作。目前,经济发达国家跨国企业每年花费约几十亿美元用于产品的开发研究。如美国工业企业于1993年所花费的新产品开发研究费用大大高于联邦政府提供的2 000亿美元。日本国更不甘落后,对新产品的开发研究投资额远远高于美国企业,从而使有些产品在国际市场中竞争力趋于领先地位。1980年世界排名前十位专利优胜者中,七家为美国企业,日本只有一家,但到1990年时,日本已上升为5家,而美国却下降到三家。这充分说明国际市场新产品开发研究对企业产品获取国际市场竞争优势具有十分重要的指导意义。

二、国际市场新产品开发研究要求与步骤

(一)国际市场新产品概念

本节内容讨论的国际市场新产品主要是指进入国市场含义上

的新产品。如柯达公司生产制造的袖珍型照相机于1982年以前在美国本土、日本和西欧等国市场销售,已不属于新产品,但对于东南亚各国市场,如斯里兰卡、巴基斯坦、泰国等国家来说,则被称为新产品。

(二)国际市场新产品开发研究要求

1. 新产品开发研究主要集中于国内

经济发达国家跨国企业的新产品开发研究大多集中于国内,在海外市场进行开发研究工作仅占总量的10%左右。其主要原因是:① 使企业能够规模经济而无需花费初期成本支出;② 可以避免由于语言、习俗等差异而产生不必要的社会与文化障碍;③ 能够比较好地保护企业自身所获取的研究成果和专利;④ 如果新产品对东道国市场影响力大,对该国政府更具有吸引力和价值,便于加强国际间合作与交流;⑤ 在国内进行新产品的开发研究,便于在完整统一经营战略计划指导下开展工作,便于控制与调整,使生产制造与营销管理有机配合与协调。

2. 海外市场进行新产品开发研究

大多数跨国企业将新产品开发研究集中于国内,但仍有部分企业或部分新产品将开发研究工作放置于海外市场进行。如近期国际市场逐渐增多的技术服务项目,许多专利公司到海外寻求市场,并直接在海外市场进行开发研究。这样能及时抓住机会,实现技术产品转移。

海外市场进行新产品开发研究需要注意以下几个问题:① 国内市场已成熟产品进入海外市场是否适应;② 是否与海外分支机构原经销产品发生冲撞或摩擦;③ 新产品是否得到东道国政府部门干预或反对,是否违反东道政策法规;④ 应该采用怎样适宜的公共关系工具;⑤ 是否聘用当地专业人才,如果需要聘用,则具体选择标准或条件是什么;⑥ 是否使成本节约或降低,使企业能获利;⑦ 该新产品构思或创意在海外市场是否有基础,能否易被海外市场消费者或用户所接受,是否具有潜在的稳定的需求市场;⑧ 该新产品在所进入的海外市场是否能达到市场份额最大化等。

(三)国际市场新产品开发研究步骤

1. 了解并掌握海外消费者接受新产品过程

新产品能否被进入的海外市场中大多数消费者所接受,需要了解和掌握海外市场消费者接受新产品的脑力运作过程。通常消费者并不立即购买新产品,有些学者通过市场调查研究与分析研判发现:消费者对新产品接受或拒绝所显示的脑力运作基本经过五步,即:① 意识。在与新产品接触时,消费者开始对新产品产生初步意识。② 认识。此时消费者对新产品已产生足够的兴趣,并寻求附加的各种相关信息。③ 评价。在认识新产品基础上,消费者对新产品已形成一定的观点,即对该新产品是否购买进行评价。④ 试验。消费者开始购买此新产品,并观察该新产品是否能够真正满足自己的需求。⑤ 采用。经过对新产品试用后,若获得了满意的经验,此时的消费者会为继续使用该新产品而采取接受态度。

当然,在新产品适应进入国市场过程中,并不是所有的消费者都通过上述五步骤,对于具体的新产品或具体的消费者而言,可能只涉及其中的三步,即直接从意识到评价到采用。不同类型消费者对不同新产品采纳所经过的五步骤,往往需要花费不等的时间,如价格便宜的新产品整个过程完成只需要花费几分钟,而有些贵重物品完成上述五步,则往往需要花费几个月的时间。该方法作为研判依据并不能简单地仿照,需要调查研究并发现该产品具有期望中的经销趋势,如预测国际市场对该新产品最初需求情况;随时间变化需求如何成熟,即能达到规模经济要求那样使产品能够获得非常满意成就等。如果几年内消费者不能按你的期望接受该新产品,则应考虑撤退问题。

2. 国际产品线定位及其要求

进入国际市场新产品大多数为产品线延伸或以产品线为基础的单个设计,但都需要对组成的产品线进行前期审查后决定。需要了解并掌握消费者偏好、竞争者策略、东道国法规要求、企业自身条件(如:企业经营目标、成本结构、国际市场对本企业产品需求等),在此基础上决策新产品增减与定位。

国际产品线定位包括国内产品线延伸和附加。其中:

(1) 国内产品线的延伸:主要遵循国际产品生命周期概念逻辑,企业依据出口定单为国际市场提供成功产品;当出口增长时,可考虑建立仓库、销售机构或国外经营处等服务中心;当东道国市场具有稳定需求前景时,可考虑在东道国建厂生产制造或组装成品,以此达到国内产品线在国际市场延伸效果。

(2) 国内产品线附加,主要根据进入国市场实际需求而定。如美国可口可乐公司于1958年时向日本销售饮料品,到1968年时,随日本市场经济逐步复苏,市场对饮料品种需求不断增加,便将各种附加饮料品投放于日本市场,如1968年的芬达、1970年的雪碧、1983年后又加入其他各种口味的可口可乐饮料。又如,欧洲某化工企业在发展中国家销售化肥和农药,后发现市场对高质量种子需求量非常大,便立即将种子附加到出口产品线中,并配套建立运转高效的经销网络以提供良好服务,力求使农村消费者方便使用。

国际产品线定位要以实事求是,灵活机动,以解决海外某特定市场中消费者未满足部分需求为宗旨,一旦发现应及时补充。根据成功经验发现:标准化类产品和服务容易为世界范围内各国消费者接受。因此,如果企业生产经营标准化类产品,其产品在国际市场比较容易定位。

3. 国际市场新产品介绍与决策

首先,新产品介绍到国际市场往往要根据进入国市场性质而定。如美国企业通常首先将新产品介绍到与本土文化具有比较类似的国家,故英国、加拿大、澳大利亚是美国企业新产品向国际市场提供的领先接受者,几乎占所有被介绍新产品的一半,而其他经济发达国家约占 1/3,被介绍的新产品中只有大约 1/6 是在发展中国家市场。其次,要根据产品特征决定新产品经介绍进入国际市场难易程度而定。如纺织品、纸张等各种纤维类制品比较容易介绍和进入国际市场,约占总量的 85%;而计算机、机电类产品等以跨国界方式介绍进入国际市场比较困难,据资料反映:大约不到总量的 50%。再次,新产品介绍成功率与企业经营规模和实力有关。通常具有一定经济规模的跨国企业新产品介绍比较容易获得成功。根据资料统计:经济发达国家跨国企业新产品介绍到海外市场成功率比较高,在国内市场经营一年以内就能被介绍到国外市场的百分率,1945~1950 年期间为 5.6%,1971~1975 年期间时已上升为 38.7%,即使市场竞争激烈程度不断增长,但 80~90 年代期间,新产品介绍成功率仍在不断上升。

国际市场新产品介绍决策时主要仍依据进入国市场需求而灵活运用。如上述介绍的产品线延伸实质是属于企业产品内部转移,产品线附加实质是根据市场需求提供更完善的服务。决策之前,需要对新产品发展或未来市场需求趋势进行研究,该活动可在本土内进行,也可在东道国市场中实地调查与研判。如美国某家电企业现有洗衣设备在国内市场已属比较成熟产品,便经介绍后进入发展中国家市场,并在进入国内进行产品线延伸和附加的研究与开发工作,经研制成功后在东道国内生产制造出全塑料的手动洗衣机,在当地生产和销售获得很大成功。

国际市场新产品介绍只是手段,目的是扩大经营范围和规模,不断提高产品的市场占有率和利润收入;通过向海外市场介绍新产品以获准市场进入,再通过产品线延伸和附加达到企业经营整体目标的实现。如吉利公司在获得德国 Braun AG 市场准入后,又将电子剃须产品附加;又如国际电话和电讯公司(ITT)在获得英国市场准入后,并随之扩张,将经营领域扩展到该国的装饰市场,一举获得成功。

4. 国际市场新产品扩散与要求

新产品进入海外市场能被各个体认可和接受,则应该加强对新产品整个市场扩散进行深入分析。扩散实际反映该新产品存在的或潜在的某些缺陷与不足已被市场忽略,其长处和优势已得到大多数消费者和用户的认可,此时需要注意以下几点:

(1)了解和掌握相关市场和相关产品可能产生的影响。为了使该新产品能够得到更好的市场扩散效果,需要对市场和产品各自相关优势、相互兼容性、复杂程度、试用期承诺以及可传播性等进行研判。对于产品而言,通常便于新产品扩散的要求是该新产品越容易被消费者接受,则越容易扩散;反之,则不然。该新产品与市场需求兼容性越强,则越容易扩散;反之,则不然。该新产品结构、功能越简单新颖,则越容易被消费者理解和接受使用,并使其扩散速度增快;该新产品具有试用期承诺,从而能大大降低消费者使用风险,则往往增加扩散速度;该新产品在海外进入市场中受文化障碍较低而使其可传播性提高,也达到快速扩散的效果;相对于市场而言,通常西方社会比东方文化更容易接受新事物,因此,也容易使新产品得到快速扩散;政策欠规范或不够稳定的市场,不确定性因素太多而使新产品扩散受阻,如许多发展中国家人口出生率控制不严或太严,都会使新产品扩散减慢,甚至被拒绝接受;居民收入水平太低,消费者无经济能力改善生活和使用新产品。

(2)采取多样化策略,力求使新产品能够并加快扩散。新产品不但需要进入海外市场,更需要通过扩散以增加市场份额,从整体上提高产品竞争力。为此,常常对新产品采取某些变更,如进一步简化其中的某些功能或结构,使之简便、易使用而使消费者乐于接受,或者附加某些特殊功能以增强竞争优势,使其市场占有率不断提高。因此,为使新产品能在海外进入市场获得快速扩散,往往采用多样化策略,既使新产品能在海外进入市场中得到快速扩散之目的,又使风险降到最低。

5. 国际市场新产品撤退及其要求

国际市场竞争越来越激烈和残酷,变化与波动频繁又复杂,产生的不确定性因素越来越多。如由于自然资源短缺引起原材料供应不足,其局面呈不断恶化趋势,越来越多国家采取价格控制、关税保护等使新产品进入海外市场增加了难度,还有其他各种不可测因素要求企业在考虑新产品进入海外市场之时,必须作好由于各种原因所导致新产品可能撤退出市场的思想和行动的准备。上述分析可见有些新产品根本无法进入某些海外市场,但是即使已经进入海外市场的新产品,也会由于这样或那样的原因,从原已进入的市场中撤退。其主要原因如下:

(1) 新产品进入国政治或经济发生变化新产品进入海外市场后仍面临一系列失败考验,有些属于可控因素,可采取及时补救措施防患于未然。而有些则属于不可控因素,如进入国政治或经济变化而迫使新产品采取撤退策略,如比利时国家采用严格的价格控制,最终使某些新产品无利可图而撤退;又如ITT关闭了最初设立在阿根廷的大部分通讯业,其主要原因是该国经济波动太大,十分不稳定所致,其政府所拥有的电话公司拖欠应支付款,企业又无法获得更多新定单等。

(2) 消费者对新产品产生反感。任何新产品进入海外市场,必须使该市场消费者接受和认可,否则,必须当机立断地采取撤退策略,如美国Campbell汤料公司在花费了200万美元广告费用后,终于决定关闭其在巴西的罐装汤料业务经营活动,其根本原因是巴西市场消费者对该公司推出的汤料制品产生反感。

为使新产品撤退策略所造成的损失最小,应该制定新产品市场撤退的标准要求,并采用适当的评价程序,及早采取补救。从目前来看,主要通过以下几项指标,如最低销售水平、最低市场份额、最低获利能力、产品线延伸和附加条件、消费者满意度等进行综合性评判,以确定新产品是否采取撤退措施。如果需要撤退,则应考虑该采取怎样的方式和路径,以使企业经营风险降到最低点。

主要参考资料

1. 刘爱珍编著:《现代商品学基础与应用》,立信会计出版社1998年版。

2. 万融、张万福等编著:《商品学概论》,中国人民大学出版社1997年版。

3. [美]克尼斯、鲍威尔著,王增东译:《环境质量与残余物管理》,三联书店1990年版。

4. [日]LEC.东京法思株式会社:《怎样开发商品》,复旦大学出版社1995年版。

5. [美]M·朱兰、小弗兰克M·格里钠著,李本兴、陈豫贤译:《质量计划与分析》,石油工业出版社1985年版。

6. 梁若旺编著:《商品质量管理学》,黑龙江科技出版社1993年版。

7. 李树楷主编:《新产品开发指南》,中国物资出版社1992年版。

8. 苏亚民主编:《现代营销学》,首都经济贸易大学出版社1997年版。

图书在版编目(CIP)数据

现代商品学教程/刘爱珍等编著. —2版. —上海：
立信会计出版社,2001.2(2007.7重印)
ISBN 978-7-5429-0530-7

Ⅰ.现… Ⅱ.刘… Ⅲ.商品学—教材 Ⅳ.F76

中国版本图书馆CIP数据核字(2001)第03326号

现代商品学教程(修订本)

出版发行	立信会计出版社			
地　　址	上海市中山西路2230号		邮政编码	200235
电　　话	(021)64411389		传　　真	(021)64411325
网　　址	www.lixinaph.com		E-mail	lxaph@sh163.net
网上书店	www.lixinbook.com		Tel:(021)64411071	
经　　销	各地新华书店			
印　　刷	常熟市梅李印刷有限公司			
开　　本	850毫米×1168毫米	1/32		
印　　张	12.625		插　　页	2
字　　数	309千字			
版　　次	2001年2月第2版			
印　　次	2018年9月第9次			
印　　数	20 001—21 100			
书　　号	ISBN 978-7-5429-0530-7/F·0492			
定　　价	30.00元			

如有印订差错　请与本社联系调换

立信版部分书目

书名	作者	价格
现代商品学教程(修订本)	刘爱珍	22.20元
运营管理	夏建明	24.00元
现代商业企业经营与管理	秦雄海	27.60元
现代市场营销学	王中亮	14.50元
跨国市场战略营销学	殷勤凡	20.00元
高级市场营销学	张文贤	28.00元
市场营销学(第三版)	朱成钢	18.70元
中国经济地理(第五版)	胡 欣	35.60元
财经应用文写作教程	文天谷	19.00元
常用经济应用文写作教程	盛明华	23.40元
财经应用文	李 敏	19.50元
经济应用文写作教程(16开)	娄永毅	33.50元
经济应用文写作教程同步练习(16开)	娄永毅	18.00元
应用写作实务(16开)	马国辉	29.00元
应用文写作教程	赵军花	24.00元
财会职业道德(修订本)	金家富	13.20元
成功走向社会——就业指南	陈 敏	18.00元
新编国际经济合作教程(修订本)	叶京生	29.00元
国际技术转让教程	叶京生	23.20元
国际技术贸易导读与习题	叶京生	18.80元
国际投资学	袁东安	17.80元
国际投资学教程	刘红杰	18.40元
世界贸易组织规则透析	蒋 帅	18.00元
进出口贸易实务(第二版)	陈志友	23.60元
进出口贸易实务习题与解答	陈志友	12.00元
进出口贸易实务模拟教程(16开)	王 芬	12.50元
对外贸易业务知识(第五版)	姚 昌	25.60元
国际贸易——原理、政策、实务(第三版)(16开)	陈 宪	53.80元

书名	作者	价格
国际服务贸易——原理·政策·产业(16开)	陈宪	49.20元
知识产权与世界贸易	叶京生	26.20元
国际知识产权学	叶京生	33.50元
国际经贸地理(第二版)	李泉斌	18.00元
国际结算	应诚敏等	17.20元
实用国际贸易结算	方士华	22.00元
国际贸易教程	陈志友	18.20元
新编国际经贸教程	刘丽英	13.00元
现代国际经济合作与组织	华俊	19.00元
中国对外贸易概论	唐海燕	17.80元
国际商务	黄丽鸣	18.00元
国际结算概论	岳华	19.40元
国际贸易学	唐海燕	22.20元
消费行为心理学	陶国富	21.00元
会计心理学	熊振华	18.80元
大学生身心健康导读	杜秀娟	18.00元
成才心理学	陶国富	23.60元
管理心理学	孙时进	24.20元
创造心理学	陶国富	21.80元
商务心理	蒋士迨	10.50元
市场营销学(第四版)	朱成钢	23.20元
高级市场营销学	张文贤	28.00元
现代市场营销学	王中亮	14.50元
跨国市场战略营销学	殷勤凡	20.00元
市场营销理论与实务	陆剑清	19.00元
新编市场营销理论与实践	董卫民	29.00元
新编市场营销学	刘学华	18.40元
市场营销	汪玉弟	18.80元
市场营销(16开)	陈渊	44.40元
中国营销理论与实践	邓永成	22.00元
国际营销理论与实务(第二版)	陈祝平	26.40元
国际营销学(第二版)	秦波	19.60元
金融市场学	吴腾华	21.50元

连锁超市系列

连锁店经营管理实务	周　勇	29.50元
连锁店经营管理基础	周　勇	24.50元
连锁企业门店营运与管理(16开)	张晔清	27.00元
连锁经营管理原理(16开)	张晔清	18.40元
连锁店开发与设计(16开)	曹　静	19.20元
特许经营原理与实务(16开)	曹　静	19.20元
仓储式商店经营管理	赵盛斌	13.00元
物流配送营运与管理(16开)	刘　斌	28.00元
连锁企业人力资源管理(16开)	吴建国	27.20元
连锁企业商品采购管理(16开)	胡学兵	17.20元
超级市场营销管理	顾国建	20.00元

旅游与会展系列

会展交际英语	吴　云	11.00元
中国旅游业国际竞争策略	杨森林	16.40元
旅游营销策略	刘志远	13.60元
新编旅游饭店管理概论	刘裔远	31.20元
新编饭店管理	赵星铁	18.60元
实用礼宾学(第三版)	刘裔远	23.00元
旅行社经营管理	楼嘉军	18.60元
会展旅游概论	胡　平	15.20元
旅游服务营销	张文建	21.60元
旅游心理学	邱扶东	18.20元
旅游经济学	孙厚琴	19.00元
旅游学导论	王晓云	22.60元
会展概论	周　彬	35.00元
会展业概览	王书翠	12.50元
会展胜地形象策划	刘德艳	20.50元